This is TRENDY HALF!

심우철 하프 모의고사

공시계를 선도하는
트렌디한
하프 콘텐츠

POINT 1. 2025 대비 신경향 하프

심우철 하프 모의고사는 2025 시험을 미리 볼 수 있는
신유형 문제들을 적극 반영하여 출제합니다.
시험 기조 변화로 혼란스러운 수험생에게
올바르고 효율적인 가이드라인을 제시할 것입니다.

POINT 2. 차원이 다른 고퀄리티 실전 문제

심우철 하프 모의고사는 심혈을 기울여 문제를 출제합니다.
실제 시험 출제 경험이 있는 교수, 토익 전문 강사 및 연구원,
수능 출판사 연구원, 그리고 심우철 선생님과 심슨영어연구소가
협업으로 만든 고퀄리티 실전 문제를 제공합니다.

POINT 3. 문제점 파악과 솔루션을 제공하는 강의

심우철 선생님의 하프 모의고사 강의는 특별합니다.
① 왜 틀렸는가? ② 무엇이 부족한가? ③ 어떻게 보완해야 하는가?
세 가지의 요소를 정확하게 짚어주는 클리닉 방식 수업입니다.

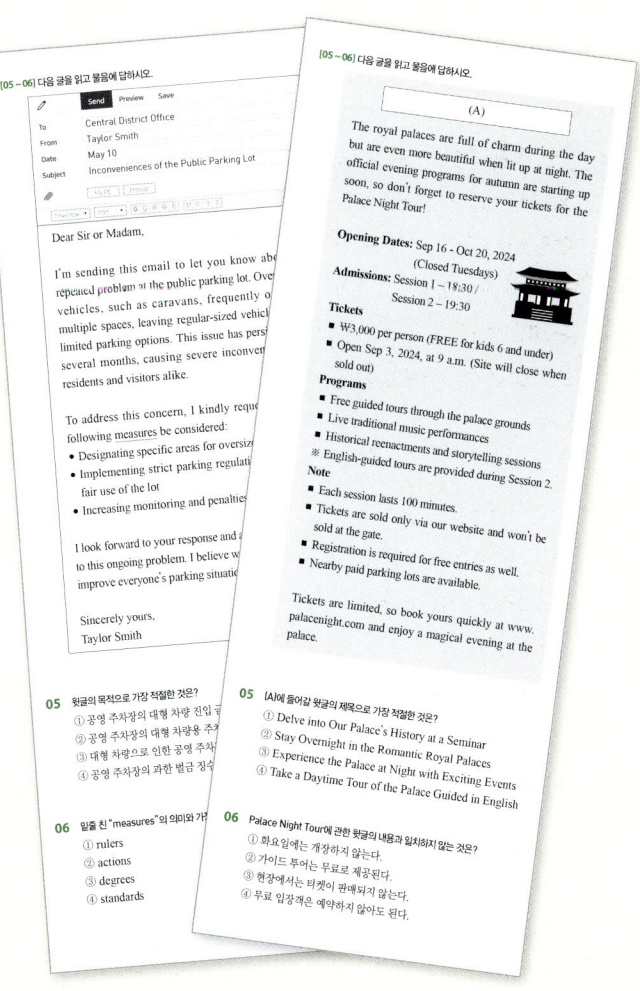

신유형이 적극 반영된 신경향 하프

2025 심우철

구문·문법·독해·생활영어 All in One 전략서
심슨 전략서

1 한 권으로 완벽 마스터하는 공시 영어 압축 요약서
심슨 전략서 한 권으로 구문·문법·독해·생활영어 전 영역 완벽 대비, 공시생들의 재도전, 초시생들의 기본서 복습 요약을 위한 압축서

2 심슨쌤만의 유일무이한 문제 풀이 전략
28년의 강의 노하우를 응축시킨 총 59가지 핵심 전략을 통해 심슨쌤만의 특별한 문제 풀이 비법과 스킬 전수

3 신경향, 신유형 완벽 반영
2025 출제 기조 전환 예시 문제를 철저히 분석하여 교재에 완벽 반영, 새로운 경향에 맞추어 시험에 나오는 포인트들만을 엄선

4 풍부한 연습 문제
전략을 적용해 볼 수 있는 풍부한 연습 문제와 더불어 실전 감각까지 늘릴 수 있는 실전 모의고사 1회분 수록

5 상세한 해설
별도의 책으로 구성된 정답 및 해설서로 빠르게 정오답 확인 및 상세한 해설 파악

6 암기 노트
문법·어휘·생활영어 추가 학습을 위해 핸드북 형태로 암기 노트를 구성하여 시험 직전까지 핵심 문법 포인트/실무 중심 어휘/생활영어 표현 회독 연습 가능

2025 심우철

하프
모의고사

Shimson_lab

2025 심우철 영어
하프 모의고사 시리즈

This is
TRENDY
HALF!

심우철 지음

Season 4

2025
신경향

커넥츠 공단기 gong.conects.com   심슨영어연구소 카페 cafe.naver.com/shimson2000

2025 심우철

하프 모의고사

This is
TRENDY
HALF!

심우철 지음

Season 4

Shimson_lab

2025 심우철 영어
하프 모의고사 시리즈

2025
신경향

회차 01 하프 모의고사

[01~02] 밑줄 친 부분에 들어갈 말로 가장 적절한 것을 고르시오.

01

The true benefit of money is not in buying things, but in freeing you from worrying about money; in other words, it provides you with _____.

① liberty
② courage
③ recognition
④ contribution

02

Despite frequent warnings, many individuals are _____ of the risks associated with sharing personal information on unsecured websites and often fall victim to cyber scams.

① suspicious
② ignorant
③ capable
④ critical

03 밑줄 친 부분 중 어법상 옳지 않은 것은?

The Suez Canal, first opened in 1869, has played a crucial role in global trade by allowing ships ① to bypass the long journey around Africa. Today, ships ② passing through the canal, whose tolls can be substantial, ③ generate significant revenue for Egypt's economy. As a result, not only ④ it facilitates quicker trade routes, but it also serves as a major economic artery.

04 밑줄 친 부분에 들어갈 말로 가장 적절한 것은?

 Jordan
Hello, I received a damaged item in my last order. Can it be replaced?
10:05

 TechGear
I'm so sorry for the inconvenience. Let me check your order first. Could you provide the order number?
10:07

 Jordan
It's TG45698.
10:07

 TechGear
Your order has been verified. We'll send the replacement immediately. And the courier will pick up the damaged item during delivery.
10:10

 Jordan
_____
10:11

 TechGear
You'll receive the product in 5-7 business days. Anything else I can help you with?
10:12

 Jordan
That's all for now, thanks!
10:14

① How long will it take to arrive?
② How should I package the replacement?
③ Why don't you return the damaged item first?
④ When do I need to pay a fee to use this service?

[05~06] 다음 글을 읽고 물음에 답하시오.

(A)

Thompson Consulting is the region's premier consulting firm. Our seminars, workshops, and training courses have been taken by thousands of business professionals and enabled them to improve their skills and abilities.

We are excited to launch a range of innovative courses next month, designed specifically to enhance leadership skills for professionals at all levels. Here are the new courses we have:

Course Title	Price
Conflict Resolution in the Workplace	$799
Virtual Leadership in an Online World	$699
Project Planning and Delegating	$799
Aspects of Time Management	$599

The courses above are held twice a week in the evening at our headquarters and last for four weeks. They begin on January 6th. Customized online courses will also be available in March, and we offer workplace visits to design tailor-made programs. Simply visit www.ThompsonConsulting.com to learn more or find a program that fits your needs.

05 (A)에 들어갈 윗글의 제목으로 가장 적절한 것은?
① Leadership Skills: Necessary for Executives
② Take Your Leadership Skills to the Next Level
③ Mastering Conflict Resolution for Team Success
④ Thompson Consulting Offers Some Free Classes

06 Thompson Consulting에 관한 윗글의 내용과 일치하지 않는 것은?
① 수천 명을 대상으로 교육을 진행해 왔다.
② 신규 강좌들 중 시간 관리 관련 강좌가 가장 저렴하다.
③ 신규 강좌들은 일주일에 2회 4주 동안 진행된다.
④ 고객의 요청에 따라 맞춤형 현장 강의를 제공한다.

07 다음 글의 요지로 가장 적절한 것은?

The Ministry of Land, Infrastructure, and Transport (MOLIT), through the Housing Welfare Policy Division, provides support to improve convenience facilities in residential spaces for individuals with disabilities.

Support Details: The program funds the installation and refinement of convenience facilities for individuals with disabilities, such as converting external restrooms to indoor ones, remodeling bathrooms, and building access ramps or slopes. The costs are jointly covered by the central government and local governments.

Support Amount: Up to 3.8 million KRW per household

Eligibility: Registered individuals with disabilities under the Act on Welfare of Persons with Disabilities who meet the income criteria specified by the program

MOLIT's partnership with local governments ensures that beneficiaries can overcome everyday obstacles and experience a living environment designed with accessibility in mind.

① MOLIT works to renovate homes for low-income households.
② MOLIT enhances residential accessibility for people with disabilities.
③ MOLIT improves workspaces for employees with physical disabilities.
④ MOLIT offers financial aid for housing repairs after natural disasters.

08 밑줄 친 부분에 들어갈 말로 가장 적절한 것은?

Technology is changing the way we communicate, and this is going to have an impact on the way we behave socially. Specifically, social networking may have very significant consequences for the way we develop. Our human mind, which was forged and selected for group interaction on the Serengeti, is now expected to operate in an alien environment of instant communication with distant, often anonymous individuals. Our face-to-face interaction that was so finely tuned by natural selection is largely disappearing as we spend more time staring at terminal screens that were only invented a generation ago. The subtle nuances of voice intonation or facial micro-expressions are lost in this new form of communication. The _____ may be something to which we will need to adapt.

*terminal: (컴퓨터) 단말기

① fading physicality of interaction
② decline in empathy and compassion
③ necessity for technological dependence
④ distant reality of instant communication

09 주어진 글 다음에 이어질 글의 순서로 가장 적절한 것은?

The Maginot Line, an array of defenses that France built along its border to deter invasion by Germany, was fortified with reinforced concrete and 55 million tons of steel embedded deep into the earth.

(A) Leaders had focused upon countering the tactics and technology of past wars, and failed to prepare for new threats from fast-moving armored vehicles.

(B) Nevertheless, after World War II broke out, the fortified border that was supposed to serve as France's salvation became a symbol of a failed strategy.

(C) It was designed to withstand heavy artillery fire, poison gas and whatever else the Germans could throw against it.

① (A)−(B)−(C)   ② (B)−(A)−(C)
③ (C)−(A)−(B)   ④ (C)−(B)−(A)

10 다음 글의 흐름상 어색한 문장은?

Teamwork is practically necessary because the work needed to complete a research project is simply too much for any one person to complete on their own. ① Consider, for example, the Human Genome Project, the purpose of which was to identify and sequence the more than 3 billion chemical units in human DNA. ② This massively collaborative project took about 15 years from inception to completion and involved research teams from twenty universities in the United States, Europe, and Asia. ③ The sheer amount of work required to complete it necessitated the collaborative set-up. ④ One tempting but mistaken assumption is that teamwork is more important than individual talent and skill in achieving ambitious research goals. Even if one individual had possessed all the relevant expertise and skills, it would have been impossible for that person to complete all this work within one lifetime.

회차 02 하프 모의고사

[01~02] 밑줄 친 부분에 들어갈 말로 가장 적절한 것을 고르시오.

01

Han Kang's winning Nobel Prize in Literature in 2024 is a _____ event, making her the first Asian woman to win this globally recognized award.

① marginal ② forgettable
③ foreseeable ④ monumental

02

For the first time, the e-sports tournament invited young gamers from various countries, none of _____ had previously participated in international events.

① who ② that
③ whom ④ those

03 밑줄 친 부분 중 어법상 옳지 않은 것은?

Due to the rise in accidents near schools, New York City ① announced in January 2024 plans ② to install raised crosswalks and speed cameras in 100 school zones by 2027 or until accident rates decrease by 20%, ③ whichever comes sooner, highlighting that the safety of students during their daily commutes ④ must deal with promptly.

04 밑줄 친 부분에 들어갈 말로 가장 적절한 것은?

A: Hello, I'd like to make a reservation for two nights.
B: Good evening, sir. Would it be just you or do you have company?
A: Just me. I'd also like an ocean view.
B: Sure. Would you prefer a single room or a suite?
A: _____
B: Yes. A single is $100 a night and a suite is $450 a night.
A: In that case, I'd like to book a single room.

① A suite would be perfect for me, thanks.
② Is there a big price gap between them?
③ Do you have a price range in mind?
④ Which room has the better view?

[05~06] 다음 글을 읽고 물음에 답하시오.

To: Violet Potter ⟨vpotter@arlington.gov⟩
From: Ursula Gaines ⟨ursula_g@arlington.gov⟩
Date: March 2
Subject: Important Notice

Dear Violet Potter,

Mayor Woodsen plans to attend this afternoon's meeting on the progress of the construction of the new stadium. The mayor has requested that all documents related to the project be provided at the meeting, so you'd better have your assistant start printing them.

He particularly wants to know why construction is behind schedule and what we intend to do to complete the facility by this November. As you'll be leading the meeting, expect to be questioned about this matter. I hope you can provide comprehensive responses for him.

I'll also be in attendance, so if the mayor asks any questions you don't know the answer to, simply state that fact, and I'll do my best to fill him in. If you need anything from me before the meeting, you know how to contact me.

Regards,
Ursula Gaines

05 윗글의 목적으로 가장 적절한 것은?

① to ask why a project is behind schedule
② to note the mayor's attendance at the meeting
③ to give a brief report on the remodeling progress
④ to schedule a meeting with the mayor in advance

06 윗글의 내용과 일치하지 않는 것은?

① The meeting is going to be about stadium construction.
② The mayor wants to review related paperwork at the meeting.
③ Ms. Potter is going to be in charge of running the meeting.
④ Ms. Gaines will attend the meeting at Ms. Potter's request.

07 Coolidge Gallery 앱에 관한 다음 글의 내용과 일치하는 것은?

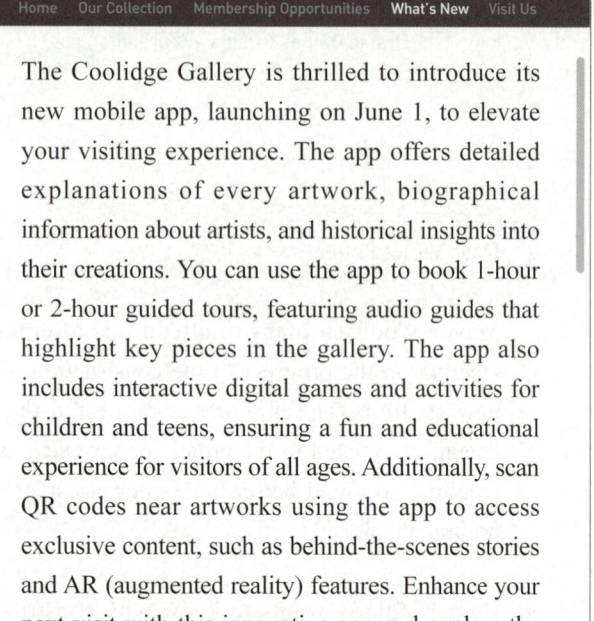

The Coolidge Gallery is thrilled to introduce its new mobile app, launching on June 1, to elevate your visiting experience. The app offers detailed explanations of every artwork, biographical information about artists, and historical insights into their creations. You can use the app to book 1-hour or 2-hour guided tours, featuring audio guides that highlight key pieces in the gallery. The app also includes interactive digital games and activities for children and teens, ensuring a fun and educational experience for visitors of all ages. Additionally, scan QR codes near artworks using the app to access exclusive content, such as behind-the-scenes stories and AR (augmented reality) features. Enhance your next visit with this innovative app and explore the Coolidge Gallery in a whole new way!

① It has already been successfully released.
② It includes live video-guided tours of the gallery.
③ It offers digital games and activities for all ages.
④ It allows users to access AR features via QR codes.

08 다음 글의 주제로 가장 적절한 것은?

Bad habits feed themselves by reinforcing the feelings they try to numb. You feel bad, so you eat junk food. Eating junk food, in turn, makes you feel worse. Watching television leaves you feeling sluggish, so you watch even more because you lack the energy to do anything else. Worrying about your health increases your anxiety, leading you to smoke to calm down, which worsens your health and causes even more anxiety. Researchers call this chain "cue-induced wanting": an external trigger sparks a compulsive craving to repeat a bad habit. Once something catches your attention, you begin to want it. This process often occurs without our awareness. Scientists have found that showing addicts a picture of cocaine for just thirty-three milliseconds stimulates the brain's reward system and causes desire. This speed is too fast for the brain to perceive consciously — the addicts couldn't identify what they had seen, yet they craved the drug anyway.

① individual differences in cue-induced craving
② the cycle of bad habits driven by external cues
③ the impact of habitual behavior on drug addiction
④ anxiety as the main cause of recurring bad habits

09 밑줄 친 부분에 들어갈 말로 가장 적절한 것은?

Throughout history, especially in science, there were numerous cases where an idea which was not initially accepted proved correct — or at least more likely — later. An ancient Greek geometer Hippasus proved the existence of certain proportions which could not be described rationally, only to be drowned at sea by the Pythagoreans. Believing everything could be quantified by a rational number, they reacted with murderous indignation. When Galileo Galilei demonstrated the heliocentric model, he was arrested and threatened, without ample justification, by men who believed the Earth was the center of the universe. In the 20th century, a Belgian astronomer Georges Lemaître, who claimed our universe likely began in an event later dubbed "the Big Bang," was belittled by men who believed it was static and eternal. Such cases show that paradigm-shifting ideas _____.

*rational: 유리(수)의
**heliocentric: 태양 중심의

① encounter fierce resistance
② arise out of relentless pursuit of truth
③ inspire rethinking of established beliefs
④ require universal acceptance to gain validity

10 주어진 문장이 들어갈 위치로 가장 적절한 것은?

By the time the dog has been bitten, the parasite has done some of its damage, such as irritating the skin or causing discomfort.

Many of us are allergic to insect bites. The bites itch, erupt and may even become infected. Dogs have the same reaction to fleas and/or mites. (①) When an insect lands on you, you have the chance to whisk it away with your hand. (②) Unfortunately, when your dog is bitten by a flea and/or mite, he can only scratch it away or bite it. (③) Additionally, it may have laid eggs, leading to further problems in the near future. (④) The itching from parasite bites is probably due to the saliva injected into the site when the parasite sucks the dog's blood, compounding the discomfort.

03 하프 모의고사

[01~02] 밑줄 친 부분에 들어갈 말로 가장 적절한 것을 고르시오.

01

Just as some plants grow stronger after heavy storms, the way people handle _____ is deeply connected to their growth.

① defeat
② comfort
③ hardship
④ opportunity

02

To access the online course materials, _____ the password enclosed in the email from your instructor.

① enter
② enters
③ entered
④ entering

03 밑줄 친 부분 중 어법상 옳지 않은 것은?

① Named after the Korean word for "world," the Nuri rocket was launched at the specific time of 6:24 P.M. on May 25, 2023, because scientists had the mission planners ② calculated the exact moment ③ when Earth's rotation matched the desired orbit, and this precision was possible ④ due to months of advanced simulations and testing.

04 밑줄 친 부분에 들어갈 말로 가장 적절한 것은?

A: What's keeping you so busy?
B: I'm running late for the meeting but all these prints are coming out too light.
A: Is there something wrong with the photocopier?
B: Yeah, I think it needs more ink. _____
A: It's in the supplies department. I'll go get one for you.
B: Oh, you're a lifesaver.

① I wish I knew how to fix this photocopier.
② Do you know where the meeting is at?
③ But I don't know where to find it.
④ I'm so glad it's working again.

[05~06] 다음 글을 읽고 물음에 답하시오.

To: HR Department ⟨HR@btp.com⟩
From: Chris Hamilton ⟨chris_h@btp.com⟩
Date: September 2
Subject: Inquiry

Dear HR Department,

This morning, Emily Kirby in our department informed me that we have a training course scheduled for next week. Apparently, it is going to cover how to use the new accounting software the company purchased and it will be held next Tuesday.

Unfortunately, I have a prior personal obligation next week that I cannot reschedule. It is imperative that I attend this event, as it was planned months ago and involves family commitments of significant importance.

Will the course be offered at another time for those who cannot participate at that time? Or would it be possible for another employee to train me on how to use the software? I would be grateful if you could understand my unavoidable absence and assist me in finding an alternative solution.

Regards,
Chris Hamilton
Accounting Department

05 윗글의 목적으로 가장 적절한 것은?

① 회사 소프트웨어 사용법에 대해 문의하려고
② 휴가 사용 계획에 대해 최종 승인을 받으려고
③ 개인 사정으로 인해 사내 교육 불참을 전달하려고
④ 협업 업무 일정 변경에 따른 신속한 대안을 마련하려고

06 밑줄 친 "imperative"의 의미와 가장 가까운 것은?

① voluntary
② necessary
③ instructed
④ authoritative

07 Port Carpooling에 관한 다음 글의 내용과 일치하지 않는 것은?

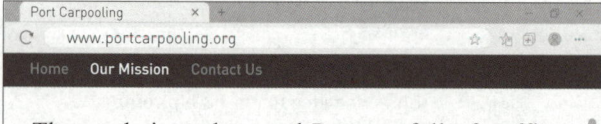

The roads in and around Port are full of traffic more than ever, especially during the morning and evening rush hours. We at Port Carpooling, a local organization serving the community for the past eleven years, encourage local residents to share rides. It will not only reduce the number of vehicles on the road, but it will also significantly lower carbon emissions, contributing to a healthier environment for everyone. To become a member, you can simply provide your address, your work or school destination, the times you leave and return home, and your availability to drive. We offer this service completely free of charge, making it easier than ever to join. We'll match you with someone close to your home and create a schedule for you and your fellow carpooler. Doesn't that sound easy?

① It has been active in the Port area for over a decade.
② People need to submit their driving availability when joining.
③ Users can access its service at no expense at all.
④ Members are involved in arranging carpooling schedules.

08 다음 글의 주제로 가장 적절한 것은?

Early humans had brains much smaller than ours, but mothers probably still had to care for babies who were less developed and hungrier. It's likely that mothers would have tried giving their babies mushed-up food and found it made them quieter and less demanding. What better way for a mother to mush up food than by chewing it herself? The "kiss-feeding" of babies remains a part of the culture of many hunter-gatherer groups today. Food that a mother has chewed is already partly digested by enzymes from her saliva and also contains healthy bacteria from her mouth to support the baby's developing digestive system. Early human mothers who invented the practice of feeding their babies this way would have had healthier, quieter babies.

① efficient ways to develop babies' digestive system
② potential health risks associated with kiss-feeding
③ positive impacts of mothers' kiss-feeding on babies
④ correlation between feeding practices and mother-child bonding

09 밑줄 친 부분에 들어갈 말로 가장 적절한 것은?

Because you cannot directly determine how similar a person's DNA is to yours, the best you can do is see if they are similar to you in appearance, voice, or any other indicator you can observe. And during this observation, people tend to overextend the concept of "shared genes" to any type of similarity. That is, our brains have expanded the sensible idea "people who share physical characteristics with me share my genes; therefore, we should support each other" to "people who share *any* characteristic with me deserve my support and will support me." Thus, once you find others similar to you, you are innately driven to help them, and because they also want to preserve their genes, you can expect that they will want to help you. This logic causes mere identification to lead to feelings of _____. It also provides another reason why people prefer and trust people who have similar personalities to themselves.

① curiosity
② superiority
③ vulnerability
④ interdependence

10 주어진 문장이 들어갈 위치로 가장 적절한 것은?

This is partly because of the longer contact with the ball during the throw, allowing the force to be applied for more time, and partly because of the greater use of the body muscles.

Goalkeepers often trust their throw rather than their kick. The ball can be quite accurately rolled or thrown to a nearby colleague. (①) Sometimes the goalkeeper chooses to hurl the ball toward the halfway line rather than kick it, and an impressive range can be obtained in this way. (②) Despite the use of only one arm, these throws can carry farther than a throw-in that requires both hands. (③) The greater ease of obtaining the optimum angle of throw for a long range is probably another factor. (④) This ideal angle enhances control and maximizes the application of force, resulting in throws that significantly outdistance a throw-in.

[01~02] 밑줄 친 부분에 들어갈 말로 가장 적절한 것을 고르시오.

01

It is the company's crucial responsibility to ensure that all newcomers receive appropriate and thorough training to help them _____ to the workplace.

① refer
② adapt
③ adhere
④ concede

02

When he started learning tennis, he _____ the amount of time needed to improve, which led to frustration when he didn't see immediate progress.

① traced
② perceived
③ appointed
④ overlooked

03 밑줄 친 부분 중 어법상 옳지 않은 것은?

Even though the art gallery seemed ordinary to most visitors, the experience ① might be extraordinary if they had known the artist exhibiting the paintings was James Moore, one of the greatest ② painters of the century. However, those who paused to truly admire the works of art ③ were so few ④ that you could have counted them on one hand.

04 밑줄 친 부분에 들어갈 말로 가장 적절한 것은?

 Brian Kim
The monthly sales reports are due tomorrow. Did you finish yours?
9:32

Sophia Lee
I'm almost done, but _____
9:34

 Brian Kim
Should I help you with that?
9:34

Sophia Lee
Yes, please. I need some advice on how to present the data more effectively in the charts.
9:35

 Brian Kim
Sure thing. Let me come by your desk and explain it directly.
9:36

Sophia Lee
Great. Thanks a lot!
9:37

① do you know to whom we need to hand it in?
② I'm going over the numbers before I submit it.
③ I'm having trouble organizing the charts properly.
④ I don't understand why I have to do it all over again.

[05~06] 다음 글을 읽고 물음에 답하시오.

(A)

Have you ever wondered how local government operates and how you can actively contribute to its efforts? The city of Pinewood is hosting a special lecture to provide insight into the work of the mayor, city council, and government employees, and to show you ways to take part in.

Details
- **Date:** Saturday, September 6
- **Time:** 1:00 P.M. to 4:00 P.M.
- **Location:** Room 110, City Hall
- **How to Participate:** In-Person Attendance

What You'll Learn:
- **Participating in budget planning:** Learn how to propose ideas and prioritize funding for schools, parks, and community projects.
- **Running for office:** Understand the steps to register, campaign effectively, and represent your community.
- **Organizing local events:** Gain <u>tips</u> on hosting successful festivals, fundraisers, and community projects.

For more information, visit www.pinewoodcity.gov.

05 (A)에 들어갈 윗글의 제목으로 가장 적절한 것은?

① How to Petition the Local Government
② Public Budget Forum: Prioritizing Pinewood's Future
③ Get Involved to Understand Your Local Government
④ Pathways to Public Service: Start a Career in Government

06 밑줄 친 "tips"의 의미와 가장 가까운 것은?

① ends
② hints
③ rumors
④ bonuses

07 다음 글의 요지로 가장 적절한 것은?

According to Daniels *et al.*, producers and marketers working in an international environment often face crucial branding decisions. They must decide whether to adopt a single global brand or to use different brands for each country. Using one brand worldwide makes economic sense, but it can lead to problems, particularly with language. A name originally chosen for one particular market with a particular language may carry different associations in other languages. As Daniels *et al.* rightly point out, problems with promoting brands internationally are exacerbated when certain sounds in the brand name are missing in other languages. Moreover, the pronunciation itself may change, creating a meaning far removed from the original. Such problems may be all the greater if the brand is promoted using a different alphabet.

① Easily pronounced brand names ensure global recognition.
② International brands aim to project culturally authentic images.
③ Using different brands from country to country is not desirable.
④ Promoting one uniform brand name internationally causes linguistic confusion.

08 밑줄 친 부분에 들어갈 말로 가장 적절한 것은?

We've been taught to _____, but this is limited. Supposedly, if you have symptoms, you are unhealthy, and if you don't have symptoms, you're healthy, yet it's a well-known fact that the absence of symptoms is a poor indicator of health. There are thousands of people who have been riddled with cancer and never had noticeable symptoms even though the disease had been in their body for at least five to ten years. We must distinguish between health and the absence of symptoms. Just like some people think they can stand still even though they're standing on the Earth which is rotating on its own axis, as well as revolving around the sun, there are some who think taking drugs to get rid of symptoms makes them healthier. Don't confuse alleviating symptoms with health. They're not the same thing.

① rely solely on professional diagnoses
② use symptoms as a monitor for health
③ tell alleviation of symptoms from recovery
④ believe that early detection prevents all health problems

09 주어진 글 다음에 이어질 글의 순서로 가장 적절한 것은?

Sarcasm is a specific form of irony, which is used when the target of the comment is a person. Sarcastic comments are most commonly used to criticize someone (e.g., uttering, You're early! to a colleague who arrived late to a meeting).

(A) Thus, the use of sarcasm in a computer-mediated conversation can be risky, since the sender leaves open the possibility of the receiver interpreting the message literally.

(B) However, they can also be used to praise (e.g., saying, You're such a terrible tennis player! to a friend who claims to be bad at tennis, but wins an important competition).

(C) In written communication, sarcasm can be challenging to interpret correctly due to the lack of the usual markers available in face-to-face conversations, such as tone of voice and facial expression.

① (A)−(C)−(B)   ② (B)−(A)−(C)
③ (B)−(C)−(A)   ④ (C)−(B)−(A)

10 다음 글의 흐름상 어색한 문장은?

Francis Bacon, the English Renaissance thinker, had a bias against the natural world, believing that nature was unreliable and must not be allowed to play a role in the scientific method. ① Nature represented not just the natural world, but all things subjective and not easily quantified, including personal beliefs, emotions and aesthetics. ② Because he advocated total objectivity, he felt the inclusion of nature would bias the scientist. ③ In a world that was increasingly seen as deterministic and predictable, nature was viewed as wild and unpredictable, needing to be manipulated and subjugated in order to be brought under control. ④ The search for order in nature was considered as essential to the project of Western modernity, with global exploration the ideal practice for disseminating it. Therefore, he made such statements as nature had to be "hounded in her wanderings," "bound into service," and "made a slave."

05 하프 모의고사

[01~02] 밑줄 친 부분에 들어갈 말로 가장 적절한 것을 고르시오.

01

The rapid rise of remote work and automation has led to disrupted workflows, making miscommunication issues _____ in many modern organizations across various industries.

① subtle ② eligible
③ inevitable ④ avoidable

02

Abraham Lincoln was said to have objected _____ to personal attacks from his rivals than to the moral failure of allowing slavery to persist in America.

① strong ② strongly
③ stronger ④ less strongly

03 밑줄 친 부분 중 어법상 옳지 않은 것은?

Though many have ① very little faith in him, Michael ② is convinced that he can turn things around, ③ provided he keeps himself sharply focused, avoids unnecessary distractions, and stops ④ to doubt his ability to succeed.

04 밑줄 친 부분에 들어갈 말로 가장 적절한 것은?

A: Hello, I heard this museum is looking for tour guides.
B: We are. Would you be interested?
A: Yes, but I've never worked at a museum before, so I'm not sure if I qualify.
B: Well, _____.
A: I've taught history for about 20 years and recently retired.
B: We are looking for someone with teaching experience actually.
A: That's great! Could you tell me more about the application process?

① we appreciate your passion for art.
② do you have any relevant experience?
③ you must have taken a training course.
④ are there any qualifications you require?

[05~06] 다음 글을 읽고 물음에 답하시오.

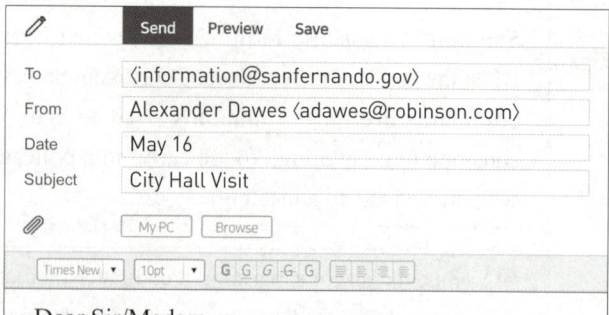

Dear Sir/Madam,

I visited the senior citizens' benefits office at city hall yesterday. I was accompanied by my mother, who uses a wheelchair. While she managed to obtain the benefits she desired, the trip was unpleasant for her.

The office we visited was on the third floor. There's only one elevator in city hall, and it's not particularly big. We had to wait ten minutes before we could get into it. It would be appropriate to move the office to the first floor, thereby making it more accessible to elderly individuals who aren't very mobile.

In addition, the only wheelchair-accessible bathroom was on the first floor. We were at the office for three hours, so that required two trips downstairs and two back upstairs for my mother, which was very time-consuming. I hope you see fit to make visits to city hall more comfortable for our elderly residents.

Regards,
Alexander Dawes

05 윗글의 목적으로 가장 적절한 것은?

① to express dissatisfaction with how staff handled the visit
② to suggest relocating the benefits office for the elderly
③ to request an update on senior citizens' benefits
④ to ask why an elevator was in poor condition

06 밑줄 친 "particularly"의 의미와 가장 가까운 것은?

① exceptionally
② individually
③ selectively
④ mainly

07 다음 글의 내용과 일치하지 않는 것은?

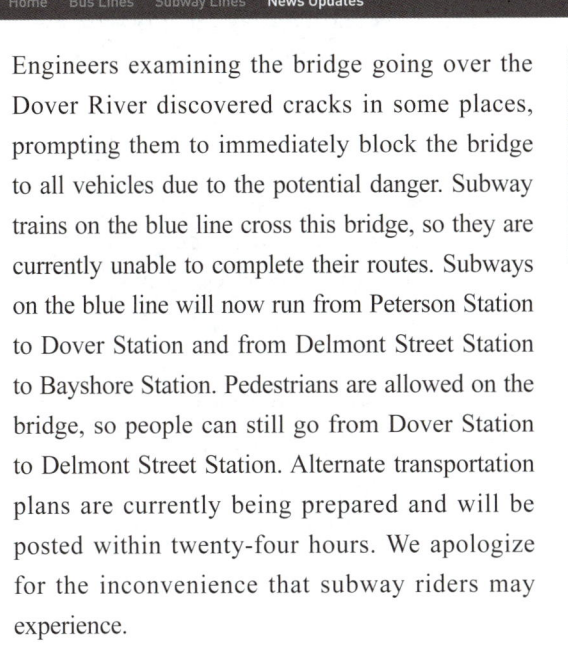

Engineers examining the bridge going over the Dover River discovered cracks in some places, prompting them to immediately block the bridge to all vehicles due to the potential danger. Subway trains on the blue line cross this bridge, so they are currently unable to complete their routes. Subways on the blue line will now run from Peterson Station to Dover Station and from Delmont Street Station to Bayshore Station. Pedestrians are allowed on the bridge, so people can still go from Dover Station to Delmont Street Station. Alternate transportation plans are currently being prepared and will be posted within twenty-four hours. We apologize for the inconvenience that subway riders may experience.

① Engineers discovered structural issues with the bridge.
② Service on the blue line has been partially interrupted.
③ People are no longer permitted to walk across the bridge.
④ A plan for the blue line subway travelers will be announced soon.

08 다음 글의 제목으로 가장 적절한 것은?

A defining element of catastrophes is the magnitude of their harmful consequences. To prevent or reduce damage from catastrophes, significant effort is often employed to assess and communicate the size of potential or actual losses. This effort assumes that people can understand the resulting numbers and act on them appropriately. However, recent behavioral research casts doubt on this fundamental assumption. Many people do not understand large numbers. Indeed, large numbers have been found to lack meaning and to be underestimated in decisions unless they evoke emotion. On the one hand, we tend to react strongly to help a single individual in need. On the other hand, we often fail to prevent mass tragedies or take measures to reduce potential losses. This occurs because as numbers grow larger, we become insensitive; numbers fail to elicit the emotion necessary to motivate action.

① Numbers Don't Matter in Helping People
② Be Careful, Emotions Can Mislead Actions!
③ The Power of Numbers to Prevent Disasters
④ Emotional Blindness to Large-Scale Catastrophes

09 밑줄 친 부분에 들어갈 말로 가장 적절한 것은?

It took only around 50 years for the European wild rabbits to spread across Australia after they had been brought into the country. Not only did the rabbits wreak havoc on Australian croplands, but they also contributed to the decline of native plant and animal species. Their numbers grew so large that, in the 1950s, the government turned to biocontrol. Rabbits infected with myxoma — a rabbit-specific virus — were released. The myxoma virus was the first-ever virus to be purposefully introduced to eradicate an animal species. However, _____. Although the myxoma virus led to the deaths of many of the rabbits, they eventually developed immunity to the virus, rendering it ineffective. Another rabbit-specific pathogen, RHDV (Rabbit Hemorrhagic Disease Virus), was added in 1996. However, as with the myxoma virus, the rabbits have begun to develop resistance to RHDV.

① it was deemed unsafe for native species
② it was too expensive for mass production
③ nothing can have full control over nature
④ some raised concerns about spreading to other regions

10 주어진 문장이 들어갈 위치로 가장 적절한 것은?

In addition, there are some foods that don't taste salty but can still be high in sodium.

Today, most people are well aware of the danger of consuming too much sodium. However, it is difficult to avoid sodium because it has multiple uses, such as for curing meat, thickening, retaining moisture, enhancing flavor and as a preservative. (①) Some common food additives like monosodium glutamate (MSG) and baking soda also contain sodium and contribute to the total amount of "sodium" listed on the Nutrition Facts label. (②) This is why using taste alone is not an accurate way to judge a food's sodium content. (③) It is not widely known that common foods such as milk, fish and vegetables contain a certain amount of sodium. (④) Such foods are included in many people's regular diet, so they can add up to a lot of sodium over the course of a day.

06 하프 모의고사

Date :   .   .
Score :   / 10

📄 정답/해설 16p

[01 ~ 02] 밑줄 친 부분에 들어갈 말로 가장 적절한 것을 고르시오.

01

We tend to attribute our inability to focus to a failure of self-control over digital devices. Yet, behind this are tech companies that intentionally _____ us.

① criticize   ② distract
③ monitor   ④ discriminate

02

Because the prior _____ has proven inadequate for the new system, students are now compelled to adopt new and more practical study strategies.

① merger   ② approach
③ possession ④ assignment

03 밑줄 친 부분 중 어법상 옳지 않은 것은?

Pollution and fossil fuels have given us global warming, ① resulted in harsh winters that appear paradoxical. Over 90% of freezing events during winter, linked to Arctic warming, ② take place when the polar vortex weakens and fails ③ to hold cold air near the poles. This process lets icy winds ④ be driven southward, which creates colder winters in some areas while global temperatures continue to rise overall.

*vortex: 소용돌이

04 밑줄 친 부분에 들어갈 말로 가장 적절한 것은?

Groupware Assist
Good morning. This is Groupware Assist. How can I help you?
9:50

James
Hi. I'm trying to log in to the company groupware, but I keep seeing an error saying my login information is incorrect.
9:51

Groupware Assist
It could be due to temporary system maintenance. I'm sure there must have been some pop-up notices on the groupware.
9:54

James
_____
9:56

Groupware Assist
That's alright. The maintenance is supposed to end by now. It should be resolved soon.
9:57

① It seems like I missed the email about it.
② Does that mean I need to update my account?
③ I'm sorry, I may have skipped the notice by mistake.
④ It's surprising that no one has reported this issue yet.

[05~06] 다음 글을 읽고 물음에 답하시오.

(A)

The Georgetown Botanical Gardens is having its grand opening on April 20th Saturday, starting at 9:00 A.M. Everyone is invited! How about visiting our extensive forest and enjoying a walk amongst beautiful trees, flowers, and other plants?

There are ten different habitats featured here. They include areas with local flora, a tropical rainforest, a temperate rainforest, and desert plants. There are also fields full of wildflowers as well as gardens with roses, violets, tulips, and other popular flowers.

After a welcome speech by director Denise Struthers, there will be guided tours of the entire facility. The admission fee of $10/person will be complimentary on our opening day.

The Georgetown Botanical Gardens will be a place for people to relax, to learn, and to conduct research. It will also be a place of conservation where visitors can learn about the importance of protecting valuable habitats.

05 (A)에 들어갈 윗글의 제목으로 가장 적절한 것은?
① All Kinds of Trees and Flowers for Sale
② Join Our Field Trip to the National Park
③ Take a Tour of the New Botanical Gardens
④ Discover Research on Georgetown's Plant Species

06 윗글의 내용과 일치하지 않는 것은?
① 누구나 방문하여 넓은 규모의 숲을 탐험할 수 있다.
② 식물원에서 여러 기후대의 식물들을 관찰할 수 있다.
③ 개원일에 한해 입장료를 10달러만 받는다.
④ 방문객들은 서식지 보호의 중요성을 배울 수 있다.

07 다음 글의 요지로 가장 적절한 것은?

Having a large following opens up all sorts of possibilities for deception. Your followers will not just worship and defend you; they will eagerly take on the work of enticing others to join your fledgling cult. This kind of power lifts you to another level: you no longer need to struggle or use deception to enforce your will. You are adored and can do no wrong. Creating such a following might seem like an enormous task, but in fact it is fairly simple. As humans, we have a desperate need to believe in something, anything. This makes us highly gullible: we simply cannot endure prolonged doubt, or the emptiness of having nothing to believe in. Dangle in front of us some new cause, a get-rich-quick scheme, or the latest trend in technology or art, and we leap as one from the water to take the bait.

① Leaders who enforce their will on others rarely succeed.
② The key to power lies in cultivating a devoted following.
③ Deceiving the followers is the last thing to do as a leader.
④ Appealing to people's need for belief is both challenging and essential.

08 밑줄 친 부분에 들어갈 말로 가장 적절한 것은?

As partial owners of the company, common shareholders have the right to participate in a company's profitability as long as they own the shares. The division of profits is based on the number of shares owned by a shareholder, and these gains can be substantial to shareholders over time. In addition to a share in profits generated by the company, shareholders also have the right to income distributions through dividend payments. If the company's board of directors declares a dividend in a certain period, common shareholders are in line to receive it. Dividends are not _____, though. If the company is dissolved, for example, common shareholders have the right to the company's remaining assets and income only after bondholders and preferred shareholders have been paid.

*dividend: 배당금

① taxable
② reduced
③ profitable
④ guaranteed

09 주어진 글 다음에 이어질 글의 순서로 가장 적절한 것은?

Learning science through inquiry is a primary principle in education today. You might well ask, "instead of what?"

(A) We do, however, expect them to appreciate the processes through which the principles are attained and verified. We also want them to see that science includes more than just what occurs in a classroom; that the everyday happenings of their lives are connected to science.

(B) Well, instead of learning science as a static or unchanging set of facts, ideas, and principles without any attention being paid to how these ideas and principles were developed. Obviously, we cannot expect our students to discover all of the current scientific models and concepts.

(C) Exploring the implications of friction, trying to repair a crooked garden swing, or wondering about how seeds can grow in a closed jar are only some of the examples of everyday life connected to science as a way of thinking and as a way of constructing new understandings about our world.

① (A)−(C)−(B)   ② (B)−(A)−(C)
③ (B)−(C)−(A)   ④ (C)−(B)−(A)

10 다음 글의 흐름상 어색한 문장은?

Graffiti is a novel market category. Yet the urge behind it has been around for at least 60,000 years. Human beings just love drawing on walls. ① In the ice age, people pressed their hands against cave walls and spat ocher pigment to create a red outline. ② However, a different kind of motivation worked at that time. ③ Pretty much the same technique is used today when street artists spray paint over a pre-cut stencil to leave a quick image. ④ It might seem odd to call ice-age art graffiti, but before its true age was discovered in the 20th century, people often regarded cave drawings — like those of mammoths — as simple graffiti. And there is no written evidence to prove who made cave paintings or why, just as today's graffiti.

07 하프 모의고사

[01~02] 밑줄 친 부분에 들어갈 말로 가장 적절한 것을 고르시오.

01

Emperor Hadrian organized Rome as if it were a house that could run smoothly even in the _____ of its master, a home he could confidently leave behind.

① care
② control
③ absence
④ attendance

02

During a thrilling escape room quest, anyone eager for adventure cannot help _____ captivating puzzles to uncover hints and ultimately find the way out of the locked room.

① solves
② solving
③ but to solve
④ to be solved

03 밑줄 친 부분 중 어법상 옳지 않은 것은?

The rediscovery of lost cities, such as Machu Picchu, was as exciting to archaeologists as it ① did to adventurers of the 20th century ② who often risked their lives to unearth ancient ruins, and while many of these sites seem almost ③ unreachable due to their remote locations, countless ancient ruins still ④ await discovery beneath dense forests and deserts.

04 밑줄 친 부분에 들어갈 말로 가장 적절한 것은?

A: Excuse me, does this bus go to Seoul Station?
B: No, I think you took the wrong one.
A: Oh, no! Do you have any clue how to get there?
B: You should get off at the nearest subway station and take the subway instead.
A: _____?
B: Noryangjin Station. It should take about 10 minutes.
A: Thank you so much for your help.

① Would the subway be faster
② How long would a taxi take
③ Do you know where that is
④ Where are you getting off

[05~06] 다음 글을 읽고 물음에 답하시오.

To: Claire Hopkins <chopkins@vanguard.gov>
From: Ed Steele <ed_steele@steeleentertainment.com>
Date: April 15
Subject: Regarding Concert Arrangements
Attachment: list_May_25

Dear Ms. Hopkins,

This is Ed Steele, the CEO of Steele Entertainment. On Saturday, May 25, my company will host a special concert at Deer Park. We therefore need to rent some equipment from your department at the city government. The equipment is essential for ensuring a smooth and successful event, as it will accommodate both technical and audience needs.

The concert will take place on the permanent stage located in the eastern sector of the park. We would like to set up folding chairs for audience members to use. We also need some lighting equipment. I was informed that the city only permits its own equipment to be used at the park for official events. It is too bad I cannot utilize anything my company owns.

For your reference, I have attached a <u>complete</u> list of the required items. Please let me know if everything on my list is obtainable and what the rental fee is. A prompt response would be greatly appreciated, as it will allow us to proceed with further preparations without delay.

Regards,
Ed Steele
CEO, Steele Entertainment

05 윗글의 목적으로 가장 적절한 것은?
① 공연 장소 대여 가능 여부를 확인하려고
② 공공 장비 사용 규정에 대해 문의하려고
③ 행사 진행에 필요한 장비 대여를 요청하려고
④ 행사 진행 시 회사 장비 사용 허가를 받으려고

06 밑줄 친 "complete"의 의미와 가장 가까운 것은?
① maximum
② separate
③ compelling
④ comprehensive

07 City Council's New Safety Measures에 관한 다음 글의 내용과 일치하는 것은?

City Council's New Safety Measures

In response to complaints by local residents about the rising crime rate in the town, the city council voted unanimously to take various measures to improve safety. First, more streetlights will be added, especially in areas that have none. Increased lighting should make walking at night safer. In addition, more police officers will be hired, and the number of patrols in residential areas will be expanded. Finally, crime watch units consisting of local residents will be organized. These units will patrol the neighborhoods in which they live and will be trained to report suspicious activity to local authorities rather than approaching individuals directly. Residents are encouraged to contact the city council with more suggestions regarding possible safety measures.

① Some council members rejected plans to improve safety.
② The city will add street cameras to enhance nighttime safety.
③ Crime watch units are required to approach suspicious individuals.
④ The council invites residents to share more safety suggestions.

08 다음 글의 주제로 가장 적절한 것은?

The foods we eat and many of our most popular psychoactive drugs often come from plants. This fact has led scientists to recognize that the chemicals in these plants are much like the neurotransmitters our brains and bodies use to function normally. This is why the contents of our diets can interact with our neurons to influence brain function, and it highlights a very important principle: The food or drug that you consume will only act upon your brain if in some way that substance resembles an actual neurotransmitter or if it is able to interact with an essential biochemical process in your brain that influences the production, release, or inactivation of a neurotransmitter. The active chemicals that we consume from plants or their extracts are often only slightly modified amino acids that are very similar to those used by our brains.

*psychoactive: 향정신성의

① ingredients in food that hinder the flow of neurotransmitters
② similarity of chemicals in plants to human neurotransmitters
③ causes of abnormal interactions between neurons in the brain
④ importance of foods to human physical and psychological development

09 밑줄 친 부분에 들어갈 말로 가장 적절한 것은?

"Three men make a tiger" is an ancient Chinese proverb derived from a story of a king, who, when asked, admitted that he would not believe that a tiger was in the marketplace based on the testimony of one man alone, and would be suspicious even if two men testified to having witnessed a tiger. Adding the testimony of a third man would, the king conceded, be sufficient to convince him. The story illustrates an important and seductive kind of fallacy, variously known as appeal to the masses, or bandwagon fallacy. Arguments that commit this mistake appeal to the fact that a belief is widely held, offering its popularity as evidence that the belief is correct (or probably correct). The problem is that the majority is not always right. The fact that _____ is not always a good reason for assenting to the same.

① minority beliefs are always more compelling
② the opinion of the crowd is often misleading
③ a lot of people believe something to be the case
④ a popular claim is supported by logical reasoning

10 주어진 문장이 들어갈 위치로 가장 적절한 것은?

However, they can be quite harmful to the environment, and they may not be healthy for humans to ingest.

The industrialization of agriculture has resulted in the development of a multitude of techniques to help increase farmers' yields immensely. Chemical compounds fertilize soil and protect crops from insects and other such pests. (①) These fertilizers and pesticides are inexpensive and effective. (②) Runoff from farms enters the water supply, causing fish and other marine life to fall ill and disrupting the ecosystem. (③) Humans have been known to develop serious problems from handling or eating foods that have been treated with these chemicals. (④) For example, pesticide use has been linked to birth defects in babies born to farm laborers.

[01 ~ 02] 밑줄 친 부분에 들어갈 말로 가장 적절한 것을 고르시오.

01

Pleasure also lies in simple daily moments, whether in a warm cup of coffee or a walk in the park, and it is worthwhile to enjoy these seemingly _____ times.

① weary
② ordinary
③ crowded
④ exceptional

02

When World War I broke out, she chose not to _____ to a safer country but instead stayed in Paris and passionately engaged in relief work.

① flee
② donate
③ conform
④ commute

03 밑줄 친 부분 중 어법상 옳지 않은 것은?

To address the overlooked problem of urban lighting, controlling light pollution is often considered ① just as important as reducing air pollution as it protects natural night skies for future generations. Regulations, several of ② which require shielding outdoor lights, minimize excessive glare in urban areas. Perhaps ③ that conservationists like best about these laws is how they discourage light waste by inefficient fixtures ④ from being produced in areas where natural darkness is crucial.

04 밑줄 친 부분에 들어갈 말로 가장 적절한 것은?

 Ethan Wright
Did you order the supplies for the kitchen renovation?
11:15

Lily Johnson
Not yet, I'm waiting for approval from the budget committee.
11:17

 Ethan Wright
_____
11:17

Lily Johnson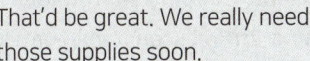
I'll send them another reminder email.
11:20

Ethan Wright
That'd be great. We really need those supplies soon.
11:22

① Do we have a backup plan if they say no?
② You'd better reach out to them again.
③ Is the budget enough for supplies?
④ Let's look for another supplier.

[05~06] 다음 글을 읽고 물음에 답하시오.

(A)

Get ready for the upcoming A-star Game Festival, a spectacular event hosted by our city this year. Immerse yourself in a world of interactive entertainment and exclusive offers!

<Details>
- **Date:** Monday, June 24 - Sunday, June 30
- **Time:** 9:00 A.M. - 5:00 P.M.
- **Location:** San Diego Commercial and Industrial Promotion Center, Main Exhibition Hall

<Special Benefits>
- **Exclusive First Access to New Releases**
  Be among the first to try out groundbreaking games yet to hit the market, with game trials available throughout the festival.
- **Discount Coupons in Abundance**
  Grab a 20% discount coupon valid for all games released online by participating exhibitors for one full year starting on the festival's opening day.
- **Meet Industry Experts and Developers**
  Get insights straight from the experts! Attend live panels and Q&A sessions with developers and gaming industry leaders.

For more information, please contact us via email at commercial@sandiego.gov or call us at 1-534-758-3246.

05 (A)에 들어갈 윗글의 제목으로 가장 적절한 것은?
① A Great Chance to Challenge Pro Gamers
② Plug into the Ultimate VR Gaming Festival
③ Game-Changing Strategies for Business Success
④ Exciting News for All Game Enthusiasts Out There

06 A-star Game Festival에 관한 윗글의 내용과 일치하지 않는 것은?
① 한 주에 걸쳐 진행되는 행사이다.
② 발매 전 제품을 체험할 기회가 주어진다.
③ 할인 쿠폰은 행사 기간 내에 사용해야 한다.
④ 업계 전문가들과 질의응답을 할 시간이 마련돼 있다.

07 다음 글의 요지로 가장 적절한 것은?

While creating a statue, an artist relies heavily on appropriate lighting to bring out the intended form and detail of the figure, because the quality of the final piece depends on the careful interplay between light and shadow. So great attention should be paid to lighting when the finished work is displayed. If light from a source is weaker or stronger than when the work was created, the effect that the sculptor intended may be diminished or even lost. In painting, the light and shade give the image shape and solidity that cannot be altered by an external light in which it is displayed. When a sculpture is exhibited, however, the artist's work is brought to life by light, and its character can be altered by the control of the light source.

① There is a growing trend of using lighting in installation art.
② External light sources often distort the meaning of sculptures.
③ Stronger lighting improves both paintings and sculptures equally.
④ The lighting used for display must preserve the intended effect of sculptures.

08 밑줄 친 부분에 들어갈 말로 가장 적절한 것은?

Not surprisingly, it is with long-lived, highly social animals that parental behaviour is most richly developed. Our closest relatives, the primates, have some of the longest and closest associations between parents and offspring, lasting for 6 or 7 years and beyond in the great apes, as in ourselves. The relationship between a primate mother and her offspring is absolutely crucial for almost every aspect of behavioural development. _____, particularly in the early months, can have very severe effects on the infants. In the experiments of Harlow and his group, young rhesus monkeys were isolated at birth and reared artificially. Although they grew well enough, they were behaviourally crippled and, when subsequently put with other monkeys, showed almost none of the normal social responses. In particular, they showed totally inadequate sexual and parental behaviour. Male isolates did not respond normally to receptive females; if female isolates became pregnant and gave birth, they totally ignored their offspring.

① Violence
② Separation
③ Deception
④ Malnutrition

09 주어진 글 다음에 이어질 글의 순서로 가장 적절한 것은?

In the 1960s and 70s, decisions about whether to employ someone or not were usually based on educational achievement, and the results of personality and IQ tests.

(A) But this is only true as long as the need for power is on behalf of a company or an organization. Someone with a strong drive for personal power may make a poor team player.

(B) David C. McClelland, however, suggested that peoples' motivations were the best predictor of success in the workplace. Through extensive research, he identified the three key motivations that he believed were responsible for job performance: the need for power, for achievement, and for affiliation.

(C) While everyone has all three motivations, he maintained that one would be primary, shaping a person's performance in the workplace. McClelland saw the need for power as the most important motivation for a good manager or leader.

① (A)−(B)−(C)   ② (A)−(C)−(B)
③ (B)−(A)−(C)   ④ (B)−(C)−(A)

10 다음 글의 흐름상 어색한 문장은?

The study of emotion suggests that nonverbal behavior is a primary mode in which emotion is communicated. ① Facial expression, eye gaze, tone of voice, bodily motion, and the timing and intensity of response are all fundamental to emotional messages. ② For example, in the process of "social referencing," a child looks to the facial expressions and other nonverbal aspects of a parent's signals to determine how to feel and to respond in an ambiguous situation. ③ There is strong evidence for the universal facial expressions of seven emotions — anger, contempt, disgust, fear, joy, sadness, and surprise. ④ Children also focus on facial expressions and other nonverbal cues from peers and strangers in order to shape their behavior. Social referencing reveals the fundamental way that nonverbal communication of emotion is the medium in which states of mind are connected.

09 하프 모의고사

[01~02] 밑줄 친 부분에 들어갈 말로 가장 적절한 것을 고르시오.

01

How mature someone is, both physically and mentally, differs from person to person and does not necessarily _____ with one's actual age.

① cope
② struggle
③ cooperate
④ correspond

02

Earlier this week, the designers in charge finalized the update after _____ thoroughly examined recommendation algorithms optimized for video suggestions.

① approving
② approved
③ approval
④ approve

03 밑줄 친 부분 중 어법상 옳지 않은 것은?

In the context of expanding renewable energy projects, Greta Thunberg is renowned for ① having launched *Fridays for Future* in 2018, because ② they fostered networks ③ by which youth activists with shared goals supported one another in raising awareness about climate issues and organizing global protests, and ④ such a youth-led movement laid the foundation for more ambitious international climate commitments.

04 밑줄 친 부분에 들어갈 말로 가장 적절한 것은?

A: How may I help you?
B: Hello, I'd like to sign up for a French course for beginners.
A: Great. Is it your first time learning French?
B: No, I took a course a while back, but I don't think I remember much.
A: Why don't you take the level test to see which course fits you?
B: _____
A: We can schedule it immediately.

① Thank you for offering me the opportunity to teach!
② We provide courses for five different levels.
③ That would be perfect. When can I take it?
④ I don't think my English is good enough.

[05~06] 다음 글을 읽고 물음에 답하시오.

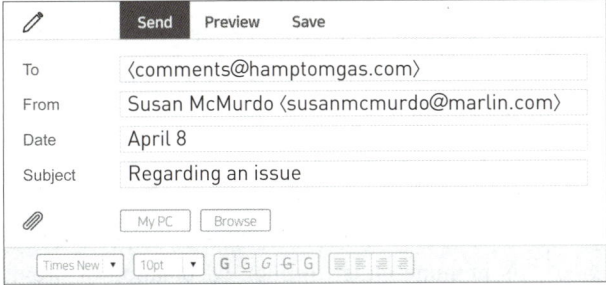

Dear Sir/Madam,

My name is Susan McMurdo, and I reside at 946 Porterhouse Lane. I just received my bill for the month of March, and there must be a mistake. My bill was $154.65, but that cannot be correct.

For one thing, I checked last year's bill for March, and it was less than $80. In addition, I was out of state for three weeks during March, so I barely even used any gas. I was expecting to pay between $20 and $30 for the month.

I checked my home, and there are no leaks which might account for the excessively high amount I'm being charged. Would you please have someone check the meter to confirm that the numbers on it were recorded properly? I would appreciate your prompt attention to this matter so that I can know how my monthly budget will be affected.

Regards,
Susan McMurdo

05 윗글의 목적으로 가장 적절한 것은?

① to report an underpayment billing error
② to file a complaint about poor customer service
③ to ask for a safety check-up regarding a gas leak
④ to raise a concern about an unusually high gas bill

06 밑줄 친 "account for"의 의미와 가장 가까운 것은?

① blame
② explain
③ occupy
④ register

07 Waverly Clinic에 관한 다음 글의 내용과 일치하지 않는 것은?

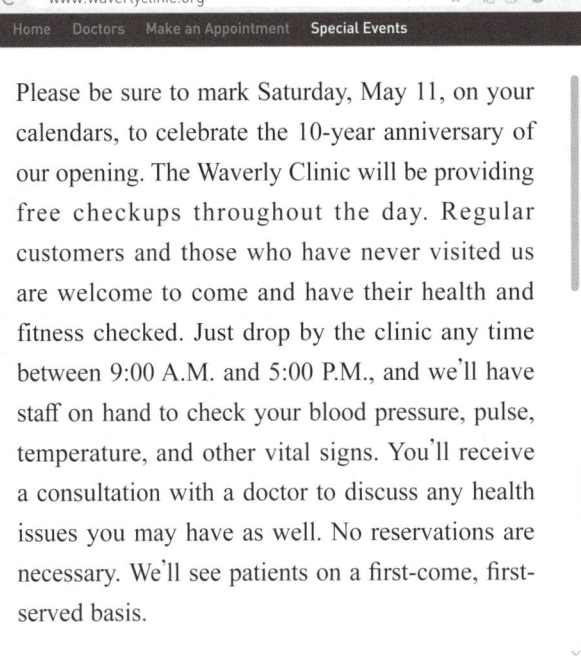

Please be sure to mark Saturday, May 11, on your calendars, to celebrate the 10-year anniversary of our opening. The Waverly Clinic will be providing free checkups throughout the day. Regular customers and those who have never visited us are welcome to come and have their health and fitness checked. Just drop by the clinic any time between 9:00 A.M. and 5:00 P.M., and we'll have staff on hand to check your blood pressure, pulse, temperature, and other vital signs. You'll receive a consultation with a doctor to discuss any health issues you may have as well. No reservations are necessary. We'll see patients on a first-come, first-served basis.

① The event will happen in celebration of its service for a decade.
② Checkups on May 11 will be provided at no cost to all patients.
③ Visitors can have their health checked in the morning or afternoon.
④ Patients will be seen according to pre-arranged time schedules.

08 다음 글의 주제로 가장 적절한 것은?

Sometimes all a good cheese needs to keep from going bad is a sympathetic ear. Researchers in France have come up with an ultrasonic sensor that listens to cheese as it matures and warns cheese makers of defects. Cheese makers currently have to downgrade up to one-fifth of their produce because hidden defects are not detected in time. If the new device works well, that problem could be reduced. The technique involves sending a low-frequency ultrasonic signal through the cheese to a sensor on the other side. By measuring the change in the speed and size of the emerging signal, the moisture and porosity of the cheese can be mapped.

*porosity: 다공성(물질의 내부에 작은 구멍이 많은 성질)

① causes of cheese defects during maturation
② limitations of ultrasonic sensors in cheese production
③ use of ultrasonic technology for cheese defect detection
④ effects of ultrasonic signals on cheese moisture content

09 밑줄 친 부분에 들어갈 말로 가장 적절한 것은?

Evidence suggests that people are likely to _____ when they perceive the consequences as controllable. Specifically, participants in one study were led to believe that they had an enzyme deficiency that gave them a 50% chance of developing a serious medical problem. Some participants believed that they could control the problem through medication, while others believed that they could not. Participants predicted that they were less likely to develop the medical problem when the consequences were controllable than when they were uncontrollable. Furthermore, participants viewed the outcome as less serious when they believed it was controllable, suggesting that control over the consequences may influence the shift in predictions by affecting how seriously people regard the consequences.

① develop a sense of overconfidence
② feel responsible for the outcomes
③ take the worst case into account
④ maintain an optimistic outlook

10 주어진 문장이 들어갈 위치로 가장 적절한 것은?

And, the more infectious a disease, the greater the number of people who are immune needed to ensure herd immunity.

Herd immunity is the indirect protection from a contagious disease that happens when a population is immune either through vaccination or previous infection. (①) Once herd immunity has been established for a while, and the ability of the disease to spread is hindered, the disease can eventually be eliminated. (②) However, achieving herd immunity can be quite challenging, and it is not always possible for it to last very long. (③) Measles, for example, is highly contagious and one person with measles can infect up to 18 other people. (④) This means that around 95% of people need to be immune in order for the wider group to have herd immunity.

[01 ~ 02] 밑줄 친 부분에 들어갈 말로 가장 적절한 것을 고르시오.

01

Classical literature is often labeled as 'sleep-inducing,' but readers who have been captivated by its depth and attractive characters would surely _____ that idea.

① admit
② dispute
③ appreciate
④ complicate

02

With the end of the year fast approaching, we enter at a season of _____ — a time to look back on the moments and milestones of the past year.

① selection
② reflection
③ achievement
④ establishment

03 밑줄 친 부분 중 어법상 옳지 않은 것은?

If you choose to skip breakfast to save time, ① think coffee alone can sustain you is like believing a single light bulb can illuminate an entire house. The habit of skipping meals ② too frequently triggers fatigue that ③ accompanies most workdays. Health experts recommend preparing quick and healthy meals the night before to keep energy ④ high and reduce stress in the mornings.

04 밑줄 친 부분에 들어갈 말로 가장 적절한 것은?

 Laura Nichols
Did the new intern start today in the finance team?
12:02

 Kevin Ross
Yes, she started this morning.
12:03

 Laura Nichols
Great, has she gone through on-the-job training yet?
12:05

 Kevin Ross
I heard that Mark is going to handle that in the afternoon.
12:05

 Laura Nichols
_____
12:07

 Kevin Ross
I'll double-check with Mark. Don't worry.
12:08

① Can we reschedule her start date?
② I have high expectations for you and your potential.
③ She will be leading the finance meeting this afternoon.
④ Can you make sure she gets all the necessary instructions?

[05~06] 다음 글을 읽고 물음에 답하시오.

(A)

After six months of work, construction crews have finished the city's new cycling lanes. Now, cyclists can ride worry-free alongside motorists on city streets.

The cycling lanes can be found throughout the city, including the business district and other main streets in neighborhoods with high populations. In addition, cycling paths have been added to every park in the city, providing scenic routes for cyclists. For safety, pedestrians are not permitted to use these cycling paths.

All of the cycling lanes are clearly marked both on the streets and with street signs. Cyclists have the right of way in cycling lanes, and motorists must yield to them. We expect accidents involving cyclists and motor vehicles to decline greatly thanks to these lanes. Additionally, maintenance crews will inspect and repair any damage every two months to ensure safe usage.

For a map of the cycling lanes in the city, visit www.wilmington.gov/cyclinglanes.

05 (A)에 들어갈 윗글의 제목으로 가장 적절한 것은?
① Protect Cyclists from Accidents on Streets
② Enjoy Cycling Safely on the City's New Lanes
③ New Cycling Regulations Implemented in the City
④ Urban-to-Suburban Cycling Routes Are Now Accessible

06 윗글의 내용과 일치하지 않는 것은?
① 자전거 도로를 만드는 데 약 반년이 걸렸다.
② 공원 내 자전거 도로에서는 보행자가 우선이다.
③ 표지판과 도로 위에 자전거 도로 표시가 되어 있다.
④ 유지보수 직원들은 두 달에 한 번 자전거 도로를 점검한다.

07 다음 글의 요지로 가장 적절한 것은?

Career Transition Program for Service Members

The Ministry of National Defense (MND) has launched a Career Transition Program to support military personnel preparing for discharge. This program is designed to help them identify their skills, explore career options, and establish post-service goals. Eligible participants include mid- to long-term service members with at least five years of service, and enrollment begins two years before discharge.

The transition from military to civilian life can be challenging. Many service members struggle to translate their military expertise into terms civilian employers understand, and adapting to different work cultures can be difficult for long-term personnel.

To address these challenges, the Career Transition Program includes training in self-assessment, career planning, and workplace adaptation. By providing targeted support, the Ministry ensures that service members are well-prepared to transition into civilian careers and contribute meaningfully to their new communities.

① Preparing soldiers for life after service is the MND's duty.
② MND's one aim is to retain soldiers through career counseling.
③ MND promotes career shifts across different military divisions.
④ MND develops assessments to identify soldiers for advanced training.

08 밑줄 친 부분에 들어갈 말로 가장 적절한 것은?

According to rumor, Albert Einstein once said that conceiving the theory of special relativity was straightforward, almost easy. It followed naturally from a single observation: that the speed of light is constant to all observers even if the observers are moving at different speeds. This is _____. It is like saying the speed of a thrown ball is always the same regardless of how hard it is thrown or how fast the individuals throwing and observing the ball are moving. Everybody sees the ball moving at the same speed relative to them under all circumstances. It doesn't seem like it could be true. But it was proven to be true for light, and Einstein cleverly asked what the consequences of this bizarre fact were. He methodically thought about all the implications of a constant speed of light, and he was led to the even more bizarre predictions of special relativity, such as time slowing down as you move faster, and energy and mass being fundamentally the same thing.

① manipulative
② psychological
③ comprehensible
④ counterintuitive

09 주어진 글 다음에 이어질 글의 순서로 가장 적절한 것은?

There is good evidence that in organic development, perception starts with the grasping of outstanding structural features.

(A) The triangle was made smaller or larger or turned upside down. A black triangle on white ground was replaced by a white triangle on black ground, or an outlined triangle by a solid one.

(B) These changes seemed not to inhibit recognition. Similar results were obtained with rats. Researchers have asserted that simple transpositions of this type "are universal from the insects to primates."

(C) For example, when two-year-old children and chimpanzees had learned that of two boxes presented to them the one with a triangle of a particular size and shape always contained attractive food, they had no difficulty applying their training to triangles of very different appearance.

① (A)−(C)−(B)   ② (B)−(A)−(C)
③ (C)−(A)−(B)   ④ (C)−(B)−(A)

10 다음 글의 흐름상 어색한 문장은?

We now know that sleep has several stages, each of which consolidates and filters information in a different way. ① For instance, studies show that "deep sleep," which is concentrated in the first half of the night, is most valuable for retaining hard facts — names, dates, formulas, concepts. ② If you're preparing for a test that's heavy on retention (foreign vocabulary), it's better to hit the sack at your usual time, get that full dose of deep sleep, and roll out of bed early for a quick review. ③ But the stages of sleep that help consolidate motor skills and creative thinking — whether in math, science, or writing — occur in the morning hours, before waking. ④ Creative writing is almost always fuelled by personal experience and so carries profound truths behind the fiction. If it's an athletic competition you're preparing for, or a test that demands creative thinking, you might consider staying up a little later than usual and sleeping in.

11회 하프 모의고사

[01~02] 밑줄 친 부분에 들어갈 말로 가장 적절한 것을 고르시오.

01

Travelers with a _____ itinerary are more likely to encounter unexpected opportunities during their journey, which adds to the charm of travel.

① strict
② steady
③ flexible
④ narrow

02

Some industry analysts predict that the central bank will maintain low interest rates until inflation _____ by 2% from levels last recorded three years ago.

① drops
② dropped
③ will drop
④ was dropped

03 밑줄 친 부분 중 어법상 옳지 않은 것은?

When it comes to ① working collaboratively within colonies, the ant is the only insect ② its body weight only supports half of the loads it carries, and its survival depends on cooperative behavior that is ③ of great importance to sustaining its colony, which is why it ④ has been given attention in ecological studies over the past few decades.

04 밑줄 친 부분에 들어갈 말로 가장 적절한 것은?

A: Excuse me, I'd like to return this coffee machine I bought yesterday.
B: Is there anything wrong with the machine?
A: The coffee doesn't come out hot enough. I've already tried adjusting the temperature settings.
B: Oh, I see. If you have the receipt with you, we can process a refund for the machine.
A: _____
B: I'm sorry, but the receipt is needed for a refund or exchange.

① Is that all you need?
② I think I threw it out.
③ How much would that be?
④ This machine works just fine.

[05~06] 다음 글을 읽고 물음에 답하시오.

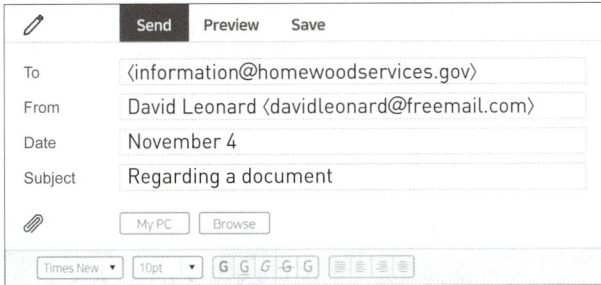

To Whom It May Concern,

My name is David Leonard, and I'm writing this to ask about reissuing my birth certificate. As you know, this document is required for my US passport application, but unfortunately, I have been unable to locate the original.

I was born in Pressley Hospital on August 25, 1996 in Homewood, Illinois in the United States. My birth was registered at city hall by my parents two days later. I hope this information is helpful if you need to look up anything.

Could you please let me know the process for issuing a new birth certificate? Specifically:
- Can I apply for one online, or do I need to visit a government office in person?
- Are there any required documents, <u>forms</u>, or fees that I need to prepare?

A prompt response would be greatly appreciated, as I plan to travel abroad in January. I'm aware that processing a new passport can take up to six weeks, so receiving the certificate as soon as possible is important.

Thank you for your time and assistance.

Sincerely,
David Leonard

05 윗글의 목적으로 가장 적절한 것은?
① to confirm the date and location of a birth
② to ask for an official passport to be reissued
③ to find out how to obtain a new birth record
④ to discuss some plans to travel abroad in the future

06 밑줄 친 "forms"의 의미와 가장 가까운 것은?
① shapes
② methods
③ templates
④ conditions

07 EMS에 관한 다음 글의 내용과 일치하는 것은?

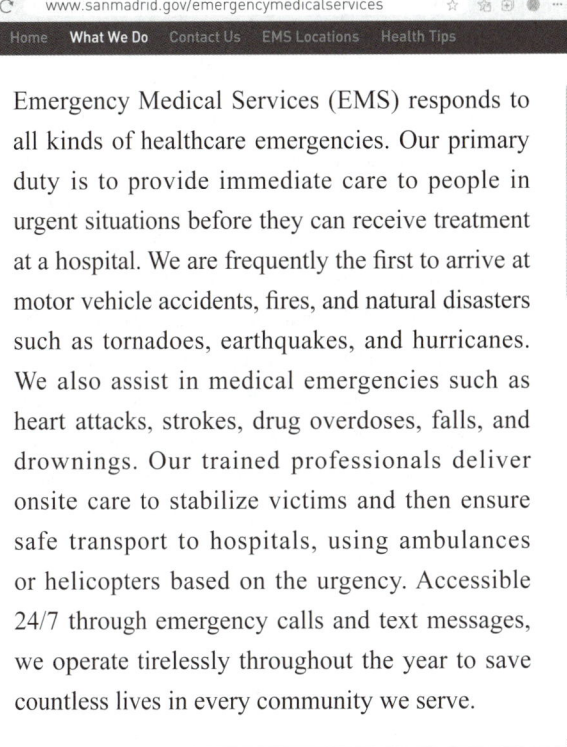

Emergency Medical Services (EMS) responds to all kinds of healthcare emergencies. Our primary duty is to provide immediate care to people in urgent situations before they can receive treatment at a hospital. We are frequently the first to arrive at motor vehicle accidents, fires, and natural disasters such as tornadoes, earthquakes, and hurricanes. We also assist in medical emergencies such as heart attacks, strokes, drug overdoses, falls, and drownings. Our trained professionals deliver onsite care to stabilize victims and then ensure safe transport to hospitals, using ambulances or helicopters based on the urgency. Accessible 24/7 through emergency calls and text messages, we operate tirelessly throughout the year to save countless lives in every community we serve.

① It handles emergencies by delivering final treatment onsite.
② It aids individuals suffering from water-related accidents.
③ It does not offer multiple means of transport for patients.
④ It accepts requests for help exclusively by telephone.

08 다음 글의 제목으로 가장 적절한 것은?

In England, around the 9th century, the land was divided into geographic areas called shires, ruled by a few individual kings. Within every shire there was an individual called a reeve, which meant guardian. This individual was originally selected by the serfs to serve as their informal social leader, representing their community. However, as time went on, kings formalized the role and incorporated it into the governmental structure. The reeve then became the King's appointed representative to protect the King's interests and mediate between the King and the people of his particular shire. Through time and usage the words shire and reeve came together to be shire-reeve, guardian of the shire and eventually became the word sheriff, as we know it today.

*serf: 농노

① The Governmental Structure in the Medieval Era
② Why Sheriffs Became Obsolete Over Time
③ Kings as Guardians of Their Shires
④ The Historical Root of Sheriff

09 밑줄 친 부분에 들어갈 말로 가장 적절한 것은?

Although most people have multiple identities, few of these are politically apparent at any moment. It is only when a political issue affects the concerns or welfare of a specific group that _____.
For instance, when issues arise that touch on women's rights, women start to think of gender as their primary identity. Whether such women are American or Iranian, Catholic or Protestant matters less than their shared identity as women. Similarly, when famine and civil war threaten people in sub-Saharan Africa, many African Americans are reminded of their ancestral ties to the continent, and they lobby their leaders to provide humanitarian relief. In other words, each issue calls forth identities that help explain the political preferences people hold regarding those issues.

① identity assumes importance
② community supports diversity
③ political ideologies gain precedence
④ personal identities become irrelevant

10 주어진 문장이 들어갈 위치로 가장 적절한 것은?

Most importantly, victims can develop severe symptoms of post-traumatic stress, anxiety and depression.

With today's mandatory need for smartphones and easy access to social media platforms, anyone can be a perpetual target of cyberbullying. (①) Staying connected online is not always as innocent as it appears. (②) Cyberbullying takes the form of name-calling, spreading false rumors, forwarding improper images and messages, and cyberstalking. (③) Basically, it can lead to difficulty in forming healthy relationships. Debilitating fear, destruction of self-esteem and social isolation are also considered other harms of cyberbullying. (④) These numerous psychological effects can be devastating to them regardless of age, and it seems no one is immune to the kind of trauma it causes.

12 하프 모의고사

[01 ~ 02] 밑줄 친 부분에 들어갈 말로 가장 적절한 것을 고르시오.

01

It's unfortunate that about 20,000 tons of bananas are _____ annually at farms, simply for having a few scratches or being oversized for market standards.

① utilized
② irrigated
③ fertilized
④ discarded

02

The instructions in the manual were so _____ that users struggled to understand how to operate the device.

① fragile
② explicit
③ instructive
④ ambiguous

03 밑줄 친 부분 중 어법상 옳지 않은 것은?

The notion that life is finite and that death is inevitable, along with the questions and emotions it provokes, ① form the essence of *memento mori*, which serves as a reminder for individuals to reflect on life's fleeting nature and ② their fate of facing death. There comes a moment when people wish they ③ had made different choices in their younger years, but life is too short ④ to be filled with regret, even if fear or uncertainty follows their actions.

04 밑줄 친 부분에 들어갈 말로 가장 적절한 것은?

 Claire Zhang
I need someone to cover my shift on Friday. I've got something important that came up, and I won't be able to make it.
15:20

Derek Smith
I might be able to. What hours are you talking about?
15:22

 Claire Zhang
It's from 2 to 10 P.M.
15:22

Derek Smith
_____
15:23

 Claire Zhang
That would be amazing. I really appreciate that.
15:25

① Why do you need the day off?
② I'm sorry, but I can't help you this time.
③ Is there anyone else who can cover you?
④ Can I swap my Thursday shift for your Friday?

[05~06] 다음 글을 읽고 물음에 답하시오.

(A)

The Williams Robotics Academy is hosting a Robot-Building Contest, open to all aspiring roboticists. Prove that you have what it takes to build the best robot and compete for prizes awarded to the top three entries in various categories.

The contest will take place on Saturday, July 27, from 1:00 P.M. to 5:00 P.M. at the Williams Robotics Academy at 98 Avery Street.

The following are just the exciting contest categories:

Most Creative Design	Most Useful Robot
Fastest Robot	Best Use of AI in a Robot

Additionally, participants can join the Robot War Competition in which robots battle each other, or the Robot Construction Competition, which challenges contestants to build a functional robot within a limited time using provided materials.

Contestants must pay a $20 fee and register no later than July 13. Call 555-9154 for more information.

05 (A)에 들어갈 윗글의 제목으로 가장 적절한 것은?
① Come and Enjoy Watching Robots Compete
② Build, Battle, and Win at Robotics Competition
③ Williams Robotics Academy Awaits New Students
④ How to Make Use of Robots: The Way of the Future

06 Robot-Building Contest에 관한 윗글의 내용과 일치하지 않는 것은?
① People outside the academy can enroll in the competition.
② Participants have several opportunities to win various prizes.
③ Every event requires robots that have been constructed in advance.
④ There is a deadline for those who want to take part in the event.

07 다음 글의 요지로 가장 적절한 것은?

A series of psychological experiments have revealed that many successful people genuinely believe they are superior to others in all desirable traits — a belief sometimes functions as momentum for success, at other times as a hindrance to it. In business, such beliefs in one's superiority can have serious consequences. Leaders of large corporations may make costly bets on mergers and acquisitions, mistakenly believing they can manage another company better than its current owners. The stock market commonly responds by downgrading the acquiring firm's value, as experience shows that, more often than not, large-scale integrations are more likely to fail than succeed. These misguided acquisitions are explained merely by supposing that the executives of the acquiring firm are simply less competent than they think they are.

① Leaders of big firms are reluctant to admit their mistakes.
② The stock market tends to misjudge the value of acquisitions.
③ Large-scale mergers and acquisitions frequently end in failure.
④ Excessive confidence in one's ability often has detrimental effects.

08 밑줄 친 부분에 들어갈 말로 가장 적절한 것은?

Hearing is essentially _____.
Sound is simply vibrating air that the ear picks up and converts into electrical signals, which are then interpreted by the brain. The sense of hearing is not the only sense capable of doing this; touch can do this as well. For example, if you are standing by the road and a large truck passes by, do you hear or feel the vibration? The answer is both. At very low frequency vibrations the ear starts becoming inefficient and the rest of the body's sense of touch starts to take over. For some reason we tend to differentiate between hearing a sound and feeling a vibration, but in reality they are the same thing. Deafness does not mean that you can't hear, only that there is something wrong with the ears. Even someone who is completely deaf can still hear/feel sounds.

① a specialized form of touch
② a sense susceptible to frequency changes
③ an automatic response to external stimuli
④ an experience independent of tactile sensations

09 주어진 글 다음에 이어질 글의 순서로 가장 적절한 것은?

Whenever there is some successful evolutionary adaptation or change in an animal, it is almost always preceded by some simpler versions.

(A) As primates evolved into apes, this thumb became longer. In some other primates, the thumb can now oppose one or even two fingers to some extent. This shows that the human thumb evolved from simpler versions over time.

(B) Consider the amazing mechanical tool that allows humans to build and shape the modern world — our thumb. It is opposable, meaning we can touch it to the tips of any other fingers.

(C) This opposable thumb gives us the ability to handle small objects skillfully and make tools. But this special thumb did not start out like this; it first appeared in monkeys as a short, stubby feature that wasn't fully opposable.

① (B)−(A)−(C)   ② (B)−(C)−(A)
③ (C)−(A)−(B)   ④ (C)−(B)−(A)

10 다음 글의 흐름상 어색한 문장은?

The beginning stages of learning are critical in the determination of future successful performance. Initial errors can be "set" and be difficult to eradicate. ① Consequently, students' initial attempts in new learning should be carefully monitored and, when necessary, guided so they are accurate and successful. ② Teachers need to practice with the total group or circulate among students to make sure instruction has "taken" before "turning students loose" to practice independently (with no help available). ③ Many students feel exhausted and experience reduced well-being, if they are overwhelmed by their studies. ④ With teacher guidance, the student needs to perform all (or enough) of the task so that clarification or remediation can occur immediately should it be needed. In that way, the teacher is assured that students will subsequently perform the task correctly without assistance rather than be practicing errors when working by themselves.

13 하프 모의고사

[01~02] 밑줄 친 부분에 들어갈 말로 가장 적절한 것을 고르시오.

01

Fears of public speaking can _____ someone's thoughts for days or even weeks before they finally step onto the stage, leaving them nervous.

① preoccupy
② improvise
③ address
④ inspire

02

Among the consequences of poor time management _____ missed deadlines and elevated stress levels.

① is
② are
③ to be
④ that has

03 밑줄 친 부분 중 어법상 옳지 않은 것은?

The "Sponge Effect" is a term ① used to describe the phenomenon ② where individuals, whether they are consciously aware of it or not, absorb knowledge not by engaging in structured study but ③ interact with their environment — a method ④ far more intuitive than structured teaching.

04 밑줄 친 부분에 들어갈 말로 가장 적절한 것은?

A: I'm in trouble. I might have left the office door unlocked.
B: Really? What happened?
A: I was the last one to leave, and now I can't get back in to check.
B: Don't worry too much. _____
A: Oh, right. That's a relief.

① Your coworkers might have noticed and closed it.
② You didn't forget to turn off the lights, though.
③ The security team or cleaning staff will likely check it.
④ The office is always open to anyone.

[05~06] 다음 글을 읽고 물음에 답하시오.

To: All Employees
From: Human Resources ⟨HR@shimsonenglish.com⟩
Date: January 22
Subject: Announcement

Dear Employees,

Due to the upcoming office refurbishment work, the office will be closed the day after tomorrow, January 24, Friday. All employees are requested to work from home on that day.

To ensure uninterrupted productivity, please:
1. Test your access to remote systems in advance.
2. Get your team leaders' approval for any important documents to be taken out by the end of today.

Please note:
- The office will reopen on Monday, January 27, as usual.
- Maintenance staff will perform essential repairs and upgrades during the closure, which may cause temporary outages of certain office-based systems.

If you experience any issues with remote resources or have questions about setting up your home office, contact the IT department via:
- Email: ithelpdesk@shimsonenglish.com
- Phone: 102-1901

We appreciate your cooperation and understanding.

Best regards,
Human Resources

05 윗글의 목적으로 가장 적절한 것은?

① 신규 재택근무 정책을 공지하려고
② 기술 문제 보고 방법을 교육하려고
③ 전 직원 임시 재택근무 실행을 알리려고
④ 사무실 유지 보수 관련 피드백을 요청하려고

06 윗글의 내용과 일치하는 것은?

① The notice is made the day before the office renovation.
② Taking out critical company documents is banned in any case.
③ Regular office operations will resume the following week.
④ Further technical issues should be directed to the HR first.

07 Grover City Recycling 앱에 관한 다음 글의 내용과 일치하지 않는 것은?

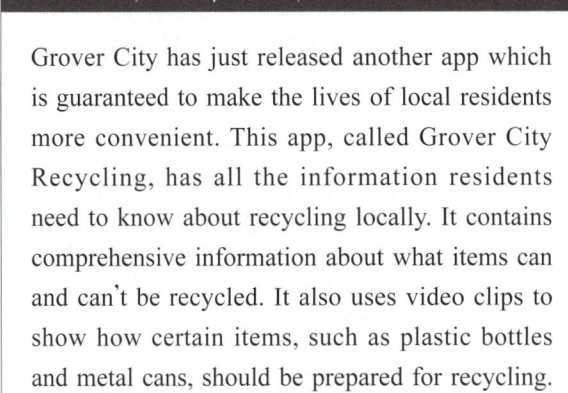

Grover City has just released another app which is guaranteed to make the lives of local residents more convenient. This app, called Grover City Recycling, has all the information residents need to know about recycling locally. It contains comprehensive information about what items can and can't be recycled. It also uses video clips to show how certain items, such as plastic bottles and metal cans, should be prepared for recycling. Another feature is the map of the entire city showing the locations of every public recycling bin and recycling center in the region. The app also provides practical ways on how to creatively upcycle items and minimize waste, encouraging sustainable habits. To further engage users, the city offers prizes for uploading photos of their upcycled creations, making recycling and upcycling a fun and rewarding experience.

① It lets people know what they cannot recycle.
② It has information on how to recycle certain items.
③ A map on it shows where people can recycle items.
④ Prizes are given to users who post their reviews of the app.

08 다음 글의 주제로 가장 적절한 것은?

In the early 20th century, the fortunes of the wealthy were destroyed by two world wars, the Great Depression, and extreme wartime finance measures. Then, a few decades of rapid economic growth created a situation in which *newly earned income* was a much bigger deal than old inherited wealth. In the post-war era, it appeared that Marx was mistaken in asserting that market societies would be dominated by owners of capital. Wages for ordinary workers were high and steadily rising. Economic elites were mainly business executives or skilled professionals — lawyers and surgeons, for example — rather than owners of enterprises. And iconic "capitalist" figures were entrepreneurs who built businesses from the ground up, rather than heirs to old fortunes.

① structure of the post-war economic order
② challenges faced by the post-war generation
③ negative sides of rapid post-war economic growth
④ aims and achievements of post-war economic reforms

09 밑줄 친 부분에 들어갈 말로 가장 적절한 것은?

In foraging societies, hunters share meat based on who helped to catch it and the importance of their role. Among Efe Pygmies, the hunter who shoots the first arrow gets the largest share, followed by the person whose dog chased the prey. Among Dominican fishermen, the proceeds from fish sales are used first to reimburse the boat owner for gasoline, with the remainder divided equally among all crew members. By contrast, chimpanzees don't seem to care about rewarding individuals for their contributions to joint success. Experiments with captive chimps indicate that proximity to the meat-holder is the main predictor of who gets a share. Being in the right place at the right time, rather than participating in the collaborative venture, predicts whether chimps get a share of a food prize. Given _____, it is not so surprising that chimpanzees often prefer solo pursuits.

① how poorly teamwork functions without clear incentives
② how unpredictable the outcome of a group hunt can be
③ how demanding it is to sustain cooperative efforts
④ how little there is to be gained from teamwork

10 주어진 문장이 들어갈 위치로 가장 적절한 것은?

Most of them entered teaching because they believed they could help students, not because they wanted to fight with them.

Teachers can become lazy as they get older. They offer their best advice and often see students roll their eyes heavenward and assume the expression that crosses children's faces when their mother tells them for the ten-thousandth time to be careful crossing the street. (①) By the time teachers have taught long enough to learn their subject well, they begin to wonder why they keep offering this apparently unwanted advice. (②) Consequently, they are revitalized when they come across a student who is eager to learn and is mature enough to show no defensiveness. (③) Now and then I have an interested student, with good instincts, who asks great questions. (④) And once again I feel as enthusiastic as I did thirty years ago.

[01~02] 밑줄 친 부분에 들어갈 말로 가장 적절한 것을 고르시오.

01

Chronic stress and anxiety can _____ the symptoms of an illness and worsen an individual's overall health condition.

① cease
② alleviate
③ aggravate
④ overcome

02

While 'empathic' is defined as understanding another person's feelings, the meaning of '_____' involves feeling pity for their situations.

① sensitive
② aesthetic
③ indifferent
④ sympathetic

03 밑줄 친 부분 중 어법상 옳지 않은 것은?

Picture dolphins performing tricks in an aquarium. Only instead of ① live dolphins jumping through hoops, these are robots entertaining crowds without ② harming marine life. These robotic dolphins made of silicone and other soft materials ③ designed to move naturally and mimic the behavior of real dolphins. Although they are close to replacing captive dolphins, it'll be a few more years ④ before you can see one and mistake it for the real thing.

04 밑줄 친 부분에 들어갈 말로 가장 적절한 것은?

 Tim Sanders
What do we need to prepare for the client meeting next week?
10:30

 Jennifer Molina
I think the presentation materials need to be prepared.
10:30

 Tim Sanders
_____
10:32

 Jennifer Molina
Of course, I'll start on them right away. When do you need them by?
10:33

 Tim Sanders
If you could have them ready by Thursday, that would be great.
10:34

 Jennifer Molina
Understood.
10:34

① Can we postpone the meeting?
② Could you prioritize working on them?
③ I thought you had already finished them.
④ Is everything set with the clients for next week?

[05~06] 다음 글을 읽고 물음에 답하시오.

(A)

Erica Juliet is one of the hottest names in the publishing industry these days. She just released her ninth novel, *Better Days*, one month ago, and it has already reached the top of the bestseller list with more than half a million hardback copies sold.

Ms. Juliet will be making an appearance at Dover Bookstore on the second floor of the Hampton Shopping Center this coming weekend. We hope to see as many of her fans there as possible.

Details
Date: Sunday, February 12
Time: 2:00 P.M. to 4:00 P.M.
Location: Dover Bookstore, Hampton Shopping Center

Ms. Juliet is going to deliver a short speech about her experience in the publishing industry, and she'll also give advice to aspiring writers. She'll read the first chapter of *Better Days*, and then she'll sign autographs.

All of Ms. Juliet's books will be available for purchase in both hardback and paperback.

05 (A)에 들어갈 윗글의 제목으로 가장 적절한 것은?
① Don't Miss This Chance to Meet Your Favorite Writer
② Dover Bookstore Is Having a Sale on Hardcover Books
③ Erica Juliet and the Story of How She Became Successful
④ Book Signings: Events That Let Fans Meet Famous Authors

06 밑줄 친 "deliver"의 의미와 가장 가까운 것은?
① bear
② present
③ distribute
④ surrender

07 다음 글의 요지로 가장 적절한 것은?

Some sport-food advertising implies that since minerals are removed from your body by sporting activities, you need their specialized products to replenish those nutrients. However, moderate recreational exercise does not deplete nutrients enough to impact your athletic performance or overall health. For that reason, after a one-hour hike or a game of tennis, you don't need to replace specific minerals immediately. Your next regular meal will suffice. It is unnecessary to take extra minerals beforehand to compensate for expected losses during exercise. You don't lose enough to affect performance or fatigue level. Maintaining a balanced diet and staying hydrated assures that you don't start your day in an already depleted state. Minute-to-minute deficits don't matter as much.

① Diet plans should vary depending on the type of exercise.
② It is advisable to drink small amounts of water during exercise.
③ Overconsumption of certain nutrients hinders athletic performance.
④ Additional mineral intake isn't required before or after light exercise.

08 밑줄 친 부분에 들어갈 말로 가장 적절한 것은?

Globes provide the most accurate depiction of surface features on Earth; they are the only true representation of distance, area, direction, and proximity. That said, you can't fold up a globe and put it into your pocket. Moreover, if you need to locate a particular city street in a specific city, you would need a very large globe. You could, of course, make a giant globe and then just cut out the sections you need. I think you get my point. Globes are accurate but _____. This is why flat maps were developed — three-dimensional Earth is projected onto a two-dimensional map. You can fold up a flat map and carry it almost anywhere. Still, while these flat maps are convenient and do display spatial information, they give a distorted view. At present, there is no flat map that is free from distortion.

① unsuitable for use in confined spaces
② impractical for easy and convenient portability
③ prone to distorting particular types of terrains
④ accessible only through a two-dimensional view

09 주어진 글 다음에 이어질 글의 순서로 가장 적절한 것은?

Imagine you are having dinner with people you've just met. You reach for the salt, but one of the guests, let's call him Joe, suddenly takes the salt and puts it where you can't reach it.

(A) At the restaurant, this is rude. In the game, this is expected and acceptable behavior. Apparently, games give us permission to prevent others from achieving their goals.

(B) However, if you were playing a board game with the same people, it would be completely acceptable for the same Joe to block you from winning. In the restaurant as well as in the game, Joe is aware of your intention and prevents you from doing what you are trying to do.

(C) Later, as you leave the restaurant, Joe runs ahead and blocks the exit door. This would be considered rude because, when you understand someone else's intention, it is generally offensive to prevent them from reaching it.

① (B)−(A)−(C) ② (B)−(C)−(A)
③ (C)−(A)−(B) ④ (C)−(B)−(A)

10 다음 글의 흐름상 어색한 문장은?

Emotion interacts with cognition biochemically, bathing the brain with hormones, transmitted either through the bloodstream or through ducts in the brain, modifying the behavior of brain cells. Hormones exert powerful biases on brain operation. ① In tense, threatening situations, the emotional system triggers the release of hormones that bias the brain to focus upon relevant parts of the environment. ② The muscles tense in preparation for action. ③ In calm, non-threatening situations, the emotional system triggers the release of hormones that relax the muscles and bias the brain toward exploration and creativity. ④ A human without a working emotional system has difficulty making choices. Now the brain is more apt to notice changes in the environment, to be distracted by events, and to piece together events and knowledge that might have seemed unrelated earlier.

15 하프 모의고사

[01~02] 밑줄 친 부분에 들어갈 말로 가장 적절한 것을 고르시오.

01

Lifting slightly heavier weights builds muscle strength in the same way that reading longer or more _____ texts helps build your reading ability.

① vivid
② typical
③ internal
④ elaborate

02

As part of the exclusive membership program, passengers who book flights over $2,500 will now have the opportunity _____ early access to seat upgrades, priority boarding, and travel discount vouchers.

① enjoy
② enjoyed
③ enjoying
④ to enjoy

03 밑줄 친 부분 중 어법상 옳지 않은 것은?

① Every first protest for social justice, whose courage inspires change, needs ② remembering to honor its legacy, ③ no matter how imperfect it may appear, and ④ neither do the sacrifices made by those who risk everything to speak out against injustice and inequality.

04 밑줄 친 부분에 들어갈 말로 가장 적절한 것은?

A: Hello, I'm looking for Bluetooth headphones.
B: Are there any specific models you have in mind?
A: Not really. I just want good sound quality.
B: Try this. It has a nice design and also offers noise cancellation.
A: _____.
B: Then how about this model? This one only weighs 250 grams in total.
A: Perfect. I'll get it.

① It's a little heavy for me
② The sound isn't really my taste
③ I don't care much about the color
④ This is just what I was looking for

[05~06] 다음 글을 읽고 물음에 답하시오.

To: Clarice Weatherspoon <claricew@thompson.com>
From: George Walker <gwalker@thompson.com>
Date: May 16
Subject: Important Update

Dear Clarice,

I was just informed by Susan Wall, our company's vice president, that we will no longer be traveling to Chicago on business this Thursday, May 18. Instead, Ms. Wall noted that our trip would be delayed until next Monday.

Apparently, the main negotiator for DKR, Terry Harper, has fallen ill and is therefore unable to work the rest of this week. He is expected to be fine by next week, so we will depart on Monday night and commence negotiations on Tuesday morning.

There's one more thing to note. The vice president has requested a meeting with us this Friday at 10:00 A.M. before the rescheduled trip. She wants to go over our bargaining positions and provide her expectation for the negotiations. If you have something already scheduled at that time, please try to reschedule it.

Regards,
George Walker

05 윗글의 목적으로 가장 적절한 것은?
① 회사 부사장의 지시로 회의를 주최하려고
② 출장 일정이 전면 취소된 배경을 설명하려고
③ 출장 관련 중요한 변경 사항들을 전달하려고
④ 협상 상대방의 건강 상태에 대한 우려를 표하려고

06 밑줄 친 "expectation"의 의미와 가장 가까운 것은?
① possibility
② anticipation
③ imagination
④ interpretation

07 Silver Fern Retirement Home에 관한 다음 글의 내용과 일치하는 것은?

Silver Fern Retirement Home is a facility built specifically to cater to the needs of retirees. We have 220 one- or two-bedroom units across four buildings. Our 40-acre property includes two swimming pools, a fitness center, a sauna, a 9-hole golf course, and numerous stores for shopping, enjoying coffee or dining. Each unit is fully equipped with modern appliances, and we have 24/7 concierge services. We have an advanced medical facility with a doctor on call at all times. We even provide driving services for our guests who do not own a personal vehicle anymore. Our dedicated staff is always ready to assist with any requests.

① There are 220 units with two bedrooms each.
② It has limited access to dining facilities.
③ Guests can receive concierge service at any time.
④ It provides vehicles for guests to drive.

08 다음 글의 주제로 가장 적절한 것은?

Libraries are increasingly focusing on the quality of services they offer to their users. This is particularly important as more information becomes electronically accessible. However, the traditional strengths of libraries have always been their collections. This is still true today — especially in research libraries. Also, collection makeup is one of the hardest aspects to change quickly. For example, if a library has a long tradition of extensively collecting materials published in Mexico, then even if it stops acquiring new Mexican imprints, its Mexican collection will still be substantial and notable for several years to come unless it starts removing books. Likewise, if a library begins collecting heavily in a specific subject area where it previously held few materials, it will take several years for the collection to grow large and rich enough to serve as a valuable research tool.

① the difficulties of arranging library collections
② the necessity of user-friendly services in libraries
③ the significance of the collection as a library asset
④ the shift in library priorities from collections to digital services

09 밑줄 친 부분에 들어갈 말로 가장 적절한 것은?

There are countless misconceptions about science that range from thinking that there is some unique scientific method to fusing it with technology. These include the idea that science is mainly about the accumulation of facts, uncreative, yet highly competitive. There is even a school of sociologists of science that argues that science is just another set of socially constructed myths with no particular validity. For example, in *The Golem*, Collins and Pinch state that scientific disputes are resolved not through experiments but through social negotiations. Collins has further written that the real world has played little role in shaping scientific ideas. These relativists wish to _____ in providing understanding. Such views are essentially anti-science and it is a matter of great concern that their views are presented uncritically in so-called science study courses.

① reinforce the role of evidence
② take no action against science
③ deny the superiority of science
④ argue for more scientific collaboration

10 주어진 문장이 들어갈 위치로 가장 적절한 것은?

They can travel easily in the watery contents of our digestive system, bloodstream, and cells.

We are made mostly of water. It accounts for about 65% of our body weight and more than 90% of our blood. And water makes up the bulk of our food and drink. (①) The breakdown products of proteins, carbohydrates, and nucleic acids dissolve in water. (②) But when it comes to fats, oil and water don't mix. (③) Fats require special handling. (④) In fat breakdown, you can see how bile salts help break fats from food into small droplets, giving them a greater surface area so that digestive enzymes can break them apart.

[01~02] 밑줄 친 부분에 들어갈 말로 가장 적절한 것을 고르시오.

01

Although winter has begun, the _____ weather — hot to cold, sunny to cloudy — creates significant seasonal confusion.

① ideal   ② gloomy
③ unstable   ④ moderate

02

The politician was a(n) _____ person who rarely cared about anything but gaining power and popularity through empty promises.

① supportive   ② moral
③ impatient   ④ shallow

03 밑줄 친 부분 중 어법상 옳지 않은 것은?

① On his retirement day, Mr. Carter's manager insisted that he ② deliver a farewell speech to his colleagues. ③ When arrived at the podium, he adjusted his glasses and glanced at the faces of his colleagues he had worked with for decades. "④ Here I stand," he began, "grateful for the years we've shared and the memories we've built together."

04 밑줄 친 부분에 들어갈 말로 가장 적절한 것은?

 Rachel
Hi, I'm interested in one of your subscription plans, but I have some questions about the cancellation policy.
11:30

SubsPlus
I'd be happy to assist. Are you asking about the monthly or annual plan?
11:32

 Rachel
The monthly plan.
11:32

SubsPlus
_____
11:33

 Rachel
That's great, so there is no additional charge if I decide to cancel?
11:35

SubsPlus
Exactly. And the service will remain active until the end of the billing period.
11:35

 Rachel
Alright. Thanks for the information.
11:36

① It can be canceled at any time without penalties.
② We recommend contacting customer service.
③ The annual plan offers less flexibility for cancellations.
④ Would you like a free trial before subscribing?

[05~06] 다음 글을 읽고 물음에 답하시오.

(A)

Do you have old clothes you no longer wear, cans, bottles, or other items headed for the landfill? Rethink waste and use your creativity by joining the upcycling movement! Upcycling transforms unwanted items into something new and useful, reducing waste while sparking imagination.

The Gulf Shores Community Center invites you to the Gulf Shores' Workshop, a hands-on, one-time-only workshop that will teach you how to give your old items a second life. Experienced instructors will demonstrate creative techniques and guide you in creating practical and unique projects during the session.

Date	Sunday, February 9
Time	2:00 P.M. to 5:00 P.M.
Location	Room 114, Gulf Shores Community Center

No need to book — just come as you are, ready to learn and get inspired. Tools and materials will be provided, so all you need to do is show up and enjoy.

05 (A)에 들어갈 윗글의 제목으로 가장 적절한 것은?
① Crafting Workshop for Handmade Art Pieces
② Upcycle Your Old Clothes into Trendy Outfits
③ Shop for Second-hand Products at Gulf Shores
④ Upcycling: Transform Your Trash into Treasure

06 Gulf Shores' Workshop에 관한 윗글의 내용과 일치하지 않는 것은?
① It is being offered for only one specific day.
② It will be held outside at the Community Center.
③ It does not require any prior reservations.
④ All materials for the activities will be provided on-site.

07 다음 글의 요지로 가장 적절한 것은?

Many animals spend most of their waking hours searching for food and eating it. They rely on their environment for things to eat. Some animals search alone, while others search together, but in general they get their food directly from nature. Human food also comes from nature, but most people today get it from other people. Over the past year, how much of what you ate came directly from nature, like picking it off of plants or hunting animals? Probably most, if not all, of what you ate came either from supermarkets, where the food prepared by others is sold, or from restaurants and cafeterias, where food grown by some people is cooked and served by others. If all these systems suddenly disappeared and people had to get food directly from nature, most of us would not know how to go about it. Many would go hungry.

① Modern lifestyles have distanced humans from nature.
② Direct sourcing of food from nature ensures sustainability.
③ Food can be used as a weapon to achieve economic objectives.
④ Humans, unlike animals, depend on others for their food supply.

08 밑줄 친 부분에 들어갈 말로 가장 적절한 것은?

One myth of the teacher as expert suggests that teachers are "all knowing" and that their role is simply to pass on their expertise to students who not only are non-experts but may also lack prior knowledge. There are two major flaws in such a myth. First, assuming that the teacher is knowledge wealthy and the students are knowledge poor automatically dismisses the unique perspectives students bring to the classroom. Second, it is unrealistic for any individual to be an expert in all subjects, even when it comes to teaching kindergarten. For example, kindergartners are often curious about nature, and who could expect to have a complete knowledge of all natural phenomena, especially as new discoveries are constantly being made? Teaching at its best is a process of _____. Claims of being an expert suggest there is little more for the person to learn.

① becoming better
② integrating things
③ providing answers
④ analyzing themselves

09 주어진 글 다음에 이어질 글의 순서로 가장 적절한 것은?

Brain research provides a framework for understanding how the brain processes and internalizes athletic skills.

(A) This internalization transfers the swing from a consciously controlled left-brain function to a more intuitive or automatic right-brain function. This description, despite being an oversimplification, explains the interaction between conscious and unconscious actions in the brain, as it learns to perfect an athletic skill.

(B) In practicing a complex movement such as a golf swing, we experiment with different grips, positions and swing movements, analyzing each in terms of the results it yields. This is a conscious, left-brain process.

(C) Once we identify those elements of the swing that produce the desired results, we rehearse them over and over again in an attempt to record them permanently in "muscle memory." In this way, we internalize the swing as a kinesthetic feeling that we trust to recreate the desired swing.

① (A)−(B)−(C)   ② (B)−(A)−(C)
③ (B)−(C)−(A)   ④ (C)−(A)−(B)

10 다음 글의 흐름상 어색한 문장은?

Individuals who focus their brainpower on how they can provide goods and services that others might value highly will have a major advantage in the marketplace. ① Most employees spend time thinking about how much they are getting paid rather than how they can make their services more valuable to both current and prospective employers. ② Similarly, many business owners focus on management details rather than on how they can increase the value of their product or service relative to its cost. ③ Yet those who become known for getting and helping others to create more value will be able to sell their goods and services for a higher price. ④ Consumers have been and will be more sensitive to price changes in high-priced products and services. Once you begin to think seriously about how you can increase the value of your services to others, do not underestimate your ability to achieve success.

회차 17 하프 모의고사

[01~02] 밑줄 친 부분에 들어갈 말로 가장 적절한 것을 고르시오.

01

If you want to achieve something, say it out loud: _____ your goals to others not only motivates you but also attracts supports from others.

① declaring ② dismissing
③ negotiating ④ investigating

02

In response to negative reviews on a recent front-page story, the editorial team discussed how to handle any _____ expressed in letters from deeply concerned readers.

① critical ② critically
③ criticized ④ criticisms

03 밑줄 친 부분 중 어법상 옳지 않은 것은?

If you pat your head with one hand and rub your stomach with ① the other, you might struggle to perform the motions smoothly. ② Because the way muscles coordinate actions, there ③ is often temporary confusion when motor patterns differ, making it difficult for beginners ④ to succeed without prior training.

04 밑줄 친 부분에 들어갈 말로 가장 적절한 것은?

A: Jane! Long time no see.
B: Hi, Chris. What are you doing in the library?
A: I'm here to copy some pages from the science book I borrowed.
B: Do you know that you need a copy card to use the copy machine in this library?
A: Oh, I didn't know that. _____
B: Sure, here it is.

① What exactly is a copy card?
② I forgot to return your copy card.
③ Can I borrow yours if you have one?
④ Do you want me to come along with you?

[05~06] 다음 글을 읽고 물음에 답하시오.

To: <comments@hobsoncity.gov>
From: Tara Bradley <tarabradley@greenthumb.com>
Date: December 2
Subject: Parking

To Whom It May Concern,

I have been shopping in the downtown area recently because of the holiday season. However, the roads downtown are frequently congested due to double-parking, which has become a significant issue that I urge the city to address.

Double-parking blocks an entire lane of traffic. Most city streets have only two lanes in each direction, and when one lane is blocked, traffic flow is severely disrupted.

I have also observed police officers passing by double-parked vehicles without taking any action. To resolve this issue, the city should tow double-parked cars and issue tickets or fines to the offenders.

Until effective action is taken, I will refrain from shopping downtown and encourage others to do the same. I hope the city will prioritize resolving this issue for the benefit of residents and businesses alike.

Regretfully,
Tara Bradley

05 윗글의 목적으로 가장 적절한 것은?

① to ask whether double-parking is legal
② to find out why a vehicle was recently towed
③ to request that more police patrol the streets
④ to complain about driving conditions downtown

06 밑줄 친 "flow"의 의미와 가장 가까운 것은?

① leak
② flood
③ emission
④ movement

07 Jacksonville Charities에 관한 다음 글의 내용과 일치하지 않는 것은?

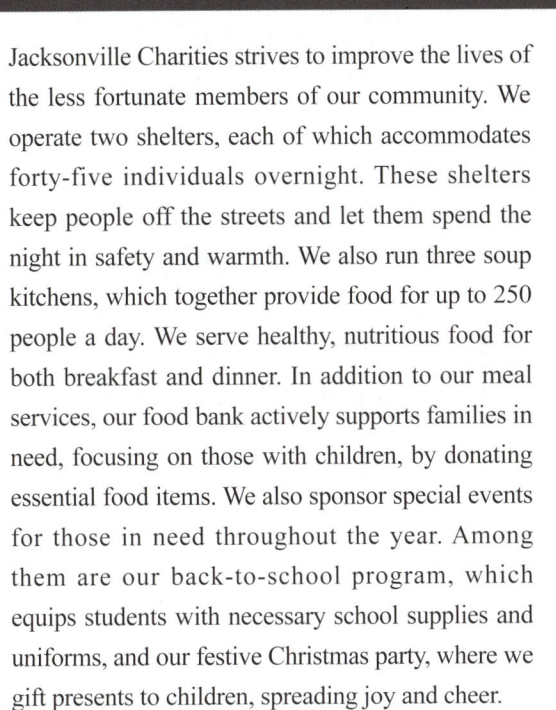

Jacksonville Charities strives to improve the lives of the less fortunate members of our community. We operate two shelters, each of which accommodates forty-five individuals overnight. These shelters keep people off the streets and let them spend the night in safety and warmth. We also run three soup kitchens, which together provide food for up to 250 people a day. We serve healthy, nutritious food for both breakfast and dinner. In addition to our meal services, our food bank actively supports families in need, focusing on those with children, by donating essential food items. We also sponsor special events for those in need throughout the year. Among them are our back-to-school program, which equips students with necessary school supplies and uniforms, and our festive Christmas party, where we gift presents to children, spreading joy and cheer.

① It has facilities allowing for overnight stays.
② Its soup kitchens collectively serve up to 250 people daily.
③ Families in difficult circumstances can receive financial aid from it.
④ School supplies and uniforms are handed out during one of its events.

08 다음 글의 제목으로 가장 적절한 것은?

Even today many people believe the mystical powers of the full moon induce unusual behaviors, suicides, homicides, and accidents. And some conjecture that the full moon's supposed effects on behavior arise from its influence on water, and it somehow disrupts the alignment of water molecules in the human nervous system. But, there are a few reasons why this idea doesn't make sense. The moon's gravitational pull is far too weak to generate any meaningful effects on brain activity, let alone behavior. Additionally, the moon's gravity affects only large, open bodies of water, such as oceans and lakes, but not small, contained sources of water, such as the human brain. Finally, the moon's gravitational force is just as potent when it disappears from view as when there is a full moon.

① The Moon Does Nothing but Be There
② Why Do Full Moon Superstitions Persist?
③ The Full Moon's Impact on Human Behavior
④ The Moon's Gravity: A Guide to Mystical Forces

09 밑줄 친 부분에 들어갈 말로 가장 적절한 것은?

When the banker's guild of Florence commissioned a massive bronze statue of St. Matthew for Orsanmichele, they clearly had their own magnificence in mind. They hired the highly in-demand sculptor, Lorenzo Ghiberti, to create it and stipulated in the work's contract that it must be as big as, or even bigger than, one made for a rival guild in the same area. Ghiberti's fame, the statue's scale, and the technical proficiency required to cast it were all reflections of the banker's guild's own status. While today we often focus on the artist who made an artwork, in the Renaissance it was the patron who was considered the primary force behind a work's creation. Information about patrons provides a window into the complex process involved in the production of art and architecture. We often forget that for most of history artists _____.

① sought to surpass other artists' reputations
② did not simply create art for art's sake
③ were committed to creating pure art
④ affected their patrons' artistic tastes

10 주어진 문장이 들어갈 위치로 가장 적절한 것은?

He realized that the low-density energy from the magnetron could cook food quickly.

In 1945, while testing a new vacuum tube called a magnetron for a radar project, a self-taught engineer named Percy Spencer discovered that a chocolate bar in his pocket had melted from the heat. He decided to try more experiments with popcorn kernels and an egg. (①) The kernels popped into fluffy popcorns and the yolk of the egg became hot. (②) Then, he created a metal box with an opening through which he fed microwave power. (③) The energy was trapped inside the box, which created a high-density magnetic field. (④) He placed food inside the box, and the heat generated by the energy cooked the food. This is how the first microwave oven was invented.

[01~02] 밑줄 친 부분에 들어갈 말로 가장 적절한 것을 고르시오.

01

In choosing a new office location, we weighed the _____ benefits of being close to clients or keeping rental costs low.

① infinite   ② relative
③ absolute   ④ temporary

02

Everyone needs a strong and meaningful sense of purpose in life, even if they are _____ enough to live without needing a job.

① alien   ② genuine
③ generous   ④ privileged

03 밑줄 친 부분 중 어법상 옳지 않은 것은?

Have you heard the tale of a haunted ship ① that, cursed never to reach land, sails the seas forever without a crew? This ship ② is known as the Flying Dutchman, though nobody can tell ③ if it is a real vessel or a sailor's imagination. It is said that the ship emits an eerie glow and that its sight is considered a bad omen. Thus, when sailors see it ④ to move toward them, they immediately change their course.

04 밑줄 친 부분에 들어갈 말로 가장 적절한 것은?

 Oliver Smith
It was great that we could discuss our upcoming projects at the company workshop.
9:20

Emma Clark
I totally agree. It helped us understand things better.
9:25

 Oliver Smith
Speaking of upcoming projects, I need your opinion on the budget for the new campaign. Do you have time to discuss it?
9:27

Emma Clark
_____
9:30

 Oliver Smith
Perfect. Let's meet at Conference Room C then.
9:32

① Sure, I'm free around 3 P.M.
② When is the follow-up workshop?
③ Maybe someone else should handle it.
④ Do we really need to talk about it now?

[05~06] 다음 글을 읽고 물음에 답하시오.

(A)

The hurricane that hit our town in August caused an unprecedented amount of devastation. Even now, two months later, many residents are homeless while others are still working to repair their shattered lives.

To support our community's recovery, we are pleased to announce that the Norfolk city will be holding the Norfolk Walkathon. This event will raise funds for the suffering people of Norfolk. Every step you take during the walkathon will help your residents recover faster.

Details
Date: Saturday, January 11
Time: 8:00 A.M. to 11:00 A.M.
Starting Location: Norfolk Community Center

The walkathon will begin at the Norfolk Community Center and head through the streets of town. Walk alone, with your family, or on a team. You can register in advance or sign up on the morning of the event.

The more you walk, the more funds you raise. Visit www.norfolkwalkathon.org for more details. Do your part to help your community.

05 (A)에 들어갈 윗글의 제목으로 가장 적절한 것은?
① Let's Get Healthy by Walking
② Walk to Assist Your Neighbors
③ Join the Charity Event for the Jobless
④ Volunteer for Norfolk's Hurricane Recovery

06 Norfolk Walkathon에 관한 윗글의 내용과 일치하지 않는 것은?
① Norfolk 시에서 주최하는 행사이다.
② 걷기를 통해 모금을 할 수 있다.
③ 걷기 행사는 오전에만 진행된다.
④ 사전 등록자만 행사에 참여할 수 있다.

07 다음 글의 요지로 가장 적절한 것은?

Passport Information Certificate

With the amendment to the Passport Act (effective December 21, 2020), the second part of resident registration numbers is no longer displayed on passports. For those intending to use their passport as an identification document, a certificate verifying the passport holder's resident registration number can be issued by the Ministry of Foreign Affairs (MOFA).

This certificate is widely used in situations where a passport alone is insufficient for identification, such as financial transactions or registering for public services. It securely links the passport holder's identity to their resident registration number, ensuring accuracy and preventing misuse.

By providing a streamlined application process and offering free online issuance, MOFA demonstrates its commitment to balancing convenience with security for passport holders worldwide.

① MOFA issues certificates to report and track missing passports.
② MOFA allows tracking of individuals' international travel records.
③ MOFA enables passport holders to verify their identity information.
④ MOFA ensures identification for issuing travel visas to foreign nationals.

08 밑줄 친 부분에 들어갈 말로 가장 적절한 것은?

One way of confronting disturbing emotions is to _____. Usually, we completely identify with our emotions. When we are caught in a fit of anger, it is omnipresent in our mind, leaving little room for other mental states such as patience or anything that could ease our discontent. But even at that moment, the mind can examine what is going on inside it. To do this, all it has to do is observe its emotions, much like watching an external event taking place in front of our eyes. The part of our mind that is aware of anger is simply aware: it is not angry. In other words, mindfulness is not affected by the emotions it observes, just as a ray of light may shine on a face disfigured by hatred or on a smiling face, without the light itself becoming mean or kind. Understanding that allows us to keep our distance and to give anger enough space for it to dissolve on its own.

① consciously label our emotions to control them
② actively distract ourselves with external activities
③ thoroughly analyze and rationalize emotional triggers
④ mentally detach ourselves from the emotion afflicting us

09 주어진 글 다음에 이어질 글의 순서로 가장 적절한 것은?

Much of what we know about language comes from what we are taught directly. For example, we know about nouns, verbs, and poetic ways of speaking, or we remember hearing someone speak very well.

(A) If students were made to memorize these things, it wouldn't be much better than making them analyze sentences and learn about gerunds, as schools do now. Sadly, when things we don't think about become part of our conscious knowledge, they often end up being included in lessons for kids.

(B) Before computers were created and scientists started trying to make computers understand language, this wasn't something people studied much. Because of this, students don't have to memorize things like how the word "by" works or what "prevent" really means.

(C) But how language actually works is something we don't know. One reason is that scientists have not fully figured it out yet. If they had, it might already be part of what students learn in school.

① (A)-(C)-(B)　② (B)-(A)-(C)
③ (C)-(A)-(B)　④ (C)-(B)-(A)

10 다음 글의 흐름상 어색한 문장은?

Behind the reflective glory of the diamond, there is a long story of hard development. ① After ages of obscure formation in the earth, it is uncovered in a mine as an unimpressive, dull, roughly shaped mineral. ② It then comes into the hands of someone who recognizes its potential and knows how to bring out its splendor. ③ Roughly 49% of diamonds originate from central and southern Africa, although significant sources of the mineral have been discovered in Canada, India, Russia, Brazil, and Australia. ④ Even then the crude stone is carefully studied, measured, and split. It takes repeated cuttings before the craftsman can bring the flaws to the surface so they can be polished away.

[01 ~ 02] 밑줄 친 부분에 들어갈 말로 가장 적절한 것을 고르시오.

01

To maximize productivity, schedule focus hours in advance and _____ them to critical tasks, such as managing high-priority work.

① report ② scatter
③ allocate ④ contrast

02

_____ the tours of historical sites and natural wonders or the cuisine of one Michelin-star restaurant is making this region a top destination.

① Both ② Each
③ Either ④ Whichever

03 밑줄 친 부분 중 어법상 옳지 않은 것은?

About a month ago, exactly on November 25, 2024, stunning images of the Sombrero Galaxy, located approximately 31 million light-years away, ① were released through the James Webb Space Telescope, ② where NASA has equipped with sensitive instruments to capture and transmit detailed images for further study, and with space enthusiasts all over the world ③ amazed at its glowing rings, they are already asking when the telescope ④ will reveal even more details about its structure.

04 밑줄 친 부분에 들어갈 말로 가장 적절한 것은?

A: What are some things we should discuss before renting a house?
B: We've already set our budget, haven't we?
A: Right. How many bedrooms do we need?
B: I think two will be enough for us.
A: _____. There should be an extra bedroom.
B: I doubt our budget could cover a three-bedroom house.

① Then I would rather live near the park
② We can have two beds in a single room
③ Sure, you always make the right choices
④ But we often have guests staying at our house

[05 ~ 06] 다음 글을 읽고 물음에 답하시오.

To: Lee Weston ⟨lweston@wlw.com⟩
From: Sonya Gray ⟨sonya_g@wlw.com⟩
Date: July 21
Subject: Partridge, Inc.

Dear Mr. Lee,

I would like to be the first person to congratulate you on the outstanding work you did in dealing with the issue concerning Partridge, Inc. last week. Many of us were concerned that we would lose the contract, but thanks to you, everything worked out smoothly.

In fact, Kenneth Butters at Partridge called me only a few minutes ago and stated that he wanted to place an <u>order</u> for additional products from us. It appears that the company will be increasing the monthly business that it does with us by twenty percent. This would not have been possible without your effort.

Our CEO, Sally Peterson, is extremely pleased with your performance and is said to be considering giving you a promotion. I'll let you know more as soon as I find out exactly what's going on. Thanks again for your hard work.

Regards,
Sonya Gray

05 윗글의 목적으로 가장 적절한 것은?

① to discuss future business opportunities
② to praise a colleague for his performance
③ to congratulate a colleague on his promotion
④ to highlight concerns about a recent contract

06 밑줄 친 "order"의 의미와 가장 가까운 것은?

① arrangement
② command
③ purpose
④ request

07 Grissom College에 관한 다음 글의 내용과 일치하는 것은?

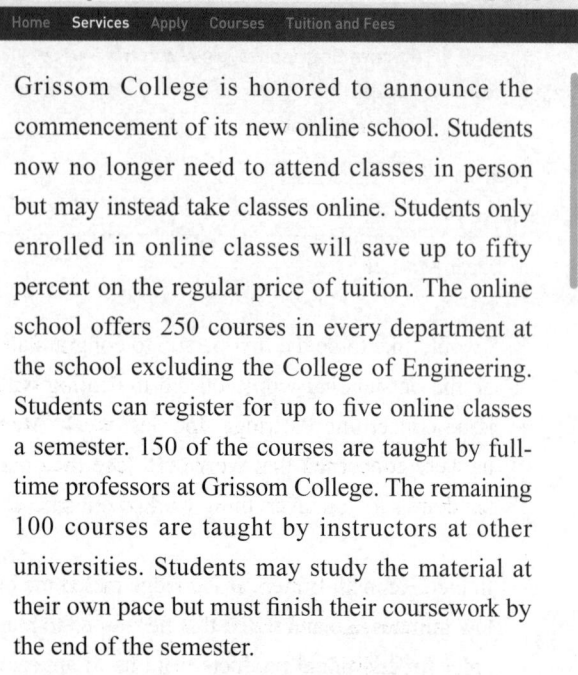

Grissom College is honored to announce the commencement of its new online school. Students now no longer need to attend classes in person but may instead take classes online. Students only enrolled in online classes will save up to fifty percent on the regular price of tuition. The online school offers 250 courses in every department at the school excluding the College of Engineering. Students can register for up to five online classes a semester. 150 of the courses are taught by full-time professors at Grissom College. The remaining 100 courses are taught by instructors at other universities. Students may study the material at their own pace but must finish their coursework by the end of the semester.

① Students pay the same tuition for online and offline classes.
② The College of Engineering offers various online classes.
③ There is a limit to the number of online classes students may take.
④ The online instructors are all professors at Grissom College.

08 다음 글의 주제로 가장 적절한 것은?

A wise man will cultivate a servant's spirit, for that particular attribute attracts people like no other. When I humbly serve others, their wisdom is freely shared with me. Often, those who develop a servant's spirit become wealthy beyond measure. Many times, a servant has the ear of the king, and a humble servant often becomes a king, for he is the popular choice of the people. Those who serve the most grow the fastest. I will become a humble servant. I will not look for someone to open the door for me; I will look to open the door for someone. I will not be distressed when no one is available to help me; I will be excited when I am available to help someone.

① benefits of practicing patience
② value of adopting a servant's spirit
③ misunderstandings about a servant's spirit
④ methods of building relationships through humility

09 밑줄 친 부분에 들어갈 말로 가장 적절한 것은?

Unlike an Italian opera or a Shakespearean tragedy, many elements of popular culture _____. The average newspaper circulates for about twelve hours, then lands in a recycling bin; a hit song might top the charts for a few weeks at a time; and most new Web sites or blogs are rarely visited and doomed to oblivion. Although endurance does not necessarily denote quality, many critics think that so-called better or higher forms of culture possess greater longevity. According to this view, lower or popular forms of culture are unstable and fleeting; they follow rather than lead public taste.

① are often criticized for lacking originality
② aspire to permanence in cultural history
③ are rooted in high cultural traditions
④ have a relatively short shelf life

10 주어진 문장이 들어갈 위치로 가장 적절한 것은?

However, if we show up to work every day at a factory that closed down and left our town 20 years ago, then our ability to live a full life now is hindered.

We cling to our memories. The past is often romanticized or demonized as we recall what we have experienced. When we experience trauma, it can be difficult to build a new life because we can never be exactly who we were before. (①) Yet we long for the safety and simplicity of that former life. (②) We can be stuck in the past, and refuse to accept or appreciate current trends or modern advances. (③) If we simply enjoy wearing orange polyester bell-bottoms, there is probably no harm done. (④) When we let go of those memories that are holding us back, and the hold they have on our lives, we become free to live in the moment, explore opportunities, and make intentional choices to create a purposeful life in the present.

*bell-bottoms: 나팔바지

20 하프 모의고사

[01~02] 밑줄 친 부분에 들어갈 말로 가장 적절한 것을 고르시오.

01

He had _____ pursued job opportunities, applying to countless companies and actively attending job interviews until he finally secured a job.

① conversely ② unwillingly
③ exclusively ④ persistently

02

Some users are often _____ by SNS advertisements, which intentionally exaggerate product effectiveness and lead them to believe the products are better than they actually are.

① divided ② deterred
③ deceived ④ discounted

03 밑줄 친 부분 중 어법상 옳지 않은 것은?

① <u>Living</u> under the stress of non-stop alerts and the expectation to always be reachable, a lot of individuals are choosing digital detoxes to regain a sense of control over their lives and ② <u>foster</u> mental well-being. Their craving for mindfulness, their irritation with constant distractions, and their determination to prioritize balance as a lifestyle ③ <u>sets them apart</u> from those obsessed with their devices. This shift reflects ④ <u>how much</u> people value mental clarity.

04 밑줄 친 부분에 들어갈 말로 가장 적절한 것은?

Noah
Hello, I'm considering installing solar panels and was wondering about the warranty on your products.
13:05

SolarBright
Thank you for your interest! Our solar panels come with a 25-year performance warranty.
13:06

Noah
_____
13:08

SolarBright
Yes, we also provide a 10-year warranty on the installation itself and offer extended warranties at an additional cost.
13:08

Noah
Thank you for the clarification.
13:10

① What if the panels get damaged?
② How long does the installation take?
③ Can I get a discount if I purchase multiple panels?
④ Does that include the installation warranty as well?

[05~06] 다음 글을 읽고 물음에 답하시오.

(A)

Autumn is here, and winter is rapidly approaching. Not only are temperatures declining, but cold winds from the north are starting to blow hard every day.

Due to the weather conditions, Bristol Beach will be closing until next spring as of Monday, November 1. Starting then, lifeguards will no longer be on duty at the beach. In addition, vendors will not be permitted to sell refreshments and other items there.

Swimming at the beach is banned from November 1 until April 1 like it has always been. While visitors are still permitted to visit the beach to play, to stroll alongside the ocean, to fish, and to enjoy picnics and other activities, nobody is allowed into the water. The coldness of the water and the swiftness of the current make both hypothermia and drowning possible during this period.

Please contact the Bristol Parks and Recreation Office at 555-8265 if you have any questions. The office is open Monday through Friday, from 8:00 A.M. to 5:00 P.M.

05 (A)에 들어갈 윗글의 제목으로 가장 적절한 것은?
① Winter Safety Measures: No More Swimming
② Take Action: Keep Our Local Beach Beautiful
③ Bristol Beach Seeks Winter Maintenance Workers
④ Bristol Beach Temporarily Closed for Renovations

06 윗글의 내용과 일치하지 않는 것은?
① Lifeguards don't patrol the beach from November.
② Bristol Beach will reopen for swimming in early April.
③ Visitors aren't allowed to go to Bristol Beach during the winter.
④ Inquiries about the beach can be made by calling the office.

07 다음 글의 요지로 가장 적절한 것은?

If you deliver your entire presentation at the same volume — even if it's the perfect volume throughout a half-hour talk — it becomes less effective because of its monotony. After a while, that volume becomes only background noise for the audience. Consider the effect of a TV playing in the background at home. If you routinely turn it on as soon as you arrive — whether or not you are watching it — chances are that after a few minutes you mentally tune it out. The sound blends into the other noises, like dogs barking, babies crying, or appliances running. However, if someone comes into the room and turns the TV off or changes the channel, the sudden silence or new sound gets your attention, right? As a presenter, you can use this effect by lowering your voice dramatically to emphasize a key point if you usually speak loudly, and vice versa.

① Presenters need to adjust their volume to capture attention.
② Background noise always distracts people from paying attention.
③ Effective presentations require both strong content and delivery.
④ Maintaining a consistent tone can result in audience engagement.

08 밑줄 친 부분에 들어갈 말로 가장 적절한 것은?

When it comes to displays of formality or informality in language, large cultural differences exist. The informal approach that characterizes conversations in countries like the United States, Canada, and Australia is quite different from the concern shown for using proper speech in many parts of Asia, where formality in language defines a social position. In Korea, for example, the language reveals a system of interpersonal hierarchies. Koreans have a special vocabulary for different sexes, levels of social status, degrees of intimacy, and types of social occasions. There are even different degrees of formality for speaking with old friends, acquaintances, and complete strangers. One sign of being a learned person in Korea may be the ability to use the language in a way that _____.

① understands jargon from diverse fields
② reflects appropriate relational distinctions
③ employs vocabulary for broad social contexts
④ demonstrates fluency without adhering to formality

09 주어진 글 다음에 이어질 글의 순서로 가장 적절한 것은?

The first step in self-control is to set goals that are realistic. To lose weight, you could look at yourself in the mirror, check your weight, and then make a sensible plan to get a slimmer body.

(A) But even with these benefits, and even though they could win more than seven thousand dollars, most people still fail. In fact, 80 percent of them lose their bets.

(B) The betting company, which offers odds as high as 50 to 1, lets people decide their own goals, like how much weight to lose and by when. It seems strange for the company to let people choose the rules and control the result — it's like a runner making a bet on a time they choose themselves.

(C) You could do that, but most people don't. Their goals are often too unrealistic. That's why an English betting company, the William Hill agency, offers to bet against anyone who makes a plan to lose weight.

① (A)-(C)-(B)   ② (B)-(A)-(C)
③ (C)-(A)-(B)   ④ (C)-(B)-(A)

10 다음 글의 흐름상 어색한 문장은?

Generalized reciprocity, which is usually played out among family members or close friends, carries with it the highest level of moral obligation. It involves giving a gift without any expectation of immediate return. ① Generalized reciprocity is perhaps best illustrated by the giving that takes place between parents and children in our own society. ② Parents usually give their children as much as they can while their children are growing up: food, toys, educational advantages, a room of their own, and the like. ③ The adequacy of a child's growth is determined by comparison with others of similar age and sex. ④ In fact, providing goods and services for children often continues after the children become adults. For example, parents may provide babysitting services, pay school fees for their grandchildren, or subsidize a vacation for their adult children.

Shimson_lab

심슨보카

공무원 영어에 필요한 단어를
단 한 권의 책에 모두 담다!

- 출제 기조 변화에 따른 신유형 대비 예상 어휘 수록
- 독해에 자주 나오는 숙어 및 빈출 생활영어 표현 정리
- 파생어·동의어 정리 및 초중등 기초단어 수록

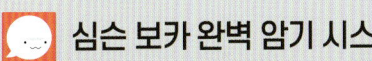 **심슨 보카 완벽 암기 시스템**

① 심슨 VOCA 강의 무료 (공단기 심우철 선생님 직강)　② 심슨영어연구소 스파르타 클래스 운영　③ 어플 암기 서비스 암기고래 APP 정식 제휴
④ 주관식 복습 테스트지 다운로드　⑤ 원어민 mp3 다운로드

위 서비스는 네이버카페 '심슨영어연구소'에서 확인할 수 있습니다.
http://cafe.naver.com/shimson2000

초고효율 학습관리
심우철 스파르타 클래스

의지박약도 반드시 암기하게 만들어 드립니다

공단기 **심우철** 선생님

예치금 단돈 1만원
미션을 완료하면 환급을 해드립니다!

| 스파르타 신청시 **1만원** 예치금 | + | 스파르타 전용 **학습자료** 제공 | + | 매일 학습 과제 **MISSION** 인증 | = | 주어진 미션 **Complete** 환급 |

매일 미션 공지 → **열심히 공부** → **미션 인증**

매일 아침마다 미션 안내 공지를 보내드려요.

하루 동안 주어진 미션을 열심히 수행합니다.

주어진 시간 내에 수행한 미션을 인증합니다.

수강생 리얼 후기
"스파르타 아니었으면 못했을 거예요"

스파르타 클래스 덕분에 정말 짧은 시간동안 이 많은 어휘를 모두 암기할 수 있었습니다. 말로 형용할 수 없는 만족감을 주신 심우철 선생님께 감사드려요

보카 스파르타 클래스 1기 서*민 수강생 후기

30일동안 하루도 밀리지 않고 강의 듣고, 암기하고, 테스트하고, 복습하고, 이 많은 단어를 다 외우고.. 혼자했다면 불가능했을 거예요 정말로 ㅠㅠ

보카 스파르타 클래스 3기 김*지 수강생 후기

심우철 선생님과 심슨영어연구소 소통 채널

 심슨영어연구소 | 각종 학습 자료 제공, Q&A, 공지 사항 및 스파르타 클래스 운영

 @eng_shimson (심우철 선생님) | 심슨쌤 일상 및 노량진 학원가 맛집 피드 업로드

 심슨영어연구소 | 복습 스터디 영상, 동기 부여 영상, 분기별 라이브 상담 진행

@shimson_lab (심슨영어연구소) | 중요 일정 공지, 연구원-수험생과의 소통 채널

2025 심우철

하프 모의고사

정답 / 해설

This is
TRENDY
HALF!

심우철 지음

Season 4

Shimson_lab

2025 심우철 영어
하프 모의고사 시리즈

2025
신경향

커넥츠 공단기 gong.conects.com   심슨영어연구소 카페 cafe.naver.com/shimson2000

회차 01 하프 모의고사

| 01 | ① | 02 | ② | 03 | ④ | 04 | ① | 05 | ② |
| 06 | ④ | 07 | ② | 08 | ① | 09 | ④ | 10 | ④ |

01
정답 ①
해설 돈의 진정한 혜택은 당신을 돈에 대한 걱정으로부터 자유롭게 해준다는 점에 있다는 내용으로 보아, 돈이 당신에게 제공하는 것은 자유임을 알 수 있다. 따라서 빈칸에 들어갈 말로 가장 적절한 것은 ① 'liberty(자유)'이다.
② 용기 ③ 인정, 인식 ④ 기여
해석 돈의 진정한 혜택은 물건을 살 수 있게 해준다는 점이 아니라 당신을 돈에 대한 걱정으로부터 자유롭게 해준다는 점에 있다. 다시 말해, 그것은 당신에게 자유를 제공한다.
어휘 benefit 혜택 free 자유롭게 하다

02
정답 ②
해설 빈번한 경고에도 불구하고 많은 사람들이 안전하지 않은 웹사이트에 개인 정보를 공유하고 종종 사이버 사기의 희생자가 된다는 내용으로 보아, 그 위험에 대해서 무지하다고 유추할 수 있다. 따라서 빈칸에 들어갈 말로 가장 적절한 것은 ② 'ignorant(무지한, 모르는)'이다.
① 의심스러운 ③ ~할 수 있는 ④ 비판적인
해석 빈번한 경고에도 불구하고, 많은 사람들은 안전하지 않은 웹사이트에 개인 정보를 공유하는 것과 관련된 위험에 대해 무지하고 종종 사이버 사기의 희생자가 된다.
어휘 frequent 빈번한 warning 경고 associate A with B A를 B와 관련짓다 unsecured 안전하지 않은 fall victim to ~의 희생자가 되다 scam 사기

03
정답 ④
해설 (it facilitates → does it facilitate) 'A뿐만 아니라 B도'라는 뜻의 'not only A but also B' 구문이 사용되고 있으며 부정어인 not only가 문두에 오면 주어와 동사가 의문문의 어순으로 도치되어야 하므로 does it facilitate가 되어야 한다.
① allow가 5형식 동사로 쓰이면 목적격 보어로 to 부정사를 취하므로 to bypass는 적절하게 쓰였다.
② passing ~ canal이 주어인 ships를 수식하는 분사구인데, pass는 자동사이자 타동사이며 의미상으로 선박이 '지나가는' 것이므로 능동의 현재분사 passing은 적절하게 쓰였다.
③ 주어가 복수 명사 ships이므로 복수 동사 generate로 수일치한 것은 적절하며, 앞에 Today라는 현재를 나타내는 시간 부사가 있으므로 현재 시제로 쓰인 것도 적절하다.

해석 1869년 처음 개통된 수에즈 운하는 선박이 아프리카를 돌아가는 긴 여정을 우회할 수 있게 함으로써 세계 무역에서 중요한 역할을 해 왔다. 오늘날 통행료가 상당한 운하를 통과하는 선박은 이집트 경제에 큰 수익을 창출해 준다. 결과적으로 그것(운하)은 더 빠른 무역로를 촉진할 뿐만 아니라 주요 경제 동맥 역할을 하기도 한다.
어휘 canal 운하 crucial 중요한 bypass 우회하다 toll 통행료 substantial 상당한 generate 창출하다, 만들어 내다 significant 아주 큰, 상당한 revenue 수익, 수입 facilitate 촉진하다 artery 동맥

04
정답 ①
해설 Jordan이 TechGear에 손상 제품 교환을 요청하는 상황이다. 빈칸 뒤에서 TechGear가 영업일 기준 5일에서 7일 이내에 제품을 받을 수 있을 거라고 말했으므로, 빈칸에는 배송일을 묻는 내용이 와야 자연스럽다. 따라서 빈칸에 들어갈 말로 가장 적절한 것은 ① '도착하는 데 얼마나 걸릴까요?'이다.
② 교환품을 어떻게 포장해야 할까요?
③ 파손된 상품을 먼저 반품하시는 건 어떠세요?
④ 제가 이 서비스를 이용하려면 언제 비용을 지불해야 할까요?
해석 Jordan: 안녕하세요, 지난 주문에서 손상된 물건을 받았습니다. 교환할 수 있을까요?
TechGear: 불편을 끼쳐 드려 정말 죄송합니다. 제가 주문을 먼저 확인해 드리겠습니다. 주문 번호를 알려 주시겠어요?
Jordan: TG45698입니다.
TechGear: 주문을 확인했습니다. 저희가 교환품을 즉시 보내드리겠습니다. 그리고 택배 배달원이 배달 시에 손상된 물품도 수거하실 겁니다.
Jordan: 도착하는 데 얼마나 걸릴까요?
TechGear: 그 제품을 영업일 기준 5~7일 이내에 받으실 겁니다. 더 도움을 드릴 게 있을까요?
Jordan: 지금은 그게 다입니다, 감사합니다!
어휘 order 주문 replace 교환하다 inconvenience 불편 verify 확인하다 replacement 교환(품) immediately 즉시 courier 택배 배달원 business day 영업일 package 포장하다

05

정답 ②

해설 지역 최고 컨설팅 회사인 톰슨 컨설팅의 리더십 기술에 대한 신규 강좌를 소개하고 있다. 따라서 글의 제목으로 가장 적절한 것은 ② '당신의 리더십 능력을 한 단계 더 발전시키세요'이다.
① 리더십 기술: 경영진에게 필수적입니다 → 경영진을 대상으로 하는 것이 아닌 모든 직급의 전문가들을 대상으로 한다고 언급되어 있다.
③ 팀 성공을 위한 갈등 해결 마스터하기 → 신규 강좌 중 하나로 언급되므로 정답이 되기엔 지엽적이다.
④ 톰슨 컨설팅에서 몇몇 무료 강좌를 제공합니다 → 무료 강좌에 대한 내용은 언급되지 않았다.

06

정답 ④

해설 글의 후반부에서 3월에 맞춤형 온라인 강좌를 제공하며 이 프로그램을 설계하기 위해 직장 방문을 제공한다고 언급되므로, 글의 내용과 일치하지 않는 것은 ④ '고객의 요청에 따라 맞춤형 현장 강의를 제공한다.'이다.
① 수천 명을 대상으로 교육을 진행해 왔다. → 글의 초반부에서 언급된 내용이다.
② 신규 강좌들 중 시간 관리 관련 강좌가 가장 저렴하다. → 글의 중반부에서 언급된 내용이다.
③ 신규 강좌들은 일주일에 2회 4주 동안 진행된다. → 글의 후반부에서 언급된 내용이다.

05-06

해석 **당신의 리더십 능력을 한 단계 더 발전시키세요**

톰슨 컨설팅은 이 지역 최고의 컨설팅 회사입니다. 저희의 세미나, 워크숍, 그리고 교육 과정은 수천 명의 비즈니스 전문가들이 참여했으며, 그들의 기술과 역량 향상을 가능하게 했습니다.

저희는 다음 달에 모든 직급의 전문가들을 대상으로 리더십 기술 향상을 위해 특별히 설계된 다양한 혁신 강좌들을 새롭게 출시하게 되어 기쁩니다. 아래는 새로 개설된 강좌들입니다:

강좌명	가격
직장 내 갈등 해결	799달러
온라인 세계에서의 가상 리더십	699달러
프로젝트 계획 및 위임	799달러
시간 관리의 측면	599달러

위 강좌들은 저희 본사에서 저녁 시간에 주 2회 진행되며 4주 동안 지속됩니다. 그것들은 1월 6일에 시작됩니다. 3월에는 맞춤형 온라인 강좌도 제공될 예정이며, 맞춤형 프로그램 설계를 위해 직장 방문도 제공해 드립니다. 자세한 내용을 확인하거나 귀하의 필요에 맞는 프로그램을 찾으려면 www.ThompsonConsulting.com을 방문하십시오.

어휘 premier 최고의 a range of 다양한 innovative 혁신적인 enhance 향상시키다, 강화하다 conflict 갈등 resolution 해결 virtual 가상의 delegate 위임하다 aspect 측면 headquarters 본사 customize 맞추다 workplace 직장 tailor-made 맞춤의 executive 경영진

07

정답 ②

해설 국토교통부(MOLIT)의 주거복지정책과에서 장애인의 주거 편의성을 개선하기 위해 편의시설 설치 및 개조를 지원하는 사업을 진행한다는 내용이다. 따라서 글의 요지로 가장 적절한 것은 ② 'MOLIT는 장애가 있는 사람들을 위한 주거 편의성을 향상시킨다.'이다.
① MOLIT는 저소득 가구의 주택 개보수를 위해 노력한다. → 사업의 지원 대상이 단순히 저소득 가구가 아니라 등록된 장애인 중 소득 기준을 충족하는 사람들이므로 적절하지 않다.
③ MOLIT는 신체장애가 있는 직원들을 위한 업무 공간을 개선한다. → 주거 공간 개선에 관한 내용일 뿐, 업무 공간에 관한 언급은 없다.
④ MOLIT는 자연재해 이후 주택 수리를 위한 금전적 지원을 제공한다. → 지원 내용은 주로 장애인을 위한 편의시설 설치로, 자연재해 관련 주택 수리는 언급되지 않았다.

해석 국토교통부(MOLIT)는 주거복지정책과를 통해 장애인 주거 공간 편의시설 개선을 위한 지원을 제공합니다.

지원 세부 내용: 본 프로그램은 외부 화장실을 실내 화장실로의 개조, 욕실 리모델링, 진입로 또는 경사로 설치와 같은 장애인을 위한 편의시설의 설치 및 개선에 자금을 지원합니다. 비용은 주 정부와 지자체가 공동 부담합니다.

지원 금액: 가구당 최대 380만 원

신청 자격: 프로그램에서 지정한 소득 기준을 충족하는 장애인복지법상의 등록 장애인

국토교통부는 지자체와의 협력을 통해 수혜자들이 일상의 장애를 극복하고 편의성을 염두에 두고 설계된 생활환경을 경험할 수 있도록 보장합니다.

어휘 ministry (정부) 부처 infrastructure 사회 기반 시설, 인프라 welfare 복지 convenience facility 편의시설 residential 주거의 disability 장애 refinement 개선 convert 바꾸다, 전환하다 external 외부의 access ramp 진입 경사로 slope 경사 jointly 공동으로 household 가구, 호(戶) eligibility 자격, 적격(성) register 등록하다 act (국회를 통과한) 법률 income 수입, 소득 criterion 기준(pl. criteria) specify 명시하다 beneficiary 수혜자 overcome 극복하다 obstacle 장애(물) accessibility 편의성, 접근 가능성 renovate 개보수하다 workspace 업무 공간 physical 신체적인 disaster 재해, 재난

08

정답 ①

해설 기술이 발달함에 따라 멀리 떨어진 개인과 화면으로 소통하는 일이 가능해지면서, 물리적으로 대면 소통하는 일이 점차 사라지고 있다는 내용의 글이다. 따라서 빈칸에 들어갈 말로 가장 적절한 것은 ① '사라져 가는 상호 작용의 물리성'이다.
② 공감과 연민의 감소 → 비언어적 신호(목소리 억양, 미세한 표정)의 상실이 감정적 연결 약화와 관련될 가능성은 있지만, 이 글은 공감이나 연민과 같은 감정과 관련된 내용보다는 물리적 상호 작용의 소멸에 초점을 두고 있다.
③ 기술 의존의 필요성 → 기술이 우리의 소통 방식을 변화시키고 있음을 논하고 있지만, 기술 의존 자체가 이 글의 중심 소재가 아니며, 적응해야 할 문제로도 구체적으로 언급되지 않았다.
④ 즉각적 소통의 먼 현실 → 기술을 통한 즉각적 소통 환경을 설명하며 이를 인간의 새로운 환경으로 묘사하고 있으나, '먼 현실'이라는 표현은 이 글의 내용과 상반된다.

해석 기술은 우리가 소통하는 방식을 바꾸고 있으며, 이는 우리가 사회적으로 행동하는 방식에 영향을 미칠 것이다. 구체적으로 말하면, 소셜 네트워킹은 우리가 발전하는 방식에 매우 중대한 영향을 미칠 수 있다. Serengeti에서 집단 상호 작용을 위해 구축되고 선택된 우리의 인간 정신은 이제 멀리 떨어져 있고 흔히 익명인 개인들과의 즉각적 소통이라는 생경한 환경에서 작동할 것으로 예상된다. 자연 선택으로 아주 정교하게 조정된 우리의 대면 상호 작용은 우리가 불과 한 세대 전에 발명된 단말기 화면을 쳐다보는 데 더 많은 시간을 보냄에 따라 대체로 사라지고 있다. 목소리의 억양이나 얼굴의 미세한 표정에 대한 미묘한 뉘앙스는 이 새로운 소통 형식에서 사라진다. 사라져 가는 상호 작용의 물리성은 우리가 적응해야 할 어떤 것일지도 모른다.

어휘 behave 행동하다 specifically 구체적으로 말하면 forge 만들어 내다, 구축하다 interaction 상호 작용 alien 생경한 instant 즉각적인 distant 먼, 떨어져 있는 anonymous 익명의 finely 정교하게 tune 조정하다 stare 쳐다보다, 응시하다 subtle 미묘한 nuance 뉘앙스, 미묘한 차이 intonation 억양 adapt 적응하다 fade (서서히) 사라지다 physicality 물리성 empathy 공감 compassion 연민 dependence 의존

09

정답 ④

해설 마지노선이라는 방어선의 의미와 요새화를 설명하는 주어진 글 다음에는, 마지노선을 It으로 받아 강력한 포격이나 독가스에도 잘 견딜 수 있도록 설계되었다는 내용의 (C)가 오는 것이 자연스럽다. 그다음에는 Nevertheless로 연결되어 마지노선이 실제로는 실패한 전략이 되었다는 내용인 (B)가 오는 것이 자연스럽고, 실패의 원인에 대한 분석인 (A)로 글을 마무리하는 것이 적절하다. 따라서 글의 순서로 가장 적절한 것은 ④ '(C) - (B) - (A)'이다.

해석 프랑스가 독일의 침공을 막기 위해 국경선을 따라 건설한 방어선인 마지노선은 철근 콘크리트와 5,500만 톤의 강철을 땅속 깊이 박아 요새화되었다. (C) 그것은 강력한 포격, 독가스, 그리고 독일군이 그것에 던질 수 있는 다른 어떤 것도 견딜 수 있도록 설계되었다. (B) 그럼에도 불구하고, 제2차 세계대전이 발발한 후 프랑스의 구제 수단 역할을 하기로 되어 있었던 그 요새화된 국경은 실패한 전략의 상징이 되었다. (A) 지도자들은 과거 전쟁의 전술과 기술에 대항하는 데 집중했고, 빠르게 이동하는 장갑차의 새로운 위협에 대비하는 데 실패했다.

어휘 Maginot Line 마지노선(제2차 세계대전 때 프랑스·독일 국경에 있었던 방어선) array 집합체, 배열 defense 방어 시설 deter 막다, 단념시키다 invasion 침공 fortify 강화하다, 요새화하다 reinforced concrete 철근[강화] 콘크리트 embed 박다, 끼워 넣다 counter 대항하다 tactic 전술 armored 장갑한 break out 발발하다 salvation 구제 (수단) withstand 견뎌 내다 artillery fire 포격

10

정답 ④

해설 어떤 연구 프로젝트를 완수하는 데 한 사람의 지식과 기술만으로는 턱없이 부족하고 많은 시간과 협력을 통한 팀워크가 필요하다는 내용의 글이다. 따라서 글의 흐름상 어색한 문장은 개인의 재능과 기술보다 팀워크가 더 중요하다는 생각이 잘못된 가정이라는 내용의 ④이다.

해석 팀워크는 실질적으로 필요한데, 연구 프로젝트를 완수하는 데 필요한 일이 어떤 한 사람이 혼자 완수하기에는 그저 너무 많기 때문이다. 예를 들어, 인간 DNA에서 30억 개 이상의 화학 단위를 식별하고 배열 순서를 밝히는 것이 목적이었던 인간 게놈 프로젝트를 생각해 보자. 이 대규모 협력 프로젝트는 시작부터 완수까지 약 15년이 걸렸고 미국, 유럽, 아시아의 20개 대학의 연구팀이 참여했다. 그것을 완수하는 데 필요한 일의 순전한 양은 협력 체제를 필요로 했다. (솔깃하지만 잘못된 한 가지 가정은 야심찬 연구 목표를 달성하는 데 있어 개인의 재능과 기술보다 팀워크가 더 중요하다는 것이다.) 한 개인이 관련된 모든 전문 지식과 기술을 가지고 있었다고 할지라도, 그 사람이 생전에 이 모든 일을 완수하는 것은 불가능했을 것이다.

어휘 practically 현실적으로, 실제로 on one's own 혼자서 identify 식별하다 sequence 배열 순서를 밝히다 massively 대규모로, 거대하게 inception 시작, 개시 sheer 순전한 necessitate 필요로 하다 set-up 구성 (방식), 체제 tempting 솔깃한 assumption 가정 ambitious 야심찬 possess 소유하다 expertise 전문 지식

회차 02 하프 모의고사

| 01 | ④ | 02 | ③ | 03 | ④ | 04 | ② | 05 | ② |
| 06 | ④ | 07 | ④ | 08 | ② | 09 | ① | 10 | ③ |

01
정답 ④
해설 한강이 세계적으로 인정받는 노벨 문학상을 아시아 최초 여성으로서 수상했다는 내용으로 보아, 이는 기념비적인 사건임을 유추할 수 있다. 따라서 빈칸에 들어갈 말로 가장 적절한 것은 ④ 'monumental(기념비적인)'이다.
① 중요하지 않은 ② 쉽게 잊혀질 ③ 예측 가능한
해석 2024년 한강의 노벨 문학상 수상은 기념비적인 사건으로, 이로 인해 그녀는 이 세계적으로 인정받는 상을 받은 최초의 아시아 여성이 되었다.
어휘 literature 문학 recognize 인정하다 award 상

02
정답 ③
해설 콤마(,) 앞의 절과 뒤의 절을 연결하는 접속사가 필요한 문장이므로, 빈칸에는 접속사 역할을 하면서 전치사 of의 목적어 역할을 동시에 할 수 있는 목적격 관계대명사가 와야 한다. 맥락상 목적격 관계대명사가 사람 명사인 young gamers를 선행사로 받는 것이므로, whom이 쓰이는 것이 적절하다. 참고로, those는 대명사일 뿐 두 개의 절을 연결하지 못하고, who는 주격 관계대명사이므로 전치사 뒤에 올 수 없으며, who를 의문사로 볼 경우 명사절을 이끄는데 명사절이 역할을 할 수 있는 자리도 없다. 또한 that은 목적격 관계대명사로 쓰이지만 전치사 뒤에 올 수 없으므로 부적절하다. 따라서 빈칸에 들어갈 말로 가장 적절한 것은 ③ 'whom'이다.
해석 그 e스포츠 토너먼트는 처음으로 다양한 국가의 젊은 게이머들을 초청했는데, 그중 아무도 이전에 국제 대회에 참가해 본 적이 없었다.
어휘 tournament 토너먼트, 시합 previously 이전에 participate in ~에 참가하다

03
정답 ④
해설 (deal with → be dealt with) deal with는 '~을 다루다'라는 뜻의 '자동사 + 전치사'인데, 뒤에 목적어가 없고 맥락상으로도 학생들의 안전이 지체 없이 '해결해야 하는' 것이 아니라 '해결되어야 하는' 것이므로 수동태인 must be dealt with가 되어야 한다.
① in January 2024라는 명백한 과거 시점 부사구가 있으므로 과거시제 announced의 쓰임은 적절하다.
② to install은 명사 plans를 수식하는 to 부정사의 형용사적 용법으로 적절하게 쓰였다.
③ 복합관계사절 내에 주어가 없으므로 주어의 역할을 하는 동시에, by 2027과 until accident rates decrease by 20%라는 선택 범위에서 '어느 쪽이든'이라는 의미로 양보의 부사절을 이끌고 있으므로 복합관계대명사 whichever의 쓰임은 적절하다.
해석 학교 근처 사고의 증가 때문에 뉴욕시는 2024년 1월, 2027년까지 또는 사고율이 20% 감소하는 시점까지 중 어느 쪽이든 더 빨리 도래할 때까지 100개의 어린이 보호 구역에 고원식 횡단보도와 과속 단속 카메라를 설치할 계획을 발표하며 일상적인 통학 중 학생들의 안전이 지체 없이 해결되어야 한다는 점을 강조했다.
어휘 rise 증가 install 설치하다 raised crosswalk 고원식 횡단보도 speed camera 과속 단속 카메라 rate 비율 highlight 강조하다 safety 안전 commute 통학, 통근 promptly 지체 없이, 즉시

04
정답 ②
해설 A가 호텔을 예약하는 상황에서 B가 싱글룸과 스위트룸 중 무엇을 선호하는지 묻고 난 후 빈칸 뒤에서 각 객실 가격을 안내하고 있으므로 빈칸에는 A가 객실 가격에 관해 문의했음을 유추할 수 있다. 따라서 빈칸에 들어갈 말로 가장 적절한 것은 ② '둘 간에 가격 차이가 많이 나나요?'이다.
① 제게는 스위트룸이 좋네요, 감사합니다.
③ 생각하시는 가격대가 있으신가요?
④ 어떤 객실이 전망이 더 낫나요?
해석
A: 안녕하세요, 2박 예약하고 싶습니다.
B: 안녕하십니까, 고객님. 혼자이신가요 아니면 일행이 있으신가요?
A: 저 혼자예요. 또한 바다 전망이었으면 좋겠습니다.
B: 물론이죠. 싱글룸을 선호하시나요, 스위트룸을 선호하시나요?
A: 둘 간에 가격 차이가 많이 나나요?
B: 네. 싱글룸은 1박에 100달러이고 스위트룸은 1박에 450달러입니다.
A: 그렇다면, 싱글룸을 예약하고 싶습니다.
어휘 reservation 예약 company 일행 suite 스위트룸 book 예약하다 gap 차이 have sth in mind ~을 생각하다, 염두에 두다 range 범위

05

정답 ②

해설 오늘 오후에 예정된 신축 경기장 건설 진행 상황 관련 회의에 Woodsen 시장이 참석할 것이므로 이에 대비할 것을 당부하는 내용의 글이다. 따라서 글의 목적으로 가장 적절한 것은 ② '시장의 회의 참석을 알리려고'이다.
① 프로젝트의 일정이 늦어지는 이유를 문의하려고 → 오히려 시장이 회의에서 알고 싶어 하는 내용이다.
③ 리모델링 진행 상황에 대해 간략히 보고하려고 → 리모델링 진행 상황이 아닌 건설 진행 상황에 대한 내용이며, 보고는 시장과의 회의에서 진행해야 할 사안이다.
④ 미리 시장과의 회의 일정을 잡으려고 → 시장과의 회의는 이미 오늘 오후에 예정되어 있다.

06

정답 ④

해설 글의 후반부에서 Gaines 씨가 Potter 씨에게 자신도 회의에 참석할 것이라고 언급하므로, 글의 내용과 일치하지 않는 것은 ④ 'Gaines 씨는 Potter 씨의 요청에 따라 회의에 참석할 것이다.'이다.
① 회의는 경기장 건설에 관한 내용일 것이다. → 글의 초반부에서 언급된 내용이다.
② 시장이 회의에서 관련 서류를 검토하고 싶어 한다. → 글의 초반부에서 언급된 내용이다.
③ Potter 씨가 회의 진행을 맡을 예정이다. → 글의 중반부에서 언급된 내용이다.

05-06

해석 수신: Violet Potter <vpotter@arlington.gov>
발신: Ursula Gaines <ursula_g@arlington.gov>
날짜: 3월 2일
제목: 중요 공지

Violet Potter께,

Woodsen 시장님께서 오늘 오후 신축 경기장 건설 진행 상황 관련 회의에 참석하실 예정입니다. 시장님께서 회의에 프로젝트 관련 모든 문서가 준비되길 요청하셨으니, 보조 직원에게 서류 인쇄를 시작하도록 지시하는 것이 좋겠습니다.

시장님께서는 특히 공사 일정이 늦어진 이유와 올해 11월까지 시설을 완공하기 위해 우리가 무엇을 할 예정인지를 알고 싶어 하십니다. 당신이 회의를 주도할 예정이니, 이 문제에 대해 질문을 받을 것을 예상해야 합니다. 시장님께 종합적인 답변을 제공할 수 있기를 바랍니다.

저도 회의에 참석할 예정이니, 만약 시장님께서 당신이 답을 모르는 질문을 하실 경우 솔직히 말씀해 주세요, 그러면 제가 시장님께 최선을 다해 정보를 드리겠습니다. 회의 전 저에게 필요하신 것이 있다면, 어떻게 연락해야 하는지 하시죠?

안부를 전하며,
Ursula Gaines 드림

어휘 progress 진행, 진척 construction 건설 related to ~와 관련된 assistant 보조 직원 behind schedule 일정이 늦은 complete 완료하다 facility 시설 comprehensive 종합적인 in attendance 참석하여 fill sb in ~에게 (최신) 정보를 주다 brief 짧은, 간략한 in advance 미리 in charge of ~을 맡은[담당하는]

07

정답 ④

해설 마지막 2번째 문장에서 앱을 통해 작품의 QR 코드를 스캔하여 AR 기능을 이용할 수 있다고 언급되므로, 글의 내용과 일치하는 것은 ④ '그것은 이용자들이 QR 코드를 통해 AR 기능에 접근하도록 해준다.'이다.
① 그것은 이미 성공적으로 출시되었다. → 첫 문장에서 6월 1일에 출시될 새로운 모바일 앱이라고 언급되므로 옳지 않다.
② 그것에는 미술관의 생생한 비디오 가이드 투어가 포함되어 있다. → 3번째 문장에서 앱을 통해 오디오 가이드를 특징으로 하는 1시간 또는 2시간짜리 가이드 투어를 예약할 수 있다고 언급될 뿐, 앱에서 비디오 가이드 투어를 이용할 수 있다는 내용은 언급되지 않으므로 옳지 않다.
③ 그것은 모든 연령대를 위한 디지털 게임 및 활동을 제공한다. → 4번째 문장에서 인터랙티브 디지털 게임 및 활동은 어린이와 청소년을 대상으로 한다고 언급되므로 옳지 않다.

해석 쿨리지 미술관은 여러분의 방문 경험을 향상시키기 위해 6월 1일 출시 예정인 새로운 모바일 앱을 소개하게 되어 매우 기쁩니다. 이 앱은 모든 작품에 대한 상세한 설명, 작가의 전기 정보, 그리고 그들이 창작한 작품의 역사적 이해를 제공합니다. 여러분은 앱을 사용하여 1시간 또는 2시간 가이드 투어를 예약할 수 있으며, 이 투어에는 미술관의 주요 작품에 흥미를 집중시키는 오디오 가이드가 특별히 포함되어 있습니다. 또한, 이 앱은 어린이와 청소년을 위한 인터랙티브 디지털 게임 및 활동이 포함되어 있어 모든 연령대의 방문객에게 재미있고 교육적인 경험을 보장합니다. 추가로, 앱을 사용해 작품 근처의 QR 코드를 스캔하면 비하인드 스토리나 AR(증강 현실) 기능과 같은 독점 콘텐츠에 접근할 수 있습니다. 이 혁신적인 앱으로 여러분의 다음 방문을 한층 개선하고 쿨리지 미술관을 완전히 새로운 방식으로 탐험해 보세요!

어휘 thrilled 황홀한, 아주 기쁜 launch 출시하다 elevate 향상시키다 biographical 전기의 insight 식견, 통찰력 guided 가이드가 있는 feature 특징으로 삼다[포함하다]; 특징, 기능 highlight 강조하다, 주의를 집중시키다 key 주요한 interactive 인터랙티브, 대화식의 ensure 보장하다 educational 교육적인 exclusive 독점적인 behind-the-scenes 비하인드의, 이면의 augmented reality (AR) 증강 현실 enhance 개선하다 innovative 혁신적인 release 출시하다

08

정답 ②

해설 외부적 신호(cue)가 주어지면 뇌의 보상 시스템이 자극되어 강한 욕구(wanting)를 불러일으키고, 이 욕구가 다시 외부적 신호에 대한 갈망을 더욱 강화하며 결국 나쁜 습관을 반복하게 되는 '신호 유발 욕구(cue-induced wanting)'를 설명하는 글이다. 이러한 과정은 외부 신호, 욕구, 나쁜 습관이 서로 강화되는 순환적 연쇄 작용으로 이루어지며, 우리가 의식하지 못하는 상태에서 발생한다. 따라서 글의 주제로 가장 적절한 것은 ② '외부적 신호로 유발되는 나쁜 습관의 순환'이다.
① 신호 유발 욕구의 개인차 → 신호 유발 욕구의 보편적인 메커니즘을 설명할 뿐, 개인차에 관해서는 언급되지 않았다.
③ 습관적 행동이 약물 중독에 미치는 영향 → 약물 중독은 나쁜 습관의 반복적 특징을 설명하기 위한 일례로 언급되었을 뿐이다.
④ 반복되는 나쁜 습관의 주요 원인인 불안 → 나쁜 습관의 반복적인 순환이 불안뿐 아니라, 무기력함, 걱정, 습관과 관련된 사진 등 다양한 외부적인 신호에 의해 유발된다고 설명하고 있으므로 적절하지 않다.

해석 나쁜 습관은 무감각해지려는 감정을 강화함으로써 자급자족한다. 당신은 기분이 나빠서 정크 푸드를 먹는다. 정크 푸드를 먹는 것은 결국 당신의 기분을 더 나쁘게 만든다. 텔레비전을 보는 것은 당신을 기운 없다고 느끼게 하고, 그래서 당신은 다른 일을 할 기력이 부족하기 때문에 (텔레비전을) 더 많이 보게 된다. 건강을 걱정하는 것은 당신의 불안을 증가시키고, 이로 인해 당신은 진정하고자 담배를 피우게 되는데, 이는 당신의 건강을 악화시키고 훨씬 더 큰 불안을 유발한다. 연구자들은 이러한 연쇄를 '신호 유발 욕구'라고 부르는데, 외부적인 계기가 나쁜 습관을 반복하려는 강박적 갈망을 촉발한다는 것이다. 일단 어떤 것이 당신의 주의를 끌면, 당신은 그것을 원하기 시작한다. 이러한 과정은 우리가 의식하지 못하는 사이에도 흔히 일어난다. 과학자들은 (코카인) 중독자들에게 단 33밀리초 동안 코카인 사진을 보여 주는 것이 뇌의 보상 시스템을 자극하여 욕망을 유발한다는 것을 발견했다. 이 속도는 뇌가 의식적으로 인지하기에는 너무 빨라서 중독자들은 자신이 본 것을 식별할 수 없었음에도 불구하고 어쨌든 그 약을 갈망했다.

어휘 feed 먹이[영양분]를 주다, 먹여 살리다 reinforce 강화하다 numb 무감각하게 하다 sluggish 게으른, 활기 없는 anxiety 불안(감) calm down 진정하다 worsen 악화시키다 cue 신호, 단서 induce 유발하다 external 외부적인 trigger 계기, 도화선 spark 촉발하다 compulsive 강박적인, 상습적인 craving 갈망, 욕구 awareness 의식, 자각 addict 중독자 millisecond 밀리초(1,000분의 1초) stimulate 자극하다 reward 보상 perceive 인지하다 consciously 의식적으로 recur 되풀이되다, 반복되다

09

정답 ①

해설 현재의 과학적 사실들이 발견 당시에는 기존의 반대되는 신념을 가진 사람들에게 받아들여지지 않았던 사례들을 나열한 글로, 빈칸이 포함된 마지막 문장은 글의 주제문에 해당한다. 따라서 빈칸에 들어갈 말로 가장 적절한 것은 ① '격렬한 저항에 부딪힌다'이다.
② 끈질긴 진리 추구에서 비롯된다 → 아이디어들이 생겨나는 계기나 과정이 아니라, 그것들이 직면한 저항과 반발에 중점을 둔 내용이다.
③ 기존 신념에 대한 재고를 불러일으킨다 → 아이디어들이 기존 신념의 저항을 받았다는 점은 언급되나, 기존 신념을 재고하도록 만들었다는 언급은 없다.
④ 타당성을 얻기 위해서는 보편적인 수용이 필요하다 → 혁신적인 아이디어들이 초기에 보편적인 수용을 받지 못했다는 언급은 있으나, 보편적인 수용이 타당성의 필수 조건이라고 언급되지는 않았다.

해석 역사를 통틀어, 특히 과학에서, 처음에는 받아들여지지 않았던 아이디어가 나중에 옳거나 적어도 가능성이 더 큰 것으로 판명된 사례가 무수히 많았다. 고대 그리스의 기하학자 Hippasus는 유리수로 나타낼 수 없는 특정 부분(무리수)의 존재를 증명했으나, 결국 피타고라스 학설 신봉자들에 의해 바다에서 익사하게 되었을 뿐이었다. 모든 것을 유리수로 정량화할 수 있다고 믿었던 그들은 살기등등한 분노로 반응했다. Galileo Galilei가 태양중심설(지동설)을 입증했을 때, 그는 충분한 명분 없이 지구가 우주의 중심이어야 한다고 믿는 사람들에 의해 체포되고 위협받았다. 20세기에는, 우리 우주가 후에 '빅뱅'이라고 이름 붙여지는 사건에서 시작되었을 것이라고 주장한 벨기에의 천문학자 Georges Lemaitre는 그것(우주)이 정적이고 영원하다고 믿는 사람들에 의해 경시되었다. 이러한 사례들은 패러다임을 바꾸는 아이디어들이 격렬한 저항에 부딪힌다는 것을 보여 준다.

어휘 numerous 무수한 initially 처음에 geometer 기하학자 proportion 부분, 비율 drown 익사시키다 Pythagorean 피타고라스의 학설 신봉자 quantify 정량화하다 murderous 살기등등한, 살인적인 indignation 분노, 분개 demonstrate 입증하다 arrest 체포하다 threaten 위협하다 ample 충분한 justification 명분, 정당한 이유 astronomer 천문학자 dub 별명을 붙이다 belittle 경시하다 static 정적인 eternal 영원한 paradigm-shifting 패러다임을 바꾸는 encounter 맞닥뜨리다, 부딪히다 fierce 격렬한 resistance 저항 established 기존의, 확립된 relentless 끈질긴, 수그러들지 않는 pursuit 추구 universal 보편적인 validity 타당성

10

정답 ③

해설 주어진 문장은 개가 물렸을 때 기생충이 어느 정도 해를 가했다는 내용으로, 개가 물리는 상황이 처음 나오는 ③ 앞 문장 이후에 와야 한다. 그리고 ③ 뒤 문장의 it이 주어진 문장의 the parasite를 가리키고, 그것이 끼치는 또 다른 해를 Additionally를 통해 기술하고 있다. 따라서 주어진 문장이 들어갈 위치로 가장 적절한 것은 ③이다.

해석 우리 중 많은 이들은 벌레 물리는 것에 알레르기가 있다. 물린 상처는 가렵고, 발진이 돋으며 심지어 감염될 수도 있다. 개는 벼룩 그리고/또는 진드기에 같은 반응을 보인다. 벌레가 당신 위에 앉으면, 당신은 그것을 손으로 쫓아낼 기회가 있다. 불행하게도, 당신의 개가 벼룩 그리고/또는 진드기에게 물릴 땐 그것을 긁어내거나 무는 것밖에 못 한다. 개가 물렸을 무렵 기생충은 이미 피부를 자극하거나 불편함을 유발하는 등의 어느 정도 해를 가했다. 게다가 그것(기생충)은 알을 낳을 수도 있어 가까운 미래에 더 큰 문제를 초래할 수 있다. 기생충에게 물려서 생기는 가려움은 아마도 기생충이 개의 피를 빨 때 그 부위에 주입된 침 때문일 것이며, 이는 불편함을 더욱 증가시킨다.

어휘 parasite 기생충 irritate 자극하다 discomfort 불편함 allergic to ~에 알레르기가 있는 itch 가렵다 erupt (발진이) 돋다 infect 감염시키다 flea 벼룩 mite 진드기 whisk sth away ~을 쫓아내다 scratch 긁다 lay 낳다 saliva 침 inject 주입하다 suck 빨다 compound 증가시키다

03 하프 모의고사

| 01 | ③ | 02 | ① | 03 | ② | 04 | ③ | 05 | ③ |
| 06 | ② | 07 | ④ | 08 | ③ | 09 | ④ | 10 | ③ |

01
정답 ③
해설 일부 식물이 심한 폭풍 후에 더 튼튼하게 자라나는 것을 Just as를 통해 사람 성장에 빗대고 있는 것으로 보아, 식물이 겪는 물리적 어려움을 상징하는 심한 폭풍이 사람에게는 고난에 해당함을 유추할 수 있다. 따라서 빈칸에 들어갈 말로 가장 적절한 것은 ③ 'hardship(고난)'이다.
① 패배 ② 위로 ④ 기회
해석 일부 식물들이 심한 폭풍 후에 더 강하게 자라는 것처럼, 사람들이 고난을 대하는 방식은 그들의 성장과 깊이 연관되어 있다.
어휘 handle 다루다

02
정답 ①
해설 콤마(,) 앞의 To access ~ materials는 to 부정사의 부사적 용법(목적)으로 쓰인 부사구이고, 뒤에 오는 enclosed 이하는 명사 the password를 수식하는 분사구이다. 따라서 문장을 완성하는 동사가 없으므로 빈칸에는 동사가 와야 한다. 동사로 시작하는 문장은 명령문이고 명령문은 동사원형으로 시작하므로, 빈칸에 들어갈 말로 가장 적절한 것은 ① 'enter' 이다.
해석 온라인 과정 자료에 접근하려면 강사가 보낸 이메일에 동봉된 비밀번호를 입력하세요.
어휘 access 접근하다 material 자료 enclose 동봉하다 instructor 강사

03
정답 ②
해설 (calculated → calculate) 사역동사 have는 목적어와 목적격 보어의 관계가 능동이면 RV를, 수동이면 p.p.를 목적격 보어로 취하는데, 여기서는 타동사인 calculate 뒤에 목적어 the exact moment가 있고, 임무 설계자들이 정확한 순간을 '계산되는' 것이 아니라 '계산하는' 것이므로 능동의 원형부정사 calculate가 되어야 한다.
① 분사구문의 의미상 주어인 the Nuri rocket이 '명명되는' 것이므로 수동의 과거분사 Named는 적절하게 쓰였다. 또한 '~의 이름을 따서 명명되다'라는 뜻을 나타내기 위해 '(be) named after'로 표현한 것도 적절하다.
③ 시간 명사구 the exact moment를 선행사로 받는 관계부사 when 뒤에 완전한 절이 오고 있으므로 적절하게 쓰였다.
④ '~ 때문에[덕분에]'라는 뜻의 전치사구 due to가 뒤에 오는 명사구 months of advanced simulations and testing을 목적어로 취하고 있으므로 적절하게 쓰였다.
해석 '세상'을 뜻하는 한국어 단어의 이름을 딴 누리호가 2023년 5월 25일 오후 6시 24분이라는 특정 시간에 발사되었는데, 왜냐하면 과학자들이 임무 설계자들에게 지구의 자전이 원하는 궤도와 일치하는 정확한 순간을 계산해 내도록 했기 때문이며, 이러한 정밀성은 수개월간의 첨단 시뮬레이션과 테스트 덕분에 가능했다.

어휘 launch (우주선 등을) 발사하다 mission 임무, 사명 calculate 계산하다 exact 정확한 rotation (지구·천체의) 자전, 회전 match 일치하다 desire 원하다 orbit 궤도 precision 정확(성), 정밀(성) advanced 선진[첨단]의, 고급의 simulation 시뮬레이션, 모의실험

04
정답 ③
해설 B가 인쇄물을 출력하는 데 어려움을 겪고 있는 상황이다. 복사기에 잉크가 더 필요한 것 같다고 B가 말하자 빈칸 뒤에서 A가 그것이 비품 부서에 있다고 알려주고 있으므로, 빈칸에는 A가 잉크가 어디 있는지 모른다는 내용이 와야 한다. 따라서 빈칸에 들어갈 말로 가장 적절한 것은 ③ '그런데 어디서 찾아야 할지 모르겠어요.'이다.
① 제가 이 복사기를 고치는 방법을 알면 좋을 텐데요.
② 회의 어디서 하는지 아시나요?
④ 그것이 다시 작동해서 정말 다행이에요.
해석 A: 왜 그렇게 바쁘신 거예요?
B: 회의에 늦었는데 이 인쇄물들이 다 너무 연하게 나와요.
A: 복사기에 무슨 문제가 있나요?
B: 네, 잉크가 더 필요한 것 같아요. 그런데 어디서 찾아야 할지 모르겠어요.
A: 그거 비품 부서에 있어요. 제가 가서 하나 가져올게요.
B: 아, 당신은 생명의 은인이에요.
어휘 run late 늦다 photocopier 복사기 supplies 비품 department 부서 lifesaver 생명의 은인

05
정답 ③
해설 몇 달 전부터 계획된 가족 행사로 인해 다음 주에 진행되는 회계 소프트웨어 교육에 참석할 수 없음을 알리는 내용이다. 따라서 글의 목적으로 가장 적절한 것은 ③ '개인 사정으로 인해 사내 교육 불참을 전달하려고'이다.
① 회사 소프트웨어 사용법에 대해 문의하려고
② 휴가 사용 계획에 대해 최종 승인을 받으려고 → 휴가를 최종적으로 승인받기 위한 내용이 아니다.
④ 협업 업무 일정 변경에 따른 신속한 대안을 마련하려고 → 협업 업무 일정 변경 관련 내용은 언급된 바 없다.

06
정답 ②
해설 가족 행사를 반드시 참석해야 함을 알리는 내용이다. 맥락상 imperative는 '필수적인'이라는 뜻으로 쓰였으므로, 이와 의미가 가장 가까운 것은 ② 'necessary(필수적인)'이다.
① 자발적인 ③ 교육을 받은 ④ 권위적인

05-06

해석 수신: 인사부 <HR@btp.com>
발신: Chris Hamilton <chris_h@btp.com>
날짜: 9월 2일
제목: 문의

인사부께,

오늘 아침, 저희 부서의 Emily Kirby가 다음 주에 교육 과정이 예정되어 있다고 알려 주었습니다. 듣자 하니 그것은 회사에서 구매한 신규 회계 소프트웨어를 사용하는 방법을 다룰 예정이고, 이는 다음 주 화요일에 열릴 예정이라고 합니다.

안타깝게도, 저는 다음 주에 일정을 변경할 수 없는 개인적인 사전 의무가 있습니다. 몇 달 전부터 계획되었고 매우 중요한 가족 약속이기에 제가 이 행사를 참석하는 것이 필수적입니다.

그때 참석할 수 없는 사람들을 위해 다른 시간에 (교육) 과정이 제공되나요? 아니면 다른 직원이 저에게 소프트웨어 사용법을 교육해 주는 것이 가능할까요? 부득이하게 불참하게 된 점을 양해 부탁드리고 대안을 찾을 수 있도록 도와주시면 감사하겠습니다.

안부를 전하며,
Chris Hamilton 드림
회계부

어휘 apparently 듣자[보아] 하니 accounting 회계 prior 사전의 obligation 의무 commitment 약속 significant 상당한, 아주 큰 unavoidable 불가피한 absence 부재, 불참 alternative 대안이 되는

07

정답 ④

해설 마지막 2번째 문장에서 포트 카풀링이 직접 카풀 스케줄을 만들어 준다고 언급되므로, 글의 내용과 일치하지 않는 것은 ④ '회원들은 카풀 일정을 짜는 것에 참여한다.'이다.
① 그것은 포트 지역에서 10년 이상 활동해 왔다. → 2번째 문장에서 언급된 내용이다.
② 사람들은 가입 시 운전 가능 여부를 제출해야 한다. → 4번째 문장에서 언급된 내용이다.
③ 사용자들은 무료로 서비스를 이용할 수 있다. → 5번째 문장에서 언급된 내용이다.

해석 포트 내외의 도로는 특히 아침과 저녁 출퇴근 혼잡 시간대 동안 그 어느 때보다도 교통량이 많습니다. 지난 11년간 지역 사회를 위해 봉사해 온 지역 단체로서 저희 포트 카풀링은 지역 주민들에게 승차 공유를 권장합니다. 이는 도로 위 차량 수를 줄일 뿐만 아니라 탄소 배출량도 크게 낮춰 모든 사람들을 위한 보다 건강한 환경에 이바지합니다. 회원이 되시려면, 간단히 귀하의 주소, 직장 또는 학교 목적지, 자택 출발 및 귀가 시간, 운전 가능 여부를 제공해 주시면 됩니다. 저희는 이 서비스를 완전히 무료로 제공하므로 가입이 그 어느 때보다도 쉬워졌습니다. 저희가 귀하의 집 가까이에 있는 사람과 귀하를 연결하고, 귀하뿐만 아니라 귀하와 동행하여 카풀을 할 사람들을 위해 스케줄을 만들어 드립니다. 간단하지 않나요?

어휘 traffic 교통량 rush hour (출퇴근) 혼잡 시간대 ride 타기[태우기], 승차 lower 낮추다 carbon 탄소 emission 배출 contribute to ~에 기여하다, 이바지하다 destination 목적지 availability 가능성 free of charge 무료로 fellow 동료 decade 10년 submit 제출하다

08

정답 ③

해설 엄마가 음식을 씹어 키스로(입으로) 아기에게 먹을 것을 전달하는 방식인 kiss-feeding의 긍정적인 효과를 설명하는 글이다. 이 방법은 엄마의 타액 효소로 음식이 일부 소화되어 아기에게 전달되며, 아기의 소화계 발달에 도움이 되는 건강한 박테리아를 제공한다. 따라서 글의 주제로 가장 적절한 것은 ③ '엄마가 키스로 먹을 것을 주는 것이 아기에게 미치는 긍정적인 영향'이다.
① 아기의 소화계를 발달시키는 효율적인 방법들 → 엄마가 키스로 아기에게 먹을 것을 주는 행위가 아기의 소화계 발달에 도움을 준다고 언급되나, 아기의 소화계를 발달시키는 여러 방법들을 소개하는 글이 아니다.
② 키스로 먹을 것을 주는 것과 관련된 잠재적 건강 위험 → 엄마가 키스로 음식을 전달하는 행위가 아기에게 긍정적인 영향을 미친다는 글의 내용과 반대된다.
④ 먹을 것을 주는 관습과 엄마와 자식 사이의 유대감 간의 상관관계 → 엄마가 아기에게 먹을 것을 주는 관습에서 발생하는 유대감에 관한 언급은 없다.

해석 초기 인류는 우리의 뇌보다 훨씬 더 작은 뇌를 가졌지만, 엄마들은 아마 그럼에도 불구하고 덜 발달하고 더 배고픈 아기들을 돌봐야만 했을 것이다. 엄마들은 자신의 아기들에게 으깨진 음식을 줘 봤을 것이고, 그것이 그들(아기들)을 더 조용하고 덜 요구하게 만든다는 것을 알았을 것이다. 엄마가 직접 씹는 것보다 음식을 으깨는 더 나은 방법이 있을까? 아기에게 '키스로 먹을 것을 주는 것'은 오늘날 많은 수렵 채집 집단들의 문화의 일부로 남아 있다. 엄마가 씹은 음식은 엄마의 침에서 나오는 효소에 의해 이미 부분적으로 소화되고, 또한 엄마의 입에서 나오는 건강한 박테리아를 함유하고 있어 아기의 발달 중인 소화계를 돕는다. 이런 방식으로 아기에게 먹을 것을 주는 관습을 만들어 낸 초기 인간 엄마들은 더 건강하고, 더 조용한 아기들을 키웠을 것이다.

어휘 care for ~을 돌보다 mushed-up 으깨진, 곤죽이 된 demanding 요구가 많은 chew 씹다 feed 먹을 것[음식]을 주다 hunter-gatherer 수렵 채집인 digest 소화시키다; 소화하다 enzyme 효소 saliva 침, 타액 digestive system 소화계 practice 관습, 관행 potential 잠재적인 correlation 연관성, 상관관계 bonding 유대(감 형성)

09

정답 ④

해설 사람은 자신과 식별 가능한 특성을 공유하는 사람들은 자신의 유전자를 공유한다는 생각을 가지는 경향이 있다는 내용의 글이다. 자신과 비슷한 특성을 공유하는 사람은 자신의 지지를 받을 만하고, 그 사람들 역시 자신을 돕고 싶어 할 것이라고 기대한다는 내용으로 보아, 서로 비슷하다는 것을 확인하는 것만으로도 서로 의존하는 느낌이 든다는 것을 알 수 있다. 따라서 빈칸에 들어갈 말로 가장 적절한 것은 ④ '상호 의존'이다.
① 호기심 → 호기심은 오히려 상대방과 자신의 비슷한 점을 확인하는 과정에서 발생할 수 있으나 신뢰의 영역까지 확장되는 감정을 묘사하기에 제한적이다.
② 우월성 → 자신과 비슷한 특징을 가진 사람에게 우월감을 느낀다는 내용은 언급되지 않았다.
③ 취약성 → 취약성이 아닌 협력과 신뢰를 기반으로 한 긍정적 상호작용에 대한 내용이다.

해석 한 사람의 DNA가 당신의 DNA와 얼마나 비슷한지 직접 판단할 수 없기에, 당신이 할 수 있는 최선은 그들이 외모, 목소리, 또는 당신이 관찰할 수 있는 다른 모든 지표에 있어서 당신과 비슷한지를 확인하는 것이다. 그리고 이 관찰 동안, 사람들은 '공유 유전자'의 개념을 모든 유형의 유사성으로 지나치게 확장하는 경향이 있다. 즉, 우리의 뇌는 '나와 신체적 특성을 공유하는 사람들은 나의 유전자를 공유한다. 따라서 우리는 서로를 지지해야 한다'라는 합리적인 생각을 '나와 '어떤' 특성이든 공유하는 사람들은 내 지지를 받을 만하고 나를 지지할 것이다'라는 생각으로 확장해 왔다. 따라서 일단 당신이 다른 사람들이 당신과 비슷한 것을 발견하면 당신은 그들을 돕도록 선천적으로 이끌리게 되며, 그들 또한 그들의 유전자를 보존하길 원하므로 당신은 그들이 당신을 돕고 싶어 할 것이라고 기대할 수 있다. 이러한 논리는 단순한 동일함의 확인이 상호 의존의 감정으로 이어지게 한다. 그것은 또한 사람들이 자신과 비슷한 성격을 가진 사람들을 선호하고 신뢰하는 또 다른 이유를 제공한다.

어휘 appearance 외모 overextend 지나치게 확장하다 gene 유전자 sensible 합리적인 deserve ~을 받을 만하다 innately 선천적으로 identification 동일함의 확인, 동일시

10

정답 ③

해설 주어진 문장은 This에 대한 이유가 던지는 동안 공과의 접촉이 길어져 힘을 더 오래 가할 수 있고, 신체 근육을 더 많이 사용하기 때문이라고 설명한다. 문맥상 This는 한쪽 팔만 사용해도 중앙선 쪽으로 던지는 것이 스로인보다 더 멀리 갈 수 있다는 사실을 가리키며, 주어진 문장 뒤에 또 다른 이유(another factor)를 설명하는 ③ 뒤 문장이 오는 것이 자연스럽다. 따라서 주어진 문장이 들어갈 위치로 가장 적절한 것은 ③이다.

해석 골키퍼는 흔히 공을 차는 것보다 던지는 것을 신뢰한다. 공은 꽤 정확하게 근처의 동료에게 굴려지거나 던져질 수 있다. 때때로 골키퍼는 공을 차기보다는 중앙선 쪽으로 던지기를 택하는데, 이러한 방식으로 인상적인 사정거리가 얻어질 수 있다. 한쪽 팔만 사용하는데도 이 던지기는 양손이 필요한 스로인보다 더 멀리 갈 수 있다. 이것은 부분적으로는 던지는 동안 공과의 접촉(시간)이 더 길어서 힘이 더 오래 가해질 수 있기 때문이고, 부분적으로는 신체 근육을 더 많이 사용하기 때문이다. 긴 사정거리를 위한 최적의 던지기 각도를 얻는 것이 더 쉬운 점이 아마 또 다른 요인일 것이다. 이 이상적인 각도는 제어력을 향상시키고 힘의 적용을 극대화하여, 던지기가 스로인을 훨씬 더 능가하게 한다.

어휘 accurately 정확하게 hurl 던지다 halfway line 중앙선 impressive 인상적인 range 사정거리, 범위 throw-in (농구·축구의) 스로인 optimum 최적의 angle 각도 maximize 극대화하다 application 적용 outdistance 훨씬 능가하다

회차 04 하프 모의고사

| 01 | ② | 02 | ④ | 03 | ① | 04 | ③ | 05 | ③ |
| 06 | ② | 07 | ④ | 08 | ② | 09 | ④ | 10 | ③ |

01

정답 ②

해설 신입 직원들이 적절하고 철저한 교육을 받게 하는 것이 회사의 중요한 책임이라는 내용으로 보아, 그들이 직장에 적응하도록 도와야 한다고 유추할 수 있다. 따라서 빈칸에 들어갈 말로 가장 적절한 것은 ② 'adapt(적응하다)'이다.
① 참고[참조]하다 ③ 고수하다 ④ 양보[승인]하다

해석 모든 신입 직원들이 직장에 적응하도록 돕기 위해 적절하고 철저한 교육을 확실하게 제공받도록 하는 것은 회사의 중요한 책임이다.

어휘 crucial 중요한 responsibility 책임 ensure 확실하게 ~하게 하다 appropriate 적절한 thorough 철저한

02

정답 ④

해설 즉각적인 진전을 보지 못해 좌절감을 느꼈다는 내용으로 보아, 테니스를 배우기 시작했을 때 실력 향상에 필요한 시간을 간과했다고 유추할 수 있다. 따라서 빈칸에 들어갈 말로 가장 적절한 것은 ④ 'overlooked(간과하다)'이다.
① 추적하다 ② 인지하다 ③ 정하다

해석 그가 테니스를 배우기 시작했을 때, 그는 실력을 향상하는 데 필요한 시간을 간과하여 즉각적인 진전을 보지 못했을 때 좌절감을 느꼈다.

어휘 amount 양 lead to ~으로 이어지다 frustration 좌절 progress 진전

03

정답 ①

해설 (be → have been) 뒤에 오는 절에 'if + S + had p.p.'가 있는 것으로 보아 가정법 과거완료이므로 주절에 '조동사 과거형 + have p.p.'가 쓰여야 한다. 참고로 만약 혼합 가정법으로 본다고 해도 문맥상 전체 문장이 과거의 일을 말하고 있고, 주절에 today, now와 같은 현재 시점을 나타내는 부사가 없으므로 적절하지 않다.
② one of 뒤에는 복수 명사가 와야 하므로 복수 명사 painters의 쓰임은 적절하다.
③ 주어가 those이므로 그에 수일치한 복수 동사 were는 적절하게 쓰였다.
④ '너무 ~해서 ~하다'라는 뜻의 'so ~ that' 구문이 사용되고 있으므로, 접속사 that은 적절하게 쓰였다.

해석 그 미술관은 대부분의 방문객들에게 평범해 보였지만, 그 그림들을 전시한 화가가 금세기 최고의 화가 중 한 명인 James Moore라는 것을 알았더라면 그 경험이 특별했었을지도 모른다. 하지만 잠시 멈춰 서서 그 예술 작품들을 진정으로 감탄하면서 바라보는 사람들이 너무 적어서 당신이 한 손으로 셀 수 있었을 것이다.

어휘 ordinary 평범한, 보통의 extraordinary 특별한, 놀라운 exhibit 전시하다 pause 잠시 멈추다 admire 감탄하여 바라보다 work of art 예술 작품, 미술품 count 세다, 계산하다

04

정답 ③

해설 월간 판매 보고서 마감을 앞두고 보고서에 관해 대화를 나누는 상황이다. 빈칸 뒤에서 Brian이 도움을 제안하자 Sophia가 차트에 데이터를 더 효과적으로 제시할 수 있는 방법에 대한 조언이 필요하다고 부탁하고 있으므로, 빈칸에는 Sophia가 이와 관련하여 판매 보고서에 어려움을 겪는 내용이 와야 자연스럽다. 따라서 빈칸에 들어갈 말로 가장 적절한 것은 ③ '차트를 제대로 구성하는 데 어려움을 겪고 있어요.'이다.
① 저희가 누구에게 제출해야 하는지 아시나요?
② 저는 제출하기 전에 그 숫자들을 검토하고 있어요.
④ 저는 제가 왜 그것을 처음부터 다시 해야 하는지 모르겠어요.

해석 Brian Kim: 월간 판매 보고서가 내일 마감이에요. 당신 건 끝냈나요?
Sophia Lee: 거의 다 했는데, 차트를 제대로 구성하는 데 어려움을 겪고 있어요.
Brian Kim: 제가 그것을 도와드릴까요?
Sophia Lee: 네, 부탁드려요. 차트에 데이터를 더 효과적으로 제시하는 방법에 대해 조언이 필요해요.
Brian Kim: 물론이죠. 제가 지금 당신 자리로 가서 직접 설명해 드릴게요.
Sophia Lee: 좋아요. 정말 고마워요!

어휘 monthly 매월의 sales report 판매 보고서 due (언제) ~하기로 되어 있는, 예정된 hand sth in ~을 제출하다, 내다 go over ~을 검토하다 submit 제출하다 all over again 처음부터 다시

05

정답 ③

해설 파인우드시에서 주최하는 지방 정부의 운영에 대한 이해를 높이고 주민 참여를 도모하기 위한 특별 강연을 소개하고 있다. 따라서 글의 제목으로 가장 적절한 것은 ③ '여러분의 지방 정부를 이해하기 위해 참여하세요'이다.
① 지방 정부에 청원하는 방법 → 청원이 아닌 지방 정부의 이해와 주민 참여를 유도하는 내용이다.
② 공공 예산 포럼: 파인우드의 미래 우선순위 설정하기 → 예산 계획 관련 내용이 강연에 포함되어 있으나 글의 전체 내용을 포괄하기에 지엽적이다.
④ 공무원이 되는 길: 정부에서 경력 시작하기

06

정답 ②

해설 지역 행사를 조직하는 데 있어 기획 관련 조언을 얻으라는 내용이다. 맥락상 tips는 '조언'이라는 뜻으로 쓰였으므로, 이와 의미가 가장 가까운 것은 ② 'hints(요령)'이다.
① 끝, 목표 ③ 소문 ④ 상여금

05-06

해석 **여러분의 지방 정부를 이해하기 위해 참여하세요**

지방 정부가 어떻게 운영되고 여러분이 그 노력에 어떻게 적극적으로 기여할 수 있는지 궁금한 적이 있으신가요? 파인우드시에서 시장, 시의회, 공무원의 업무에 대한 통찰력을 제공하고 여러분이 참여할 수 있는 방법을 알려 드리는 특별 강연을 개최합니다.

세부 정보
- **날짜**: 9월 6일 토요일
- **시간**: 오후 1시 ~ 오후 4시
- **장소**: 시청 110호
- **참여 방법**: 직접 참석

배우실 내용
- **예산 계획에 참여하기**: 학교, 공원, 지역사회 프로젝트를 위한 아이디어를 제안하고, 자금의 우선순위를 설정하는 방법을 배워 보세요.
- **공직에 출마하기**: 등록하고, 효과적으로 선거 유세를 하고, 지역 사회를 대표하는 과정을 이해해 보세요.
- **지역 행사 조직하기**: 성공적인 축제, 모금 행사, 지역 사회 프로젝트 기획에 대한 조언을 얻어 보세요.

자세한 내용은 www.pinewoodcity.gov에 방문하세요.

어휘 operate 운영하다 actively 적극적으로 contribute to ~에 기여하다 insight 통찰력 take part in ~에 참여하다 participate 참석하다 in-person 직접의 attendance 참석 budget 예산 prioritize 우선순위를 설정하다[매기다] funding 자금 run for ~에 출마하다 office 공직 campaign 캠페인을 펼치다 represent 대표하다 fundraiser 모금 행사 petition 탄원[청원]하다 involved 참여[관여]하는

07

정답 ④

해설 하나의 브랜드명을 국제적으로 사용하게 되면 특히 언어에 관한 문제가 발생하는데, 원래 특정 언어를 가진 특정 시장을 위해 선택된 이름이 다른 언어에서 다른 연관성, 다른 의미를 지닐 수 있고, 발음과 알파벳 차이도 이러한 문제를 악화시킬 수 있다고 설명하는 내용의 글이다. 따라서 글의 요지로 가장 적절한 것은 ④ '하나의 동일한 브랜드명을 국제적으로 홍보하는 것은 언어적 혼란을 야기한다.'이다.
① 발음하기 쉬운 브랜드명은 전 세계적인 인정을 보장한다. → 발음의 용이성이 브랜드의 전 세계적 인정을 보장한다는 내용은 언급되지 않았다.
② 국제 브랜드는 문화적으로 진정성 있는 이미지를 투영하는 것을 목표로 한다. → 브랜드의 문화적 진정성은 언급되지 않았으며, 글의 중심 소재는 브랜드명의 언어적 문제이다.
③ 나라마다 서로 다른 브랜드를 사용하는 것은 바람직하지 않다. → 오히려 반대로 모든 나라에 하나의 브랜드를 사용하는 것의 문제점을 제시하는 글이다.

해석 Daniels 등에 따르면, 국제적인 환경에서 일하는 생산자와 마케팅 담당자는 종종 중요한 브랜드 결정에 직면한다. 그들은 하나의 세계적인 브랜드를 채택할 것인지 아니면 국가별로 서로 다른 브랜드를 사용할 것인지 결정해야 한다. 전 세계적으로 하나의 브랜드를 사용하는 것은 경제적으로 이치에 맞지만, 이는 특히 언어와 관련된 문제를 초래할 수 있다. 원래 특정 언어를 가진 특정 시장을 위해 선택된 이름이 다른 언어에서는 서로 다른 연관성을 가질 수도 있다. Daniels 등이 올바르게 지적하듯이, 국제적으로 브랜드를 홍보하는 것의 문제는 다른 언어에 브랜드 이름의 특정 음이 빠져 있는 경우에 악화된다. 게다가 발음 자체가 변경되어 원래의 의미와는 전혀 다른 의미를 만들어 낼 수도 있다. 만약 그 브랜드가 서로 다른 알파벳(문자)을 사용하여 홍보된다면 그러한 문제는 더욱더 커질 수도 있다.

어휘 et al. (이름 뒤에 써서) 등, 외 face 직면하다 crucial 중요한 adopt 채택하다 make sense 이치에 맞다 association 연관성 promote 홍보하다 exacerbate 악화시키다 missing 빠진, 없는 pronunciation 발음 far removed from ~와 전혀 다른 recognition 인정, 명성 project 투영하다 authentic 진정성 있는, 진품[진짜]인 uniform 동일한, 똑같은 linguistic 언어의 confusion 혼란

08

정답 ②

해설 사람들은 흔히 증상의 부재와 건강을 동일시하는 통념을 가지고 있지만, 이는 한계가 있는 관점이라는 내용의 글이다. 첫 문장의 빈칸에서 이러한 통념을 지적한 뒤, 이어지는 글에서 증상의 부재가 건강을 의미하지 않는다는 반박이 전개되는 흐름으로 보아, 통념에 해당하는 빈칸에 들어갈 말로 가장 적절한 것은 ② '증상을 건강의 감시 장치로 사용하도록'이다.
① 전문가의 진단에만 오로지 의존하도록 → 전문가의 진단이 건강 관리에서 중요한 요소일 수 있으나, 이 글의 초점은 증상의 부재와 건강을 혼동하는 통념을 지적하는 데 있으므로 적절하지 않다.
③ 증상의 완화와 회복을 구별하도록 → 통념이 아닌 통념에 대한 반박, 즉 이 글의 주제에 해당하는 내용이다.
④ 조기 발견이 모든 건강 문제를 예방한다고 믿도록 → '조기 발견'이 아닌 '증상의 부재'를 건강과 연관 짓는 통념을 지적하는 글이다.

해석 우리는 증상을 건강의 감시 장치로 사용하도록 배웠지만, 이는 한계가 있다. 추정컨대 증상이 있으면 건강하지 않은 것이고, 증상이 없다면 건강한 것이지만, 증상의 부재가 건강에 대한 형편없는 지표라는 점은 잘 알려진 사실이다. 몸이 암으로 가득한데 그 병이 몸속에 최소 5년에서 10년 동안 존재했음에도 불구하고 눈에 띄는 증상을 전혀 겪지 않았던 사람들이 무수히 많다. 우리는 건강과 증상의 부재를 구별해야 한다. 어떤 사람들이 태양 주위를 돌고 있을 뿐 아니라, 축을 기준으로 자전하고 있는 지구 위에 서 있는 것임에도 자신들이 가만히 있을 수 있다고 생각하는 것처럼, 증상을 없애기 위해 약을 복용하면 더 건강해진다고 생각하는 사람들이 있다. 증상을 완화하는 것과 건강을 혼동하지 말라. 둘은 같은 것이 아니다.

어휘 supposedly 추정컨대, 아마도 symptom 증상 absence 부재 indicator 지표 be riddled with (특히 나쁜 것이) 가득하다 cancer 암 noticeable 눈에 띄는 distinguish 구별하다 rotate 회전하다, 자전하다 axis 축 revolve 돌다 get rid of ~을 없애다 confuse 혼동하다 alleviate 완화하다 diagnosis 진단(pl. diagnoses) tell A from B A와 B를 구별하다 detection 발견, 탐지

09

정답 ③

해설 빈정거림이 흔히 누군가를 비판하는 데 사용된다는 내용의 주어진 글 다음엔, However로 시작하며 주어진 문장의 Sarcastic comments를 they로 이어받으며 빈정거림이 칭찬에도 사용될 수도 있다는 반대 내용의 (B)가 와야 한다. 그다음엔 서면 소통에서 빈정거림은 어떠한 맥락(비판인지 칭찬인지)으로 쓰인 것인지 이해하기 어렵다는 내용의 (C) 이후, Thus로 이어서 컴퓨터상에서 빈정거림을 사용하는 것이 위험하다는 결과의 내용인 (A)로 마무리 짓는 것이 자연스럽다. 따라서 주어진 글 다음에 이어질 글의 순서로 가장 적절한 것은 ③ '(B) - (C) - (A)'이다.

해석 빈정거림은 반어법의 한 특정한 형태로, 그 발언의 대상이 사람일 때 사용된다. 빈정거리는 말은 누군가를 비판하는 데 가장 흔하게 사용된다(가령, 회의에 늦게 도착한 동료에게 '일찍 왔네!'라고 말하는 것). (B) 하지만 그것들은 또한 칭찬하는 데 사용될 수도 있다(가령, 테니스를 못 친다고 주장하지만 중요한 대회에서 우승한 친구에게 '넌 정말 형편없는 테니스 선수야'라고 말하는 것). (C) 서면 소통에서 빈정거림은 목소리 어조와 얼굴 표정 같은 대면 대화에서 사용할 수 있는 일반적인 표시가 없어서 정확하게 이해하기 어려울 수 있다. (A) 그러므로, 컴퓨터가 매개하는 대화에서 빈정거림을 사용하는 것은 위험할 수 있는데, 발신자는 수신자가 메시지를 문자 그대로 해석할 가능성을 열어 두기 때문이다.

어휘 sarcasm 빈정거림 irony 반어법 utter 말하다 mediate 매개하다 interpret 해석하다 literally 문자 그대로 competition 대회 lack ~이 없음, 부족 marker 표지, 표식 face-to-face 대면의

10

정답 ④

해설 자연은 예측 불가능하고 주관적이라 신뢰할 수 없으므로, 과학적 방법에 포함시키지 말아야 하며 철저히 통제해야 한다는 Francis Bacon의 사상에 관한 글이다. 따라서 글의 흐름상 어색한 문장은 자연에서 질서를 찾는 것이 서구 근대 프로젝트에서 필수적으로 여겨져 세계적인 탐구가 이상적이었다는 내용의 ④이다.

해석 영국 르네상스 사상가 Francis Bacon은 자연계에 대한 편견을 가져, 자연은 신뢰할 수 없으며 과학적 방법에서 역할을 하게 허용되어서는 안 된다고 믿었다. 자연은 자연계뿐만 아니라 개인의 신념, 감정, 미학을 포함한 모든 주관적이고 쉽게 정량화되지 않는 것들 또한 대표했다. 그는 완전한 객관성을 옹호하였기에 자연을 (과학적 방법에) 포함시키는 것이 과학자를 편향에 빠지게 할 것이라고 느꼈다. 점점 더 결정론적이고 예측 가능한 것으로 여겨지던 세상에서, 자연은 다루기 힘들고 예측 불가능한 것으로 여겨져 통제하에 놓이기 위해 조종되고 예속될 필요가 있었다. (자연에서 질서를 찾는 것이 서구 근대성 프로젝트에서 필수적으로 여겨졌고, 그것을 전파하는 데 있어 세계적인 탐구는 이상적인 실천이었다.) 따라서 그는 자연이 "방황하고 있을 때 사냥당하여" "(인간에게) 봉사하는 의무를 지는" "노예로 만들어져야" 한다는 식의 진술을 했다.

어휘 bias 편견; 편향되게 하다 unreliable 신뢰할 수 없는 represent 대표하다 subjective 주관적인 quantify 정량화하다 aesthetics 미학 advocate 옹호하다 objectivity 객관성 inclusion 포함 deterministic 결정론적인 manipulate 조종하다 subjugate 예속시키다 modernity 근대성 disseminate 전파하다 hound 맹렬히 추적하다, 사냥하다 wandering 방황 bind 의무를 지우다

회차 05 하프 모의고사

| 01 | ③ | 02 | ④ | 03 | ④ | 04 | ② | 05 | ② |
| 06 | ① | 07 | ③ | 08 | ④ | 09 | ③ | 10 | ② |

01

정답 ③

해설 원격 근무와 자동화의 증가로 인해 작업 흐름이 방해받는다는 내용으로 보아, 많은 현대 조직에서 의사소통 오류 문제를 피할 수 없음을 유추할 수 있다. 따라서 빈칸에 들어갈 말로 가장 적절한 것은 ③ 'inevitable(불가피한)'이다.
① 미묘한 ② 적임의 ④ 피할 수 있는

해석 원격 근무와 자동화의 급속한 증가는 작업 흐름의 방해를 초래했고, 여러 산업 분야의 많은 현대 조직에서 의사소통 오류 문제를 불가피하게 만들었다.

어휘 rise 증가 remote work 원격 근무 automation 자동화 disrupt 방해하다, 지장을 주다 workflow 작업 흐름 miscommunication 의사소통 오류

02

정답 ④

해설 빈칸 뒤에 than이 있는 것으로 보아, 비교급 구문이다. object to는 '~에 대해 반대하다[이의를 제기하다]'라는 뜻의 '자동사 + 전치사'인데, 자동사 object와 전치사 to 사이에 올 수 있는 것은 동사를 수식하는 부사이므로 빈칸에는 부사의 비교급이 와야 한다. 따라서 빈칸에 들어갈 말로 가장 적절한 것은 ④ 'less strongly'이다.

해석 Abraham Lincoln은 미국에서 노예 제도가 지속되도록 내버려둔 도덕적 실패보다 자기 경쟁자들의 인신공격에 덜 강하게 이의를 제의했다고 전해졌다.

어휘 personal 인격적인, 개인적인 attack 공격 rival 경쟁자 moral 도덕적인 failure 실패 slavery 노예, 노예 제도 persist 지속되다

03

정답 ④

해설 (to doubt → doubting) 'stop to RV'는 '~하기 위해 멈추다'라는 의미이고, 'stop RVing'은 '~하는 것을 그만두다'라는 의미이다. 맥락상 날카롭게 집중력을 유지하고 불필요한 산만함을 피하며 자신의 성공 능력을 '의심하는 것을 그만두는' 것이므로 doubting이 쓰여야 한다.
① 뒤에 불가산명사 faith가 오고 있고, 맥락상 '거의 없는 신뢰'가 자연스러우므로 양 형용사 little의 쓰임은 적절하다. 또한 형용사의 원급을 수식하여 '매우, 정말'이라는 뜻의 부사 very도 적절하게 쓰였다.
② convince는 that절을 직접목적어로 취하는 4형식 동사로 쓰일 수 있는데, 수동태로 전환하면 'be convinced that절' 형태가 된다. 여기서는 주어인 Michael이 '확신하고' 있는 것이므로 수동태 is convinced의 쓰임은 적절하다.
③ '~한다면'이라는 의미의 조건 접속사 'provided (that)'이므로 뒤에 절이 온 것은 적절하다.

해석 많은 사람들이 그에 대한 신뢰가 정말 거의 없지만 Michael은 날카롭게 집중력을 유지하고 불필요한 산만함을 피하며 자신의 성공 능력을 의심하는 것을 그만두면 상황을 바꿀 수 있다고 확신한다.

어휘 faith 신뢰, 믿음 turn around 방향을 바꾸다, 호전시키다 things 상황, 형편 sharply 날카롭게 unnecessary 불필요한 distraction 산만함, 정신을 산란하게 만드는 것

04

정답 ②

해설 박물관 투어 가이드를 할 자격이 있는지 모르겠다는 A의 말에 대한 적절한 B의 응답을 고르는 문제이다. 빈칸 뒤에서 A가 자신의 경력을 언급하는 것으로 보아, 빈칸에 들어갈 말로 가장 적절한 것은 ② '관련 경력이 있으신가요?'이다.
① 당신의 예술에 대한 열정을 높게 평가합니다.
③ 훈련 과정을 받으셨던 것이 틀림없네요.
④ 요구하시는 자격 요건이 있나요?

해석 A: 안녕하세요, 이 박물관에서 투어 가이드를 구하고 있다고 들었는데요.
B: 맞아요. 관심 있으신가요?
A: 네, 근데 제가 이전에 박물관에서 일해 본 적이 없어서 적임일지 모르겠어요.
B: 음, 관련 경력이 있으신가요?
A: 역사를 20년 정도 가르쳤고 최근에 은퇴했어요.
B: 저희는 사실 교직 경력이 있는 분을 찾고 있어요.
A: 잘됐네요! 지원 절차에 대해 더 설명해 주실 수 있으실까요?

어휘 qualify (~으로서) 적임이다, (~할) 자격이 있다 retire 은퇴하다 application 지원(서) appreciate 높이 평가하다, 감사하다 passion 열정 relevant 관련 qualification 자격 (요건)

05

정답 ②

해설 시청 내방자가 건물 3층에 위치한 노인 복지 사무소의 접근성이 부족하다고 지적하며, 고령의 방문자들이 더 쉽게 이용할 수 있도록 사무소를 1층으로 이전할 것을 제안하는 내용의 글이다. 따라서 글의 목적으로 가장 적절한 것은 ② '노인들을 위해 복지 사무소 이전을 제안하려고'이다.
① 직원의 방문 처리 방식에 대해 불만을 표출하려고 → 사무소 직원의 대응 방식이나 서비스와 관련된 불만 사항은 언급된 바 없다.
③ 노인 복지 혜택에 대한 업데이트를 요청하려고 → 노인 복지 혜택 자체에 대한 정보를 요청한 내용은 없으며, 사무소의 접근성 문제에 대한 개선 요청이 글의 주된 내용이다.
④ 엘리베이터의 상태가 열악했던 이유를 질문하려고 → 시청 내 엘리베이터의 개수와 크기, 그에 따른 대기 시간을 언급하며 사무소의 접근성을 개선할 필요성에 대해 설명하고 있지만, 이는 노인 복지 사무소 이전을 제안하기 위한 근거에 불과하다.

06

정답 ①

해설 시청 내 엘리베이터가 한 대뿐이고 특별하게 크기도 크지 않아 대기 시간이 길었다고 언급하며 사무소의 위치 개선 필요성을 언급하고 있다. 맥락상 particularly는 '특별히'라는 뜻으로 쓰였으므로, 이와 의미가 가장 가까운 것은 ① 'exceptionally(특별히)'이다.
② 개별적으로 ③ 선택적으로 ④ 주로

05-06

해석 수신: <information@sanfernando.gov>
발신: Alexander Dawes <adawes@robinson.com>
날짜: 5월 16일
제목: 시청 방문

관계자분께,

저는 어제 시청에 있는 노인 복지 사무소를 방문했습니다. 저는 휠체어를 사용하시는 어머니와 동행했습니다. 어머니께서는 원하시는 혜택을 받긴 하셨지만, 그 여정이 어머니께는 불편했습니다.

저희가 방문한 사무소는 3층에 있었습니다. 시청에는 엘리베이터가 한 대뿐이고 그것이 특별히 큰 편도 아닙니다. 저희는 엘리베이터를 타기까지 10분을 기다려야 했습니다. 사무소를 1층으로 옮겨서 거동이 불편한 노인분들이 더 쉽게 접근하실 수 있도록 하는 것이 적절할 것 같습니다.

게다가 휠체어가 들어갈 수 있는 유일한 화장실도 1층에 있었습니다. 저희는 3시간 동안 사무소에 있었기 때문에 어머니를 위해 아래층으로 두 번, 위층으로 다시 두 번 이동해야 했고, 이로 인해 시간이 많이 걸렸습니다. 고령의 주민들이 보다 편안하게 시청을 방문할 수 있도록 하는 게 적절하다고 생각해 주시길 바랍니다.

안부를 전하며,
Alexander Dawes 드림

어휘 senior citizen 노인, 고령자 benefit 혜택, 복지 accompany 동행하다 obtain 얻다 desire 원하다 unpleasant 불쾌한, 불편한 get into ~에 탑승하다 appropriate 적절한 accessible 접근하기 [이용하기] 쉬운 elderly 연세가 드신 mobile 움직임이 자유로운 time-consuming 많은 시간이 걸리는 see fit to RV ~하는 것이 적절하다고 생각하다 resident 주민 dissatisfaction 불만 relocate 이전하다

07

정답 ③

해설 4번째 문장에서 보행자들은 다리 위를 통과할 수 있다고 언급되므로, 글의 내용과 일치하지 않는 것은 ③ '더 이상 사람들이 다리를 건너는 것이 허용되지 않는다.'이다.
① 엔지니어들이 다리의 구조적 문제를 발견했다. → 첫 문장에서 언급된 내용이다.
② 파란색 노선 운행이 부분적으로 중단되었다. → 2번째 문장에서 언급된 내용이다.
④ 파란색 노선 지하철 이용객을 위한 계획은 곧 공지될 예정이다. → 마지막 2번째 문장에서 언급된 내용이다.

해석 도버강을 가로지르는 다리를 조사하던 엔지니어들이 일부 지점에서 균열을 발견하였고, 이는 그들이 잠재적 위험으로 인해 즉시 모든 차량의 다리 통행을 차단하도록 했습니다. 파란색 노선 지하철은 이 다리를 통과하므로, 현재 노선을 온전히 운영할 수 없습니다. 파란색 노선 지하철은 현재 피터슨역에서 도버역까지, 델몬트가역에서 베이쇼어역까지 운영됩니다. 보행자는 다리 위를 통행할 수 있으므로, 사람들은 도버역에서 델몬트가역으로 여전히 이동할 수 있습니다. 대체 교통 계획은 현재 준비 중이며, 24시간 이내에 게시될 예정입니다. 지하철 승객들이 겪으실 수 있는 불편을 끼쳐 드려 사과드립니다.

어휘 crack 균열 block 차단하다 vehicle 차량 cross 통과하다 pedestrian 보행자 alternate 대안의 inconvenience 불편 structural 구조적인 partially 부분적으로

08

정답 ④

해설 재난의 피해 규모를 평가하고 알리면 사람들이 이해하고 그에 따라 행동할 것이라 가정하지만, 실제로는 사람들이 대규모 비극보다 소규모 비극에 더 민감하게 반응하며, 수가 커질수록 감정을 유발하지 못해 재난을 예방하기 위한 행동으로 이어지지 않는 경향이 있음을 설명하는 글이다. 따라서 글의 제목으로 가장 적절한 것은 ④ '대규모 재난에 대한 감정적 맹목'이다.

① 사람을 돕는 데 수는 중요하지 않다 → 숫자 자체의 중요성을 부정하는 내용이 아니라, 사람들이 큰 숫자를 제대로 이해하거나 감정적으로 반응하지 못해서 문제가 발생한다는 내용이므로 적절하지 않다.
② 조심하라, 감정은 행동을 잘못 인도할 수 있다! → 감정이 행동을 잘못 인도하는 것이 아니라, 오히려 행동을 유발하는 데 필수적이라는 점을 강조하고 있으므로 적절하지 않다.
③ 재난을 예방하는 수의 힘 → 수가 감정을 불러일으키지 않을 경우 재난을 예방하는 행동으로 이어지지 못한다고 강조하며, 수 자체의 힘보다는 감정적 반응이 중요한 역할을 한다고 설명하는 글이다.

해석 재난의 결정적인 요소는 그 재난이 초래한 해로운 결과의 규모이다. 재난으로 인한 피해를 예방하거나 줄이기 위해, 상당한 노력이 잠재적 또는 실제 손실의 규모를 평가하고 알리는 데 흔히 사용된다. 이러한 노력은 사람들이 결과로 나타나는 수를 이해하고 그에 따라 적절히 행동할 수 있다는 것을 가정한다. 그러나 최근의 행동 연구는 이러한 근본적인 가정에 의문을 제기한다. 많은 사람들이 큰 수를 이해하지 못한다. 실제로, 큰 수는 감정을 불러일으키지 않는 한 결정에 있어 의미가 없고 과소평가되는 것으로 밝혀졌다. 한편으로는, 우리는 어려움에 처한 한 개인을 돕는 데 강하게 반응하는 경향이 있다. 다른 한편으로는, 우리는 대규모 비극을 예방하거나 잠재적 손실을 줄이기 위한 조치를 취하지 못하는 경우가 많다. 이는 수가 더 커질수록 우리가 둔감해져서, 즉 수가 행동에 동기 부여하는 데 필요한 감정을 끌어내지 못해서 발생한다.

어휘 defining 결정적인 catastrophe 재난, 대참사 magnitude 규모 employ 쓰다, 이용하다 assess 평가하다 communicate 전하다 potential 잠재적인 loss 손실 assume 가정하다 appropriately 적절하게 behavioral 행동의 cast doubt on ~에 의문을 제기하다 fundamental 근본적인 underestimate 과소평가하다 evoke 불러일으키다 mass 대규모의 tragedy 비극 insensitive 둔감한, 의식 못 하는 elicit 끌어내다 motivate 동기 부여하다 mislead 잘못 인도하다 disaster 재난, 재앙 blindness 맹목, 눈이 멈

09

정답 ③

해설 농업과 생태계에 피해를 준 외래종인 유럽산 토끼의 확산과 이를 통제하기 위해 도입된 바이러스 기반 생물학적 방제의 효과와 한계를 다룬 글이다. 빈칸 이후의 내용을 보면, 바이러스로 인해 초기에는 많은 토끼가 죽었으나, 시간이 지나면서 토끼에게 바이러스에 대한 면역 및 내성이 생김으로써 인위적으로 개체수를 조절하려던 호주 정부의 시도가 결국 실패했음을 알 수 있다. 따라서 빈칸에 들어갈 말로 가장 적절한 것은 ③ '무엇도 자연을 완전히 통제할 수는 없다'이다.

① 그것은 토착종에 안전하지 않다고 여겨졌다 → 점액종 바이러스가 다른 종에 위험할 수 있다는 우려는 언급되지 않았다.
② 그것은 대량 생산하기에는 너무 비쌌다 → 점액종 바이러스를 대량으로 생산하지 못해서 호주 정부의 토끼 박멸 계획이 실패한 것이 아니며, 그 가격에 관한 언급 역시 없다.
④ 일부는 다른 지역으로의 확산에 대한 우려를 제기했다 → 점액종 바이러스가 다른 지역으로 확산될 가능성이나 위험에 관한 내용은 글에서 다뤄지지 않았으며, 이 글의 초점은 바이러스 도입이 예상과는 다르게 토끼 내성 발달로 인해 외래종 토끼 퇴치에 완벽한 해결책이 되지 못했다는 점에 있다.

해석 유럽 야생 토끼들이 호주로 반입된 이후 나라 전체에 퍼지는 데는 약 50년밖에 걸리지 않았다. 토끼들은 호주의 농경지에 큰 피해를 입혔을 뿐만 아니라, 토착 동식물종의 감소에도 원인을 제공했다. 그들의 수가 너무 많아지자, 1950년대에 들어서 정부는 생물학적 방제로 돌아섰다. 토끼 특이적 바이러스인 점액종에 감염된 토끼들이 방사되었다. 점액종 바이러스는 동물종을 박멸하기 위해 의도적으로 도입된 사상 최초의 바이러스였다. 그러나, 무엇도 자연을 완전히 통제할 수는 없다. 점액종 바이러스는 많은 토끼의 죽음으로 이어졌지만, 그들은 결국 바이러스에 대한 면역력이 생겼고, 그것이 효과적이지 않게 만들었다. 또 다른 토끼 특이적 병원체인 RHDV(토끼 출혈병 바이러스)가 1996년에 추가되었다. 그러나 점액종 바이러스와 마찬가지로, 토끼들은 RHDV에 대한 내성이 생기기 시작했다.

어휘 wreak (큰 피해 등을) 입히다, 가하다 havoc 대파괴, 큰 피해 cropland 농경지, 경작지 contribute to ~의 한 원인이 되다 biocontrol 생물학적 방제 infect 감염시키다 myxoma 점액종 purposefully 의도적으로, 고의로 eradicate 박멸하다, 근절하다 immunity 면역력 render ~이 되게 하다 pathogen 병원균, 병원체 hemorrhagic 출혈의 resistance 저항, 저항력 deem 여기다, 간주하다 mass 대량의

10

정답 ②

해설 나트륨 섭취를 피하는 것이 어렵다는 내용의 글이다. 주어진 문장은 짠맛이 나지 않는데도 나트륨 함량이 높은 음식들이 있다는 내용으로, 이를 This is why로 받아 맛만 봐선 음식의 나트륨 함량을 정확히 판단할 수 없다는 결론이 이어져야 한다. 또한 나트륨 섭취를 피하기 어려운 이유로 ② 앞까지는 나트륨 함량에 대한 다양성을 이야기하다가, 주어진 문장의 In addition 이후엔 판단의 어려움을 이야기하는 것이 자연스럽다. 따라서 주어진 문장이 들어갈 위치로 가장 적절한 것은 ②이다.

해석 오늘날, 대부분의 사람들은 나트륨을 너무 많이 섭취하는 것의 위험을 잘 알고 있다. 하지만 나트륨은 고기를 보존 처리하고, (질감을) 걸쭉하게 만들고, 수분을 유지하고, 풍미를 돋우고, 방부제로 쓰이는 것과 같이 용도가 다양하기에 그것을 피하기는 어렵다. 글루탐산나트륨(MSG)과 베이킹소다와 같은 일부 흔한 식품 첨가물들 또한 나트륨을 함유하고 있고, 영양 성분표에 포함된 '나트륨'의 총량에 기여한다. <u>게다가, 짠맛은 나지 않는데도 나트륨 함량이 높을 수 있는 몇몇 음식들이 있다.</u> 이것이 맛만 이용하는 것이 음식의 나트륨 함량을 판단하는 정확한 방법이 아닌 이유이다. 우유, 생선, 채소와 같은 흔한 음식이 일정량의 나트륨을 함유하고 있다는 사실은 널리 알려져 있지 않다. 그러한 음식들은 많은 사람들의 규칙적인 식단에 포함되어 있어서, 결국 하루 동안 합해서 많은 양의 나트륨이 될 수 있다.

어휘 sodium 나트륨 cure 보존 처리하다 thicken 걸쭉하게 만들다 retain 유지하다 moisture 수분 enhance 높이다 preservative 방부제 additive 첨가제 nutrition facts label (식품) 영양 성분표 accurate 정확한 content 함량 add up to 결국 ~가 되다

회차 06 하프 모의고사

| 01 | ② | 02 | ② | 03 | ① | 04 | ③ | 05 | ③ |
| 06 | ③ | 07 | ② | 08 | ④ | 09 | ② | 10 | ② |

01

정답 ②

해설 우리가 집중하지 못하는 것을 디지털 기기에 대한 자제력 부족 때문이라고 탓하는 경향이 있다는 언급 다음에 Yet으로 그다음 내용이 역접되는 것으로 보아 그 이면의 원인은 테크 기업들이 의도적으로 우리를 산만하게 만들기 때문임을 유추할 수 있다. 따라서 빈칸에 들어갈 말로 가장 적절한 것은 ② 'distract(산만하게 하다)'이다.
① 비난하다 ③ 감시하다 ④ 구별하다

해석 우리는 우리가 집중할 수 없는 것을 디지털 기기에 대한 자제력 부족 탓으로 보는 경향이 있다. 그러나 그 이면에는 우리를 의도적으로 <u>산만하게 하</u>는 기술 회사들이 있다.

어휘 attribute A to B A를 B의 탓이라고 보다 inability ~할 수 없음, 무능 failure 부족 self-control 자제력 intentionally 의도적으로

02

정답 ②

해설 학생들이 새롭고 더 실용적인 학습 전략을 채택하도록 강요받는다는 내용으로 보아, 새로운 시스템에 부족하다고 입증된 것은 이전의 접근법임을 유추할 수 있다. 따라서 빈칸에 들어갈 말로 가장 적절한 것은 ② 'approach (접근법)'이다.
① 합병 ③ 소유(물) ④ 과제

해석 이전의 <u>접근법</u>은 새로운 시스템에 부족하다는 것이 입증됨에 따라, 이제 학생들은 새롭고 더 실용적인 학습 전략을 채택하도록 강요받는다.

어휘 prior 이전의 inadequate 부족한 compel 강요하다 practical 실용적인

03

정답 ①

해설 (resulted → resulting) 등위접속사 없이 동사가 병렬 연결될 수 없으므로 resulted in은 분사구문으로 보아야 한다. 하지만 result in은 '~을 초래하다'라는 뜻의 '자동사 + 전치사'로서 수동태로 쓸 수 없으므로, 능동의 현재분사 resulting in이 되어야 한다. 또한 분사구문의 의미상 주어인 Pollution and fossil fuels가 혹독한 겨울을 '초래한' 것이므로 현재분사가 적절하다.
② '부분명사 + of + 전체명사'가 주어로 쓰이면 of 뒤의 전체명사에 동사를 수일치하는데, 여기서는 복수 명사 freezing events가 오고 있으므로 그에 수일치한 복수 동사 take place의 쓰임은 적절하다. 또한 take place는 '일어나다'라는 뜻의 완전자동사이므로 능동태로 쓰인 것도 적절하다.
③ fail은 to 부정사를 목적어로 취하는 동사이므로 to hold는 적절하게 쓰였다. 또한 타동사 hold 뒤에 목적어 cold air가 있으므로 능동형으로 쓰인 것도 적절하다.
④ 사역동사 let은 목적어와 목적격 보어의 관계가 능동이면 RV를, 수동이면 be p.p.를 목적격 보어로 취하는데, 여기서는 얼음같이 찬 바람이 '몰리게 되는' 것이므로 수동의 be driven은 적절하게 쓰였다.

해설 오염과 화석 연료가 우리에게 지구 온난화를 가져다주었고, 이는 역설적으로 보이는 혹독한 겨울을 초래했다. 북극 온난화와 관련된 겨울철 결빙 현상의 90% 이상은 극 소용돌이가 약해져 극 근처의 찬 공기를 가두지 못할 때 발생한다. 이 과정은 얼음같이 찬 바람이 남쪽으로 몰리게 하는데, 지구의 기온은 전반적으로 계속 상승하는 반면 일부 지역에서는 더 추운 겨울을 야기한다.

어휘 pollution 오염 fossil fuel 화석 연료 global warming 지구 온난화 harsh 혹독한 paradoxical 역설적인 freeze 얼다, 빙결하다 linked to ~와 관련된 Arctic 북극의 polar 극지의 southward 남쪽으로 overall 전반적으로

04
정답 ③

해설 회사 그룹웨어 로그인이 되지 않는 오류가 발생하여 문의하는 상황이다. 빈칸 앞에서 해당 문제는 임시 시스템 정비 때문일 것이며 사전에 그룹웨어에 팝업 창으로 공지가 되었을 것임을 안내하고 있는 것으로 보아 빈칸에는 James가 그 공지를 놓친 이유가 언급되는 것이 자연스럽다. 따라서 빈칸에 들어갈 말로 가장 적절한 것은 ③ '죄송합니다, 제가 실수로 공지를 생략했는지도 몰라요.'이다.
① 제가 그것 관련 이메일을 놓친 것 같네요.
② 그건 제가 제 계정을 업데이트해야 한다는 뜻일까요?
④ 아직 아무도 이 문제를 보고하지 않았다는 게 놀랍네요.

해석 Groupware Assist: 안녕하세요. Groupware Assist입니다. 무엇을 도와드릴까요?
James: 안녕하세요. 회사 그룹웨어에 로그인하려고 하는데, 제 로그인 정보가 틀렸다는 오류가 계속 보여요.
Groupware Assist: 임시 시스템 정비 때문일 수 있습니다. 그룹웨어에서 팝업 공지가 있었을 것이 확실해요.
James: 죄송합니다, 제가 실수로 공지를 생략했는지도 몰라요.
Groupware Assist: 괜찮습니다. 지금쯤 정비가 끝났을 겁니다. 곧 해결될 것입니다.

어휘 groupware 그룹웨어(네트워크상에서 공동 작업을 지원하는 소프트웨어) incorrect 틀린 temporary 임시의 maintenance 정비, 보수 관리 pop-up 팝업의(다른 문서 작업 중에도 클릭하면 바로 나타나는) resolve 해결하다 miss 놓치다 account 계정 skip 생략하다, 건너뛰다 by mistake 실수로

05
정답 ③

해설 조지타운 식물원의 개원을 알리며 개원일에 있을 행사를 소개하고 있다. 따라서 글의 제목으로 가장 적절한 것은 ③ '새로운 식물원을 둘러보세요'이다.
① 다양한 나무와 꽃을 판매합니다 → 다양한 나무와 꽃을 보유한 식물원 개원을 안내할 뿐, 나무와 꽃을 판매하는 내용은 아니다.
② 국립 공원 현장 학습에 참여하세요
④ 조지타운 식물종에 대한 연구를 탐구해 보세요 → 조지타운 식물종 연구는 식물원에서 할 수 있는 활동 중 하나일 뿐, 글 전체를 포괄하기에 지엽적이다.

06
정답 ③

해설 글의 후반부에서 1인당 10달러인 입장료가 개원일에는 무료라고 언급되므로, 글의 내용과 일치하지 않는 것은 ③ '개원일에 한해 입장료를 10달러만 받는다.'이다.
① 누구나 방문하여 넓은 규모의 숲을 탐험할 수 있다. → 글의 초반부에서 언급된 내용이다.
② 식물원에서 여러 기후대의 식물들을 관찰할 수 있다. → 글의 중반부에서 언급된 내용이다.
④ 방문객들은 서식지 보호의 중요성을 배울 수 있다. → 글의 후반부에서 언급된 내용이다.

05-06

해석 **새로운 식물원을 둘러보세요**

조지타운 식물원이 4월 20일 토요일 오전 9시부터 개원을 앞두고 있습니다. 모든 분을 초대합니다! 저희의 아주 넓은 숲을 방문해 아름다운 나무와 꽃, 그리고 다른 식물들 사이를 산책하는 것은 어떠실까요?

이곳에는 특색을 이루는 열 가지의 다양한 서식지가 있습니다. 그것들에는 현지 식물군, 열대 우림, 온대 우림, 사막 식물 구역이 포함됩니다. 장미, 제비꽃, 튤립, 그리고 다른 인기 있는 꽃이 있는 정원뿐만 아니라 야생화가 가득한 들판도 있습니다.

Denise Struthers 원장의 환영사 이후에 전체 시설에 대한 가이드 투어가 있을 겁니다. 개원일에는 1인당 10달러의 입장료가 무료로 제공됩니다.

조지타운 식물원은 사람들이 휴식을 취하고, 배우고, 연구를 수행할 수 있는 장소가 될 것입니다. 또한 방문객들이 소중한 서식지 보호의 중요성에 대해 배울 수 있는 보존의 장소가 될 것입니다.

어휘 botanical garden 식물원 grand opening 개원[개장] extensive 아주 넓은 habitat 서식지 feature 특색을 이루다 flora 식물군 tropical rainforest 열대 우림 temperate rainforest 온대 우림 desert 사막 entire 전체의 facility 시설 admission fee 입장료 complimentary 무료의 conservation 보존 for sale 판매하는 field trip 현장 학습 species 종

07

정답 ②

해설 사람들이 무언가를 믿고자 하는 강한 욕구를 이용해 추종자를 만들면, 직접 나설 것 없이 자신의 뜻을 관철할 수 있는 강력한 권력을 얻을 수 있다는 내용의 글이다. 따라서 글의 요지로 가장 적절한 것은 ② '권력의 핵심은 헌신적인 추종자를 양성하는 데 있다.'이다.

① 남들에게 자신의 뜻을 강요하는 지도자는 성공하는 경우가 드물다. → 지도자가 직접 자신의 뜻을 강요하는 것과 성공 여부를 논하는 것이 아니라, 추종자 집단을 통해 뜻을 이루는 것에 관한 글이다.

③ 추종자들을 속이는 것은 지도자로서 결코 해서는 안 될 일이다. → 추종자를 가진 지도자는 더 이상 속임수를 직접 사용할 필요가 없다고 언급될 뿐, 추종자를 속여서는 안 된다는 언급은 없다.

④ 사람들의 믿음에 대한 욕구에 호소하는 것은 어렵고도 필수적인 일이다. → 오히려 꽤 간단하다고 언급되므로 적절하지 않다.

해석 많은 추종자를 갖는 것은 기만에 대한 온갖 가능성을 열어 준다. 당신의 추종자들은 당신을 숭배하고 옹호할 뿐만 아니라, 다른 사람들을 꼬드겨 당신의 신생 사이비 집단에 합류하게 하는 일도 열심히 떠맡을 것이다. 이러한 종류의 권력은 당신을 다른 차원으로 끌어올려, 당신이 더 이상 당신의 뜻을 (남들에게) 강요하고자 분투하거나 속임수를 쓸 필요가 없게 한다. 당신은 숭배받고 있으며 잘못을 할 수가 없다(완전무결하게 여겨진다). 그러한 추종자를 만드는 것이 거대한 과업처럼 보일 수 있지만, 실은 꽤 간단하다. 인간으로서 우리는 어떤 것이든 무언가를 믿고자 하는 절실한 욕구를 지니고 있다. 이는 우리를 매우 잘 속게 만드는데, 우리는 그저 오랜 의심이나 믿을 것이 없는 공허함을 견딜 수 없기 때문이다. 어떤 새로운 대의명분, 일확천금을 노리는 계획, 또는 기술이나 예술의 최신 동향을 우리에게 내보여 봐라. 그러면 우리는 하나같이 미끼를 물기 위해 물 밖으로 뛰어오른다.

어휘 deception 속임, 기만 worship 숭배하다 defend 지키다, 옹호하다 eagerly 열심히, 간절히 take on ~을 맡다 entice 꾀다, 유도하다 fledgling 갓난, 신생 cult 추종, 사이비 집단 enforce 강요하다 will (바라는) 뜻, 의지 adore 흠모하다, 숭배하다 enormous 거대한 desperate 필사적인 gullible 잘 속는 endure 견디다 prolonged 오래 계속되는, 장기적인 doubt 의심 emptiness 공허(감) dangle A in front of B B에게 A를 내보이다 cause 대의명분 get-rich-quick 일확천금의 scheme 계획, 책략 leap 뛰어오르다 bait 미끼 succeed 성공하다 cultivate 양성하다 devoted 헌신적인 appeal 호소하다 challenging 어려운 essential 필수적인

08

정답 ④

해설 이 글은 한 회사의 주식을 보유하고 있는 보통 주주의 여러 권리들에 대해 기술하고 있다. 배당금은 회사의 이사회가 특정 시기에 지급을 선언했을 때만 받을 수 있는 점이 언급되며, 빈칸 문장에 though가 나오고 있다. 이후 보통 주주는 회사 해산 시 채권 소유자와 우선 주주 다음 세 번째 순위로 회사의 남은 자산을 가져갈 수 있다는 예시를 통해, 배당금이 언제나 보장되는 것은 아님을 알 수 있으므로, 빈칸에 들어갈 말로 가장 적절한 것은 ④ '보장되는'이다.

① 과세할 수 있는 → 배당금에 대한 과세 가능 여부에 관한 내용은 언급된 바 없다.

② 줄어드는 → 배당금이 축소되지 않는다는 것은 배당금이 보장된다는 의미이므로, 글의 내용과 반대된다.

③ 수익성이 있는 → 배당금이 보장성 없다는 것이 이익이 되지 않는다는 의미는 아니므로 적절하지 않다.

해석 회사의 부분적인 소유자로서, 보통 주주는 주식을 소유하고 있는 한, 회사의 수익성에 참여할 권리가 있다. 이익의 배분은 주주가 소유한 주식의 수를 기준으로 하며, 이러한 이익은 시간이 지남에 따라 주주에게 상당할 수도 있다. 주주들은 회사가 창출하는 이익에 대한 몫 외에 배당금 지급을 통한 소득 배분에 대한 권리도 가지고 있다. 회사의 이사회가 특정 시기에 배당을 선언하면 보통 주주는 그것(배당금)을 받기 위해 줄을 선다. 하지만 배당금이 보장되는 것은 아니다. 예를 들어 회사가 해산되면, 보통 주주는 채권 소유자와 우선 주주가 (자신들의 몫을) 지급받은 후에야 회사의 남은 자산과 소득에 대한 권리를 가진다.

어휘 partial 부분적인 owner 소유자 common shareholder 보통 주주 profitability 수익성 share 주식, 몫 division 분배 be based on ~을 기준으로 하다 substantial 상당한 generate 만들어 내다 income 소득 distribution 분배 board of directors 이사회 declare 선언하다 dissolve 해산하다 remaining 남은 asset 자산 bondholder 채권 소유자 preferred shareholder 우선 주주

09

정답 ②

해설 탐구를 통해 과학을 배우는 것은 오늘날 교육에서 주요한 원칙으로, "instead of what?"이라고 물을 수 있다는 내용의 주어진 글 다음에는 Well, instead of ~로 그에 대한 답을 제시하는 (B)가 와야 한다. 그다음에는 학생들에게 모든 과학 원칙을 직접 발견하길 기대할 수 없다는 내용인 (B)의 마지막 문장에 이어, our students를 them으로 지칭하여 however와 함께 그들이 발견 및 검증 과정을 이해하길 기대한다는 것을 기술하는 (A)가 와야 한다. 마지막으로 일상적인 일들이 과학과 연결되어 있다는 (A)의 마지막 문장에 이어 그 예시들을 제시하는 (C)가 오는 것이 자연스럽다. 따라서 글의 순서로 가장 적절한 것은 ② '(B) - (A) - (C)'이다.

해석 탐구를 통해 과학을 배우는 것은 오늘날 교육에서 주요한 원칙이다. 당신이 "무엇 대신에?"라고 묻는 것도 당연한 일이다. (B) 글쎄, 과학을 정적이거나 불변하는 일련의 사실, 생각, 원칙으로, 이 생각과 원칙들이 어떻게 발달했는지엔 아무런 관심도 기울이지 않고 배우는 것 대신이다. 분명, 우리는 학생들이 현재의 모든 과학적 모델과 개념을 발견하기를 기대할 수는 없다. (A) 하지만 우리는 분명 그들이 원칙들이 얻어지고 검증되는 과정을 이해하기를 기대한다. 우리는 또한 그들이 과학은 그저 교실에서 일어나는 것 그 이상을 포함한다는 것을, 즉 그들 삶에서 일어나는 일상적인 일들이 과학과 연결되어 있다는 것을 알기 원한다. (C) 마찰의 영향을 탐구하거나, 구부러진 정원 그네를 수리하려고 노력하거나, 닫힌 단지 안에서 씨앗이 어떻게 자랄 수 있는지 궁금해하는 것은 사고의 한 방식이자 우리 세계에 관한 새로운 이해를 구축하는 방법으로서 과학과 연결된 일상적인 삶의 예시 중 일부에 불과하다.

어휘 inquiry 탐구 primary 주요한 might well (~하는 것도) 당연하다, 당연한 일이다 appreciate 이해하다 attain 획득하다 verify 검증하다 static 정적인 implication 영향 friction 마찰 crooked 구부러진, 비뚤어진 swing 그네

10

정답 ②

해설 현대의 그라피티와 고대의 동굴 벽화 사이의 유사성을 설명하는 글이다. 따라서 글의 흐름상 어색한 문장은 고대의 동굴 벽화에는 현대의 그라피티와는 다른 동기가 작용했다는 내용의 ②이다.

해석 그라피티는 새로운 시장 범주이다. 그러나 그 이면의 욕구는 적어도 6만 년 동안 존재해 왔다. 인간은 벽에 그림 그리는 것을 정말 좋아한다. 빙하 시대에 사람들은 붉은 윤곽을 만들기 위해 동굴 벽에 손을 누르고 (그 위에) 황토색 안료를 뱉었다. (그러나 그 당시에는 다른 종류의 동기가 작용했다.) 거의 같은 기술이 오늘날 거리 예술가들이 빠른 이미지를 남기기 위해 미리 잘라 놓은 스텐실 위에 페인트를 뿌릴 때 사용된다. 빙하기의 예술을 그라피티로 부르는 것이 이상하게 보일 수 있지만, 20세기에 그 (벽화의) 실제 연대가 밝혀지기 전에는 사람들은 종종 매머드와 같은 벽화를 단순한 그라피티로 간주했다. 그리고 오늘날의 그라피티처럼 누가 동굴 벽화를 그렸는지 혹은 왜 그렸는지 증명할 서면 증거가 없다.

어휘 novel 새로운, 참신한 urge 욕구, 충동 spit 뱉다 ocher 황토, 황토색 pigment 색소, 안료 pre-cut 미리 잘려져 있는 odd 이상한

회차 07 하프 모의고사

| 01 | ③ | 02 | ② | 03 | ① | 04 | ③ | 05 | ③ |
| 06 | ④ | 07 | ④ | 08 | ② | 09 | ③ | 10 | ② |

01

정답 ③

해설 자신 있게 영원히 떠날 수 있는 집이라는 내용으로 보아, 심지어 주인의 부재에도 원활하게 운영될 수 있는 집이라고 유추할 수 있다. 따라서 빈칸에 들어갈 말로 가장 적절한 것은 ③ 'absence(부재)'이다.
① 돌봄 ② 관리, 통제 ④ 출석, 참석

해석 하드리아누스 황제는 로마를 주인의 부재에도 원활하게 운영될 수 있는 집, 즉 자신 있게 영원히 떠날 수 있는 집처럼 조직했다.

어휘 emperor 황제 organize 조직하다 smoothly 원활하게 master 주인 confidently 자신 있게 leave sth behind ~을 영원히 떠나다

02

정답 ②

해설 'cannot help RVing'와 'cannot help but RV' 둘 다 '~하지 않을 수 없다'라는 뜻의 관용 표현이다. cannot help 뒤에는 RVing가, cannot help but 뒤에는 원형부정사가 와야 하는데, 빈칸 뒤에 목적어인 captivating puzzles가 있으므로 능동형으로 쓰여야 한다. 참고로 접속사 없이 3인칭 단수형 동사 solves는 올 수 없고, to be solved는 수동형이라서 적절하지 않다. 따라서 빈칸에 들어갈 말로 가장 적절한 것은 ② 'solving'이다.

해석 스릴 넘치는 방 탈출 탐험을 하는 동안, 모험을 열망하는 사람이라면 누구나 매혹적인 퍼즐을 풀어 단서를 발견하고 궁극적으로 잠긴 방에서 빠져나갈 길을 찾지 않을 수가 없다.

어휘 thrilling 스릴 넘치는 quest 탐험, 탐구 eager 열망하는 captivating 매혹적인 uncover 알아내다, 발견하다 hint 단서 ultimately 궁극적으로

03

정답 ①

해설 (did → was) 맥락상 원급 비교 표현 as ~ as에서 뒤의 as가 이끄는 절의 주어 it은 The rediscovery of lost cities를 대신하고, 대동사 did는 was를 대신해야 한다. 주어가 단수이므로 이에 수일치하여 was로 쓰여야 한다.
② 관계대명사 who가 명사구 adventurers of the 20th century를 선행사로 받아 주어가 없는 불완전한 절을 이끌고 있는 것은 적절하다. 참고로 맥락상 '목숨을 거는' 것은 사람 명사인 adventurers이므로 who가 쓰였다.
③ 2형식 동사인 seem이 형용사 unreachable을 보어로 취하고 있는 것은 적절하다.
④ await는 전치사 없이 목적어를 바로 취하는 완전타동사로 적절하게 쓰였다.

해석 마추픽추와 같은 잃어버린 도시의 재발견은 고대 유적을 발견하기 위해 종종 목숨을 걸었던 20세기 모험가들에게 그랬던 것만큼이나 고고학자들에게도 흥미진진한 일이었으며, 이러한 유적지 중 상당수는 외진 위치 탓에 거의 도달할 수 없는 것처럼 보이지만 울창한 숲과 사막 아래에는 여전히 수많은 고대 유적이 발견되기를 기다리고 있다.

어휘 rediscovery 재발견 archaeologist 고고학자 adventurer 모험가 risk 위태롭게 하다[걸다] unearth 발견하다, 발굴하다 ruins 유적, 폐허 unreachable 도달할 수 없는 countless 무수한, 셀 수 없이 많은 dense 밀집한, (잎이) 울창한, 무성한

04

정답 ③

해설 버스를 잘못 탄 A에게 B는 가장 가까운 지하철역에서 내려야 한다고 하였다. 이후 빈칸에 해당하는 A의 물음에 B가 노량진역이라고 답하였으므로, A는 그 가까운 지하철역이 어디인지 물어보았을 것으로 유추할 수 있다. 따라서 빈칸에 들어갈 말로 가장 적절한 것은 ③ '거기가 어딘지 아시나요'이다.
① 지하철이 더 빠를까요
② 택시는 얼마나 걸릴까요
④ 어디서 내리시나요

해석 A: 실례합니다, 이 버스 서울역에 가나요?
B: 아니요, 버스를 잘못 타신 것 같아요.
A: 아, 이런! 거기까지 어떻게 가는지 혹시 아시나요?
B: 가장 가까운 지하철역에 내리셔서 지하철을 대신 타셔야 해요.
A: 거기가 어딘지 아시나요?
B: 노량진역이요. 10분 정도 걸릴 거예요.
A: 도와주셔서 정말 감사합니다.

어휘 clue 실마리, 단서 get off 내리다

05

정답 ③

해설 한 회사가 공원에서 진행하는 콘서트를 위해 필요한 장비의 대여를 한 시 정부 부서에 요청하는 내용의 글이다. 따라서 글의 목적으로 가장 적절한 것은 ③ '행사 진행에 필요한 장비 대여를 요청하려고'이다.
① 공연 장소 대여 가능 여부를 확인하려고 → 이미 5월 25일 토요일, 디어 공원에서 콘서트를 개최할 예정이라고 언급하였다.
② 공공 장비 사용 규정에 대해 문의하려고 → 장비 사용 규정에 대한 단순 문의가 아니라, 장비 대여 자체가 목적인 글이다.
④ 행사 진행 시 회사 장비 사용 허가를 받으려고 → 시 자체 장비 사용만 가능하고 회사 소유 장비는 사용할 수 없다고 언급될 뿐, 사용 허가를 물어보고 있지는 않다.

06

정답 ④

해설 콘서트 준비를 위해 시 정부의 장비 대여가 필수적인 상황에서, 필요한 물품 목록을 작성하여 첨부하였고 목록에 기입한 물품 전체를 얻을 수 있는지와 대여료를 묻고 있다. 맥락상 complete는 '전체(의)'라는 뜻으로 쓰였으므로, 이와 의미가 가장 가까운 것은 ④ 'comprehensive(종합적인)'이다.
① 최대의 ② 개별적인 ③ 강제적인, 강렬한

05-06

해석 수신: Claire Hopkins <chopkins@vanguard.gov>
발신: Ed Steele <ed_steele@steeleentertainment.com>
날짜: 4월 15일
제목: 콘서트 준비 관련
첨부 파일: list_May_25

Hopkins 씨께,

저는 스틸 엔터테인먼트 대표 Ed Steele입니다. 5월 25일 토요일에 저희 회사는 디어 공원에서 특별 콘서트를 개최할 예정입니다. 따라서 저희는 시 정부의 귀 부서에서 몇몇 장비를 대여해야 합니다. 그 장비는 기술적인 요구와 관객의 요구 모두에 부응할 것이므로 원활하고 성공적인 행사를 보장하는 데 필수적입니다.

콘서트는 공원 동쪽 구역에 위치한 상설 무대에서 열릴 예정입니다. 저희는 관객들이 사용할 수 있도록 접이식 의자를 배치하고 싶습니다. 조명 장비도 일부 필요합니다. 저는 공식 행사에는 시에서 시의 자체 장비만 공원에서 사용할 수 있도록 허용한다고 전달받았습니다. 저희 회사에서 소유하고 있는 어떤 것도 사용할 수가 없어 아쉽습니다.

참고를 위해 필요한 물품의 전체 목록을 첨부했습니다. 목록에 있는 모든 것을 구할 수 있는지, 그리고 대여료는 얼마인지 알려주세요. 빠른 답변 주시면 대단히 감사하겠으며, 그렇게 해주시면 저희가 지체 없이 추가 준비를 진행할 수 있습니다.

안부를 전하며,
Ed Steele 드림
스틸 엔터테인먼트 대표

어휘 arrangement 준비 attachment (이메일의) 첨부 파일 host 개최하다 rent 대여하다, 빌리다 equipment 장비 department 부서 essential 필수적인 ensure 보장하다 smooth 원활한 accommodate 부응하다, 수용하다 audience 관객 permanent 상설의, 불변의 set up 설치[배치]하다 folding 접을 수 있는 lighting 조명 utilize 이용하다 own 소유하다 for one's reference 참고를 위하여 attach 첨부하다, 붙이다 obtainable 얻을[구할] 수 있는 prompt 신속한, 빠른 proceed 진행하다

07

정답 ④

해설 마지막 문장에서 주민들에게 안전 대책 관련 더 많은 제안 사항을 시의회에 전달해 달라고 언급되므로, 글의 내용과 일치하는 것은 ④ '시의회는 주민들에게 더 많은 안전 제안 사항을 공유할 것을 요청한다.'이다.
① 일부 시의회 의원들은 안전 개선 계획을 거부했다. → 첫 문장에서 안전 개선 관련 다양한 조치가 만장일치로 의결되었다고 언급되므로 옳지 않다.
② 시는 야간 안전 강화를 위해 도로 카메라를 추가할 것이다. → 2, 3번째 문장에서 야간 보행을 더 안전하게 만들 조치로 도로 카메라가 아닌 가로등을 추가할 것이라고 언급되므로 옳지 않다.
③ 방범대는 의심스러운 개인에게 접근하라는 요청을 받는다. → 마지막 2번째 문장에서 방범대는 개인에게 직접 접근하지 말고 의심스러운 활동을 지역 당국에 신고하라고 언급되므로 옳지 않다.

해석 시의회의 새로운 안전 대책

마을의 증가하는 범죄율에 대한 지역 주민들의 불만에 대응하여, 시의회는 안전을 개선하기 위해 다양한 조치를 취하기로 만장일치로 의결했습니다. 먼저, 가로등이 없는 지역을 중점적으로 더 많은 가로등이 추가될 것입니다. 조명이 늘어나면 야간 보행이 더 안전해질 것입니다. 또한, 더 많은 경찰관을 고용하고, 주거 지역에서의 순찰 횟수를 늘릴 것입니다. 마지막으로, 지역 주민들로 구성된 방범대가 조직될 것입니다. 방범대는 자신이 거주하는 동네의 순찰을 돌며, 개인에게 직접 접근하기보다는 의심스러운 활동을 지역 당국에 신고하도록 훈련받게 됩니다. 주민들은 가능한 안전 대책에 대해 더 많은 제안 사항을 시의회에 전달하도록 권고됩니다.

어휘 complaint 불만 unanimously 만장일치로 take measures 조치를 취하다 hire 고용하다 patrol 순찰; 순찰을 돌다 residential 주거의 consist of ~으로 구성되다 suspicious 의심스러운 local authority 지역 당국 approach 접근하다

08

정답 ②

해설 이 글은 우리가 먹는 음식과 향정신성 의약품 중 다수가 식물에서 나온다는 사실을 통해 식물로부터 섭취하는 화학 물질들이 우리의 신경 전달 물질과 매우 비슷하다고 말하고 있다. 따라서 글의 주제로 가장 적절한 것은 ② '식물의 화학 물질과 인간의 신경 전달 물질 간의 유사성'이다.
① 신경 전달 물질의 흐름을 방해하는 식품 속 성분들 → 식품 속 성분들이 우리의 신경 전달 물질과 유사하거나 그 기능과 상호 작용할 수 있는 점을 설명하는 글이므로 적절하지 않다.
③ 뇌의 뉴런들 사이의 비정상적인 상호 작용의 원인들 → 비정상적인 상호 작용에 대해선 언급되지 않았다.
④ 인간의 신체적, 심리적 발달에 대한 음식의 중요성 → 인간의 발달에 있어서 음식이 얼마나 큰 영향을 미치는지 서술하는 글이 아니다.

해석 우리가 먹는 음식과 가장 대중적인 향정신성 의약품 중 다수가 흔히 식물에서 나온다. 이 사실을 통해 과학자들은 이러한 식물에 있는 화학 물질이 우리의 뇌와 신체가 정상적으로 기능하기 위해 사용하는 신경 전달 물질과 매우 비슷하다는 것을 깨닫게 되었다. 이것이 우리 식단의 내용물이 우리의 뉴런과 상호 작용하여 뇌 기능에 영향을 줄 수 있는 이유이며, 그것은 한 가지 매우 중요한 원칙을 강조한다. 즉, 어떤 식으로든 그 물질이 실제 신경 전달 물질과 유사한 경우나 신경 전달 물질의 생성, 방출, 또는 비활성화에 영향을 주는, 당신의 뇌에서의 필수적인 생화학적 과정과 상호 작용할 수 있는 경우에만 당신이 섭취하는 음식이나 약물이 당신의 뇌에 작용하리라는 것이다. 우리가 식물이나 그것의 추출물로부터 섭취하는 활성 화학 물질들은 흔히 뇌에서 사용되는 것과 매우 유사한, 약간만 변형된 아미노산이다.

어휘 neurotransmitter 신경 전달 물질 diet 식단 neuron 뉴런, 신경 세포 highlight 강조하다 principle 원칙 resemble 닮다 biochemical 생화학적인 release 방출 inactivation 비활성화 extract 추출물 modify 변형하다 amino acid 아미노산 ingredient 성분 hinder 방해하다 abnormal 비정상적인

09

정답 ③

해설 한두 사람의 증언으로는 신뢰하기 어렵지만 세 사람만 모여도 그들의 주장이 사실로 받아들여질 수 있다는 고사를 통해, 다수의 지지나 인기에 의존하는 주장과 논증의 오류를 비판하는 글이다. 빈칸 앞뒤 문맥을 보면, 다수가 항상 옳지는 않으며, 단지 많은 사람이 믿는다는 이유만으로 어떤 주장에 설득당하는 것은 타당하지 않다고 강조하고 있다. 따라서 빈칸에 들어갈 말로 가장 적절한 것은 ③ '많은 사람이 어떤 것을 사실이라고 믿는다'이다.
① 소수의 신념이 항상 더 설득력 있다 → 다수가 항상 옳은 것은 아니라는 점을 강조할 뿐, 소수의 믿음이 항상 더 설득력 있다는 내용은 언급되지 않았다.
② 군중의 의견은 흔히 오해의 소지가 있다 → 군중의 의견이 흔히 오해의 소지가 있다는 내용은 글의 논지를 보강하는 듯하지만, 군중의 의견이 옳지만은 않다는 점은 오히려 그 의견에 동의하지 않을 타당한 이유를 제시하므로 적절하지 않다.
④ 대중의 주장은 논리적 추론에 의해 뒷받침된다 → 이 글은 다수의 지지가 어떤 주장이나 믿음의 타당성을 보장하지 않는다고 명시적으로 비판하고 있으므로, 대중의 주장이 논리적 추론에 의해 뒷받침된다는 가정은 글의 논지와 반대된다.

해석 "사람이 셋이면 호랑이도 만들어 낸다"는 어느 왕의 이야기에서 유래된 고대 중국 속담으로, 이 왕은 질문을 받았을 때 한 사람의 증언만을 근거로 해서는 호랑이가 시장에 있다는 말을 믿지 않을 것이고, 심지어 두 사람이 호랑이를 목격했다고 증언하더라도 의심할 것이라고 인정했다. 왕은 인정하기로, 세 번째 사람의 증언을 더하면 그를 설득하기에 충분할 것이었다. 이 이야기는 '군중에의 호소' 또는 '밴드왜건 오류'라고 다양하게 알려진 중요하고도 매혹적인 유형의 오류를 보여 준다. 이 오류를 범하는 주장은 어떠한 믿음이 널리 수용된다는 사실에 호소하며, 그 믿음이 옳다는(혹은 아마도 옳을 것이라는) 증거로 그것의 인기를 든다. 문제는 다수가 항상 옳은 것은 아니라는 것이다. 많은 사람이 어떤 것을 사실이라고 믿는다는 사실이 항상 같은 것에 동의할 타당한 이유는 아니다.

어휘 ancient 고대의 proverb 속담 derive ~의 유래를 찾다 testimony 증언 suspicious 의심스러워하는 testify 증언하다 witness 목격하다 concede 인정하다, 수긍하다 sufficient 충분한 convince 설득하다 illustrate (분명히) 보여 주다 seductive 매혹적인 fallacy 오류 appeal 호소; 호소하다 mass 군중, 다수 bandwagon 밴드왜건, 우세한 쪽 commit (그릇된 일·범죄를) 저지르다[범하다] majority 다수 assent 찬성하다 minority 소수; 소수의 compelling 설득력 있는 misleading 오해의 소지가 있는 the case 사실 reasoning 추론

10

정답 ②

해설 농업의 산업화는 농부들의 수확량을 증가시키는 데 도움이 되었지만, 그로 인해 생겨난 화합물이 환경과 인간에게 부작용을 일으켰다는 내용의 글이다. However로 시작하는 주어진 문장은 그것들이 환경에 해롭고 인간이 섭취하기에 건강하지 않다고 했으므로, 주어진 문장 앞에는 그것들의 긍정적인 측면이 나와야 함을 유추할 수 있다. 문맥상 주어진 문장의 they는 ② 앞 문장에 나온 These fertilizers and pesticides를 지칭하고, 저렴하고 효과적이라는 장점이 그 문장에 나오고 있으므로 주어진 문장이 들어갈 위치로 가장 적절한 것은 ②이다.

해석 농업의 산업화는 농부들의 수확량을 엄청나게 증가시키는 데 도움이 되는 다양한 기술의 개발을 가져왔다. 화합물은 토양을 비옥하게 하고 곤충과 다른 해충으로부터 농작물을 보호한다. 이러한 비료와 농약은 저렴하고 효과적이다. 하지만, 그것들은 환경에 상당히 해로울 수 있고, 인간이 섭취하기에 건강하지 않을 수도 있다. 농장의 유출수가 상수도로 유입되면서 물고기와 다른 해양생물들이 병에 걸리게 하고 생태계를 교란한다. 인간은 이러한 화학물질로 처리된 음식을 취급하거나 먹는 것에서 심각한 문제가 생기는 것으로 알려져 있다. 예를 들어, 농약 사용은 농장 노동자들 사이에서 태어난 아기들의 선천적 결함과 관련이 있다.

어휘 harmful 해로운 ingest 섭취하다 industrialization 산업화 a multitude of 다수의 yield 수확량 immensely 엄청나게 chemical compound 화합물 fertilize 비옥하게 하다 crop 농작물 pest 해충 pesticide 농약, 살충제 runoff (땅 위를) 흐르는 물 water supply 상수도 disrupt 교란하다, 방해하다 defect 결함

회차 08 하프 모의고사

| 01 | ② | 02 | ① | 03 | ③ | 04 | ② | 05 | ④ |
| 06 | ③ | 07 | ④ | 08 | ② | 09 | ④ | 10 | ③ |

01

정답 ②

해설 단순한 일상적인 순간에도 즐거움이 있다는 내용으로 보아, 겉보기에 평범한 시간을 즐기는 것은 그 가치가 있음을 유추할 수 있다. 따라서 빈칸에 들어갈 말로 가장 적절한 것은 ② 'ordinary(평범한)'이다.
① 피로한 ③ 붐비는, 혼잡한 ④ 예외적인, 아주 뛰어난

해석 즐거움은 따뜻한 커피 한 잔이나 공원을 걷는 것처럼 일상적인 단순한 순간에도 있으며, 겉보기에는 평범한 이러한 시간을 즐기는 것은 가치 있다.

어휘 pleasure 즐거움, 기쁨 lie in ~에 있다 worthwhile 가치 있는 seemingly 겉보기에는

02

정답 ①

해설 but 뒤에 이어지는 내용에서 그녀가 파리에 남아서 구호 활동에 참여했다는 것으로 보아, 더 안전한 국가로 달아나지 않기로 선택했다고 유추할 수 있다. 따라서 빈칸에 들어갈 말로 가장 적절한 것은 ① 'flee(달아나다)'이다.
② 기부하다 ③ 따르다 ④ 통근하다

해석 제1차 세계대전이 발발했을 때 그녀는 더 안전한 나라로 달아나지 않기로 선택하고 대신 파리에 머물며 열정적으로 구호 활동에 참여했다.

어휘 break out 발발[발생]하다 passionately 열정적으로 engage in ~에 참여하다 relief work 구호 활동

03

정답 ③

해설 (that → what) 명사절 접속사 that 뒤에는 완전한 절이 와야 하는데 여기서는 타동사 like의 목적어가 없으므로 의문사 또는 관계대명사 what으로 고쳐야 한다.
① consider는 5형식 동사로 쓰여 'consider + O + (as) + 형/명'의 구조를 취할 수 있는데, 수동태로 전환하면 'be considered + (as) + 형/명' 형태가 된다. 따라서 뒤에 남게 된 형용사 important의 원급 비교 just as important as는 적절하게 쓰였다.
② 콤마(,) 앞의 절과 뒤의 절을 연결하는 접속사가 필요한 문장이므로, 접속사 역할을 하면서 전치사 of의 목적어 역할을 동시에 하는 관계대명사 which는 적절하게 쓰였다.
④ 'discourage O from RVing'는 'O가 ~하지 못하게 막다'라는 뜻의 구문이다. 목적어인 light waste가 '발생되는' 것이므로 수동의 동명사 being produced의 쓰임은 적절하다.

해석 간과되고 있는 도시 조명 문제를 해결하기 위해 빛 공해를 통제하는 것은 미래 세대를 위해 자연의 밤하늘을 보호하기 때문에 종종 대기 오염을 줄이는 것만큼이나 중요하다고 여겨진다. (규정의) 일부가 실외 조명을 차폐하도록 요구하는 규정들은 도시 지역의 과도한 눈부심을 최소화한다. 아마 환경 보호 활동가들이 이 법에서 가장 좋아하는 점은 그것들이 자연적인 어둠이 중요한 지역에서 비효율적인 설치물로 인한 빛 낭비가 발생되는 것을 막는 방식일 것이다.

어휘 address 해결하다 overlook 간과하다 urban 도시의 pollution 공해, 오염 generation 세대 regulation 규정 shield 숨기다, 보호하다 minimize 최소화하다, 축소하다 excessive 과도한 glare 환한 빛[눈부심] conservationist 환경 보호 활동가 inefficient 비효율적인 fixture 설치물, 정착물 produce 발생시키다, 만들어 내다 crucial 중요한

04

정답 ②

해설 주방 수리에 필요한 물품 주문을 위해 예산 위원회의 승인을 기다리는 상황이다. 빈칸 뒤에서 Johnson이 다시 상기시켜 주는 이메일을 보내겠다고 말했으므로, 빈칸에는 다시 연락을 해보라는 내용이 와야 자연스럽다. 따라서 빈칸에 들어갈 말로 가장 적절한 것은 ② '그들에게 다시 연락을 취해보는 게 좋겠어요.'이다.
① 그들이 반려한다면 대안이 있나요?
③ 물품 예산이 충분한가요?
④ 다른 공급업체를 찾아봐요.

해석 Ethan Wright: 주방 수리에 필요한 물품들을 주문했나요?
Lily Johnson: 아직이요, 예산 위원회의 승인을 기다리고 있어요.
Ethan Wright: 그들에게 다시 연락을 취해보는 게 좋겠어요.
Lily Johnson: 제가 그들에게 다시 이메일을 보내 상기시킬게요.
Ethan Wright: 좋아요, 그 물품들이 정말 빨리 필요하거든요.

어휘 supplies 물품 renovation 수리 approval 승인 budget 예산 committee 위원회 reminder 상기시키는 것 backup plan 대안 reach out (to) (~에게) 연락을 취하다 look for ~을 찾다 supplier 공급업체

05

정답 ④

해설 신규 게임의 선공개 체험, 할인 쿠폰과 업계 전문가와의 교류 기회를 제공하는 게임 행사를 홍보하는 내용의 글이다. 따라서 글의 제목으로 가장 적절한 것은 ④ '모든 게임 팬들을 위한 신나는 소식'이다.
① 프로 게이머들에게 도전할 좋은 기회 → 게임 축제 특별 혜택 중 하나로 게임 산업 종사자를 만날 기회가 있다고 언급되었을 뿐, 프로 게이머들에게 도전하는 행사가 아니다.
② 궁극의 VR 게임 축제에 접속하세요 → 게임 축제 참여를 유도하고 있으나, VR 게임을 주제로 한 것은 아니다.
③ 비즈니스의 성공을 위한 판도를 뒤집는 전략

06

정답 ③

해설 글의 중반부에서 할인 쿠폰은 행사 첫날부터 1년 동안 유효하다고 언급되므로, 글의 내용과 일치하지 않는 것은 ③ '할인 쿠폰은 행사 기간 내에 사용해야 한다.'이다.
① 한 주에 걸쳐 진행되는 행사이다. → 글의 초반부에서 언급된 내용이다.
② 발매 전 제품을 체험할 기회가 주어진다. → 글의 중반부에서 언급된 내용이다.
④ 업계 전문가들과 질의응답을 할 시간이 마련돼 있다. → 글의 후반부에서 언급된 내용이다.

05-06

해석

모든 게임 팬들을 위한 신나는 소식

올해 저희 시에서 주최하는 화려한 행사인 다가오는 에이스타 게임 축제를 준비하세요. 상호작용적 엔터테인먼트와 독점적 특전의 세계에 빠져 보세요!

<세부 사항>
- 날짜: 6월 24일 월요일 - 6월 30일 일요일
- 시간: 오전 9:00 - 오후 5:00
- 장소: 샌디에이고 상공업 진흥 센터 메인 전시장

<특별 혜택>
- 신규 출시 (게임) 선공개 체험
  축제 내내 제공되는 게임 체험판을 통해 아직 출시되지 않은 획기적인 게임을 가장 먼저 체험해 보세요.
- 풍성한 할인 쿠폰
  축제 개막일부터 시작하여 1년 동안 (축제) 참가업체가 온라인으로 출시한 모든 게임에 유효한 20% 할인 쿠폰을 받아보세요.
- 업계 전문가들 및 개발자들과 만나세요
  전문가들에게 직접 통찰력을 얻으세요! 개발자들과 게임 업계 리더들과 함께하는 라이브 패널 및 질의응답 세션에 참석하세요.

자세한 내용은, 이메일 commercial@sandiego.gov를 통해 저희에게 연락을 주시거나 1-534-758-3246으로 전화 주세요.

어휘 upcoming 다가오는 spectacular 화려한 host 개최하다 immerse in ~에 몰두하게 하다 interactive 상호작용의 exclusive 독점적인, 배타적인 commercial 상업의 industrial 산업의 release 출시; 출시하다 groundbreaking 획기적인 trial 시용 abundance 풍부 grab 잡다 valid 유효한 insight 통찰력 panel 패널, 토론자단 plug into ~에 접속하다 ultimate 궁극의 game-changing 판도를 뒤집는 enthusiast ~의 팬, 열광자

07

정답 ④

해설 조명은 조각품의 형태와 세부 묘사를 드러내는 데 중요한 역할을 하며, 조각품이 전시될 때 조명 조건이 작품 제작 당시와 다르면 조각가가 의도한 효과가 약해지거나 사라질 수 있다는 내용의 글이다. 따라서 글의 요지로 가장 적절한 것은 ④ '전시에 사용되는 조명은 조각품의 의도된 효과를 보존해야 한다.'이다.

① 설치 미술에서 조명을 사용하는 경향이 증가하고 있다. → 설치 미술이나 조명 사용의 증가 추세는 언급된 바 없다.
② 외광은 종종 조각품의 의미를 왜곡한다. → 조각품의 의미를 왜곡시키는 외광의 문제점을 지적하기보다는 조각품 전시에 있어 예술가의 의도를 잘 드러낼 수 있는 조명의 활용이 중요하다는 내용이다.
③ 더 강한 조명이 그림과 조각 모두 똑같이 개선시킨다. → 조명이 그림과 조각에 동일하게 작용하지 않으며, 특히 조각은 조명 변화에 따라 그 특성이 달라질 수 있다고 언급되므로 적절하지 않다.

해석 조각품을 제작하는 동안, 예술가는 형상의 의도된 형태와 세부 묘사를 끌어내기 위해 적절한 조명에 크게 의존하는데, 왜냐하면 최종 작품의 질은 빛과 음영 간의 세심한 상호 작용에 달려 있기 때문이다. 그래서 완성된 작품이 전시될 때에는 조명에 큰 주의를 기울여야 한다. 광원으로부터의 빛이 작품이 제작되었을 때보다 약하거나 강하면, 조각가가 의도한 효과가 약해지거나 심지어 상실될 수도 있다. 그림의 경우, 명암이 그 작품이 전시되는 외광에 의해 바뀔 수 없는 형상과 견고함을 그 이미지에게 부여한다. 그러나 조각품이 전시될 때, 예술가의 작품은 빛에 의해서 활기를 띠게 되며, 그것의 성격은 광원을 제어함으로써 바꿀 수 있다.

어휘 statue 조각상 rely on ~에 의존하다 appropriate 적절한 bring out 끌어내다, 발휘되게 하다 depend on ~에 따라 달라지다 interplay 상호 작용 lighting 조명 sculptor 조각가 diminish 줄이다, 약화시키다 solidity 견고함 alter 바꾸다 external 외부의 exhibit 전시하다 bring sth to life ~을 활기 띠게 하다 installation 설치 distort 왜곡하다 equally 똑같이, 동등하게 preserve 보존하다

08

정답 ②

해설 어릴 때 어미와 새끼 사이의 관계가 행동 발달의 거의 모든 것을 결정할 만큼 중요하다는 내용의 글이다. 이에 대한 실험 사례로, 태어나자마자 어미로부터 분리되었던 붉은털원숭이의 경우 사회성, 성적 행동, 부모로서의 행동 등 여러 측면에 있어서 비정상적인 발달을 나타냈다. 빈칸 문장은 이렇듯 초기에 어미로부터 '분리'되는 것이 유아에게 심각한 영향을 미칠 수 있음을 언급해야 한다. 따라서 빈칸에 들어갈 말로 가장 적절한 것은 ② '분리'이다.

① 폭력
③ 속임수
④ 영양실조

→ ①③④ 특히 태어나고 얼마 안 지나서 어미로부터 '분리'되는 것이 유아의 행동 발달에 심각한 악영향을 끼친다는 내용의 글이므로 이 '분리'와 관계없는 선지는 적절하지 않다.

해석 놀랄 것도 없이, 부모로서의 행동이 가장 풍부하게 발달하는 것은 바로 장수하며 사회성이 높은 동물들이다. 우리의 가장 가까운 친척인 영장류는 부모와 자식 사이에 가장 오랫동안의, 그리고 가장 가까운 관계를 가지고 있으며, 그것은 유인원의 경우 우리(인간)와 마찬가지로 6~7년 혹은 그 이상 지속된다. 영장류 어미와 그 새끼 사이의 관계는 행동 발달의 거의 모든 측면에서 절대적으로 중요하다. 분리는 특히 초기 몇 달에서는, 유아에게 매우 심각한 영향을 미칠 수 있다. Harlow와 그의 집단이 수행한 실험에서, 어린 붉은털원숭이는 태어났을 때 격리되었고 인위적으로 길러졌다. 그들은 비록 충분히 잘 자랐지만, 행동적으로 장애를 입었고, 이후 다른 원숭이들과 함께 있게 되었을 때, 정상적인 사회적 반응의 거의 어떤 것도 보이지 않았다. 특히, 그들은 완전히 부적절한 성적 행동 및 부모로서의 행동을 보여 주었다. 격리된 수컷은 수용적인 암컷에게 정상적으로 반응하지 않았는데, 격리된 암컷이 임신하여 출산했을 때, 그들의 새끼를 완전히 무시했다.

어휘 parental 부모의 relative 친척 primate 영장류 association 관계, 관련(성) offspring 새끼, 자손 great ape 유인원 crucial 중요한 aspect 측면 severe 심각한 infant 유아 experiment 실험 rhesus monkey 붉은털원숭이 isolate 격리시키다; 격리된 것[대상] rear 기르다 artificially 인위적으로 cripple 장애를 입히다 subsequently 이후에 response 반응 inadequate 부적절한 respond to ~에 반응하다 receptive 수용적인 give birth 낳다

09

정답 ④

해설 동기가 직장에서의 성공을 예측하는 가장 좋은 예측 변수라고 주장했던 McClelland의 연구 결과에 관한 글이다. 1960년대와 70년대에는 교육적 성취, 성격, IQ가 고용을 결정하는 변수였다는 내용의 주어진 글 다음에는 이 내용을 (B)의 however로 반전시켜, McClelland는 동기가 직장에서의 성공을 예측하는 가장 좋은 변수임을 제안했다는 내용이 오는 것이 자연스럽다. 그다음으로 (B) 마지막에 그가 발견한 세 가지의 핵심 동기들이 나열되는데, 이것들을 all three motivations로 받아, 모든 사람이 그 세 동기를 다 가지고 있지만 그중 하나가 지배적일 것이라는 내용의 (C)가 와야 한다. 마지막으로 McClelland가 권력이나 통제에 대한 욕구를 가장 중요한 동기로 보았다는 (C)의 마지막 문장에 대해, 이는 그 권력에 대한 욕구가 조직을 위하는 경우에만 해당된다는 설명을 덧붙인 (A)가 오는 것이 자연스럽다. 따라서 글의 순서로 가장 적절한 것은 ④ '(B) - (C) - (A)'이다.

해석 1960년대와 70년대에, 누군가를 고용할지 말지에 대한 결정은 보통 교육적 성취와 성격 및 IQ 테스트의 결과에 기초했다. (B) 그러나 David C. McClelland는 사람들의 동기가 직장에서의 성공에 대한 가장 좋은 예측 변수임을 제안했다. 광범위한 연구를 통해, 그는 그가 업무 성과에 책임이 있다고 믿었던 세 가지 주요 동기, 즉 권력에 대한 욕구, 성취에 대한 욕구, 그리고 소속에 대한 욕구를 발견했다. (C) 모든 사람이 세 가지 동기를 모두 가지고 있지만, 그는 한 가지 동기가 주요할 것이며, 직장에서 한 사람의 성과를 형성할 것이라고 주장했다. McClelland는 권력에 대한 욕구를 좋은 관리자나 지도자를 위한 가장 중요한 동기로 보았다. (A) 그러나 이것은 권력에 대한 욕구가 회사나 조직을 위하는 경우에만 해당한다. 개인적인 권력에 대한 강한 욕구를 가진 사람은 형편없는 팀 플레이어가 될 수도 있다.

어휘 decision 결정 employ 고용하다 educational 교육적인 achievement 성취 personality 성격 on behalf of ~을 위하여 drive 욕구 motivation 동기 predictor 지표, 예측 변수 extensive 광범위한 identify 확인하다, 발견하다 affiliation 소속 maintain 주장하다 primary 주요한, 주된 shape 형성하다

10

정답 ③

해설 비언어적 행동이 감정을 전달하는 데 있어서 중요하다는 내용의 글이다. ③ 앞에서는 사회적 참조를 할 때 아이들이 부모의 표정과 비언어적 측면을 살펴본다고 언급되고 ④ 뒤에서 아이들이 사회적 참조를 하는 또 다른 대상으로서 또래나 낯선 사람들이 언급되며 자연스럽게 문맥이 이어지고 있다. 따라서 글의 흐름상 어색한 문장은 일곱 감정의 보편적인 표정에 대한 증거가 존재한다는 내용의 ③이다.

해석 감정에 대한 연구는 비언어적 행동이 감정이 전달되는 주요 방식이라는 것을 시사한다. 표정, 시선, 목소리 어조, 신체 움직임, 반응의 타이밍과 강도는 모두 감정 메시지의 기본이다. 예를 들어, '사회적 참조'의 과정에서, 아이는 애매한 상황에서 어떻게 느끼고 반응해야 하는지를 결정하기 위해 부모의 신호 중 표정과 다른 비언어적 측면을 살펴본다. (분노, 경멸, 혐오, 공포, 기쁨, 슬픔, 놀라움이란 일곱 가지 감정의 보편적인 표정에 대한 강력한 증거가 있다.) 아이들은 또한 자신의 행동을 형성하기 위해 또래와 낯선 사람들의 표정과 다른 비언어적 단서에 집중하기도 한다. 사회적 참조는 감정의 비언어적 전달이 마음의 상태가 연결되는 매개체가 되는 근본적인 방식을 보여 준다.

어휘 nonverbal 비언어적인 primary 주요한 mode 방식 communicate 전달하다 intensity 강도 response 반응 fundamental 기본적인, 근본적인 social referencing 사회적 참조(어떤 상황에 대한 다른 사람의 해석을 이용하여 자신의 해석을 구성하는 행동) ambiguous 애매한 evidence 증거 universal 보편적인 contempt 경멸 disgust 혐오 cue 단서 medium 매체, 수단

회차 09 하프 모의고사

01	④	02	①	03	②	04	③	05	④
06	②	07	④	08	③	09	④	10	③

01

정답 ④

해설 사람의 신체적 정신적 성숙도가 개인마다 다르다는 내용으로 보아, 그 성숙도가 실제 나이와 반드시 일치하지는 않는다고 유추할 수 있다. 따라서 빈칸에 들어갈 말로 가장 적절한 것은 ④ 'correspond(일치하다)'이다.
① 대처하다 ② 분투하다 ③ 협력하다

해석 누군가가 신체적, 정신적으로 얼마나 성숙한지는 개인마다 다르며 실제 나이와 반드시 일치하지는 않는다.

어휘 mature 성숙한 physically 신체적으로 mentally 정신적으로 necessarily 반드시 (~은 아니다)

02

정답 ①

해설 접속사 after 뒤에 주어가 생략되어 있으므로 '접속사(after) + 분사구문' 구조로 봐야 한다. 분사구문의 의미상 주어는 the designers이고, 타동사 approve 뒤에 목적어 thoroughly ~ algorithms가 있으며, 맥락상 the designers가 철저하게 검토된 추천 알고리즘을 '승인한' 것이므로 빈칸에는 능동의 현재분사가 와야 한다. 따라서 빈칸에 들어갈 말로 가장 적절한 것은 ① 'approving'이다.

해석 이번 주 초, 담당 디자이너들은 동영상 추천에 최적화된, 철저하게 검토된 추천 알고리즘을 승인한 후 업데이트를 마무리했다.

어휘 in charge ~을 맡은, 담당인 finalize 마무리하다 thoroughly 철저히, 완전히 recommendation 추천 optimize 최적화하다 suggestion 제안, 추천

03

정답 ②

해설 (they → it) 대명사 they가 가리키는 것은 맥락상 앞서 나온 고유 명사 Fridays for Future이므로, 그에 수일치하여 단수인 it이 되어야 한다.
① 전치사 for 뒤에 온 동명사인데, 동명사구 내에 in 2018이라는 과거 시점 부사구가 있으며 Greta Thunberg가 Fridays for Future를 출범한 시점이 그걸로 유명한 시점(현재)보다 더 이전이므로 완료동명사 having launched는 적절하게 쓰였다.
③ which는 networks를 선행사로 받고 있으며, '전치사 + 관계대명사' 형태인 by which 뒤에 완전한 절이 온 것은 적절하다. 참고로 one another는 '서로'라는 뜻의 대명사로, 여기서는 동사 supported의 목적어로 쓰였다.
④ such는 'such + a(n) + 형용사 + 명사'의 어순으로 쓰이므로, such a youth-led movement의 쓰임은 적절하다. 참고로 '명사-p.p.' 형태의 분사형 형용사는 '명사에 의해 ~된'이라는 수동의 뜻을 나타내며, 수식을 받는 명사 movement가 '청년에 의해 주도된' 것이므로 수동의 과거분사 youth-led가 쓰인 것이다.

해석 재생 에너지 프로젝트가 확대되고 있는 상황 속에서 Greta Thunberg는 2018년 '미래를 위한 금요일'을 출범한 것으로 유명한데, 왜냐하면 그것은 공동의 목표를 가진 청년 활동가들이 기후 문제에 대한 인식을 높이고 전 세계적인 시위를 조직하는 데 있어 서로를 지원하는 네트워크를 육성했기 때문이며, 그러한 청년 주도의 운동은 보다 야심 찬 국제 기후 공약을 위한 토대를 마련했다.

어휘 context 맥락, 상황 expand 확대되다 renewable 재생 가능한 renowned 유명한, 명성 있는 launch 시작하다 foster 육성하다 youth 청년 activist 운동가, 활동가 raise awareness about ~에 대한 인식을 높이다 climate 기후 organize 조직하다 protest 시위, 항의 운동 movement 운동 lay the foundation for ~을 위한 토대[기초]를 마련하다 ambitious 야심 찬 commitment 약속, 공약

04

정답 ③

해설 예전에 프랑스어 수업을 들었지만 기억이 잘 안 난다는 말에, A가 수준에 맞는 강좌 신청을 위해 테스트를 제안한 상황이다. 이에 대한 B의 응답으로서 빈칸에 들어갈 말로 가장 적절한 것은 ③ '그게 좋겠어요. 언제 볼 수 있을까요?'이다.
① 가르칠 수 있는 기회를 주셔서 감사합니다!
② 저희는 5개의 다른 레벨에 따른 강좌를 제공합니다.
④ 제 영어 실력이 부족한 것 같습니다.

해석 A: 무엇을 도와드릴까요?
B: 안녕하세요, 초보자를 위한 프랑스어 강좌를 신청하고 싶은데요.
A: 좋습니다. 프랑스어를 처음 배우시는 건가요?
B: 아니요, 예전에 강좌 하나를 들었는데, 별로 기억나지 않는 것 같아요.
A: 어떤 강좌가 맞는지 레벨 테스트를 보시면 어떨까요?
B: 그게 좋겠어요. 언제 볼 수 있을까요?
A: 저희가 바로 일정을 잡아드릴 수 있어요.

어휘 sign up for ~을 신청하다 fit 맞다 opportunity 기회

05

정답 ④

해설 예상보다 지나치게 높게 청구된 가스 고지서에 대한 문제를 제기하며, 이에 대한 원인 파악을 위해 계량기를 점검해 달라고 요청하는 내용의 글이다. 따라서 글의 목적으로 가장 적절한 것은 ④ '비정상적으로 높은 가스 요금에 대해 우려를 제기하려고'이다.
① 적게 청구된 요금 오류를 신고하려고 → 오히려 요금이 예상보다 많이 청구된 것에 관해 이의를 제기하는 내용이다.
② 고객 서비스 불량에 대해 불만을 제기하려고
③ 가스 누출에 관한 안전 점검을 요청하려고 → 가스 누출 안전에 관한 것이 아닌 가스계량기 오작동이 원인으로 추정되는 과징 요금에 대한 내용이다.

06

정답 ②

해설 지나치게 높게 책정된 가스 요금의 원인을 찾기 위해 집을 점검했으나, 이를 뒷받침할 만한 가스 누출은 없었다고 말하고 있다. 맥락상 account for는 '설명하다'라는 뜻으로 쓰였으므로, 이와 의미가 가장 가까운 것은 ② 'explain(설명하다)'이다.
① 비난하다 ③ 차지하다 ④ 등록하다

05-06

해석 수신: <comments@hamptomgas.com>
발신: Susan McMurdo <susanmcmurdo@marlin.com>
날짜: 4월 8일
제목: 문제 관련

담당자분께,

제 이름은 Susan McMurdo이고 포터하우스길 946번지에 거주하고 있습니다. 방금 3월분 고지서를 받았는데, 분명 오류가 있는 게 틀림없습니다. 제 고지서에는 154.65달러가 나왔는데, 그건 맞을 리가 없습니다.

우선 작년 3월 고지서를 확인해 보니 80달러 미만이었습니다. 게다가 3월에는 3주 동안 주를 떠나 있었기 때문에 가스를 거의 사용하지도 않았습니다. 저는 이달에 20~30달러를 낼 것으로 예상하고 있었습니다.

집을 점검해 보았는데 저에게 청구된 지나치게 높은 요금을 설명할 만한 누출은 없습니다. 계량기의 숫자가 제대로 기록되었는지를 확실히 하기 위해 누군가가 계량기를 점검하도록 해 주시겠습니까? 제 월 예산에 어떤 영향을 미칠지 알 수 있도록 이 문제에 대해 신속하게 처리해 주시면 감사하겠습니다.

안부를 전하며,
Susan McMurdo 드림

어휘 reside 살다, 거주하다 bill 고지서, 청구서 barely 거의 ~ 않다 leak 누출 excessively 지나치게 charge 청구하다 meter 계량기 properly 제대로 prompt 신속한 budget 예산 underpayment 적게 지불함 file a complaint 불만을 제기하다 raise 제기하다 concern 우려, 걱정

07

정답 ④

해설 마지막 두 문장에서 환자 진료는 예약 없이, 선착순으로 진행될 것이라고 언급되므로, 글의 내용과 일치하지 않는 것은 ④ '환자는 미리 정해진 일정에 따라 진료를 받게 될 것이다.'이다.
① 행사는 10년간의 운영을 기념하여 열린다. → 첫 문장에서 언급된 내용이다.
② 5월 11일 검진은 모든 환자에게 무료로 제공될 것이다. → 첫 문장과 2번째 문장에서 언급된 내용이다.
③ 방문객은 오전 또는 오후에 건강 검진을 받을 수 있다. → 4번째 문장에서 언급된 내용이다.

해석 저희 개원 10주년을 기념하기 위해 5월 11일 토요일을 달력에 꼭 표시해 주세요. 웨이벌리 병원에서 하루 종일 무료 검진을 제공할 예정입니다. 단골 고객뿐만 아니라 한 번도 내원한 적이 없는 분도 자유롭게 오셔서 건강과 체력을 점검하실 수 있습니다. 오전 9시부터 오후 5시 사이에 언제든 병원을 방문하시면 저희 전담 직원이 혈압, 맥박, 체온 및 기타 활력 징후를 검사해 드릴 것입니다. 가지고 계신 어떠한 건강 문제에 대해서도 논의할 수 있는 의사와의 상담도 받으실 것입니다. 예약은 필요 없습니다. 선착순으로 환자를 진료할 것입니다.

어휘 mark 표시하다 celebrate 기념하다, 축하하다 anniversary 기념일 checkup (건강) 검진 regular customer 단골 고객 fitness 신체 건강, 체력 drop by ~에 방문하다, 잠시 들르다 on hand (도움을) 구할 수 있는, 가까이에 있는 blood pressure 혈압 pulse 맥박 temperature 온도, 체온 vital sign 활력 징후 consultation 상담 reservation 예약 on a first-come, first-served basis 선착순으로 in celebration of ~을 축하[기념]하여 decade 10년 at no cost 무료로 pre-arranged 미리 정해진[계획된]

08

정답 ③

해설 이 글은 치즈가 숙성되는 동안 발생하는 결함을 감지하여 치즈의 등급(질)이 낮아지는 것을 예방할 수 있는 초음파 감지기를 설명하고 있다. 따라서 글의 주제로 가장 적절한 것은 ③ '치즈 결함 감지를 위한 초음파 기술의 사용'이다.
① 숙성 중 치즈 결함의 원인 → 치즈 결함이 발생하는 원인을 다루기보다는, 그 결함을 감지하고 예방하는 기술에 초점을 맞춘 글이다.
② 치즈 생산에서 초음파 감지기의 한계 → 초음파 감지기가 치즈 생산에 있어서 긍정적인 역할을 한다는 내용의 글이지, 한계나 부정적인 측면을 언급하지 않으므로 적절하지 않다.
④ 초음파 신호가 치즈 수분 함량에 미치는 영향 → 초음파 신호는 치즈 내부의 수분과 다공성을 측정하여 결함을 감지하는 데 사용될 뿐, 그 신호가 치즈 수분 함량에 미치는 영향은 언급된 바 없다.

해석 때때로 좋은 치즈가 상하는 것을 막기 위해 필요한 것은 단지 공감하는 청각뿐이다. 프랑스 연구원들이 치즈가 숙성해갈 때 나는 소리를 듣고 치즈 생산자들에게 결함을 경고해 주는 초음파 감지기를 고안해 냈다. 숨겨진 결함이 제때 발견되지 않아 치즈 생산자들은 현재 그들의 생산품의 5분의 1까지 등급을 낮춰야 한다. 만약 새 장치가 제대로 작동한다면, 그 문제는 줄어들 수 있다. 그 기술은 치즈를 통해서 다른 편에 있는 감지기로 저주파의 초음파 신호를 보내는 것을 포함한다. 발생하는 신호의 속도와 크기 변화를 측정함으로써, 치즈의 수분과 다공성이 가시화될 수 있다.

어휘 sympathetic 공감하는, 동정 어린 come up with ~을 생각해 내다 ultrasonic 초음파의 sensor 감지기 mature 숙성하다 defect 결함, 결점 downgrade (등급·수준 등을) 강등[격하]시키다 produce 생산품 detect 감지하다 in time 제때 low-frequency 저주파(의) emerge 나오다, 발생하다 moisture 수분, 습기 map (배치·구조 등에 대한 정보를) 발견하다[보여 주다] limitation 한계, 제약 content 함량, 내용물

09

정답 ④

해설 이 글은 사람들이 특정 결과를 통제 가능하다고 인식할 때, 결과를 덜 심각하게 여기며 문제 발생 가능성을 낮게 예측하는 경향이 있다는 것을 설명하는 내용이다. 구체적인 사례로, 효소 결핍 진단을 받았지만 투약으로 상황을 통제할 수 있다고 생각한 실험 참가자들이 질병 통제가 불가능하다고 생각한 참가자들보다 더 낙관적인 전망을 보였다는 점을 제시하고 있다. 따라서 빈칸에 들어갈 말로 가장 적절한 것은 ④ '낙관적인 전망을 유지할'이다.
① 지나친 자신감이 생길 → 통제 가능성을 느낀 참가자들이 낙관적인 태도를 보였다는 언급은 있으나, 지나친 자신감이나 자만으로 이어진다는 내용은 없다.
② 결과에 대해 책임감을 느낄 → 오히려 통제 가능하다고 인식할 때 결과를 덜 심각하게 본다고 언급되므로 결과에 대한 책임감을 느낀다는 해석은 적절하지 않다.
③ 최악의 경우를 고려할 → 통제 가능성을 느낄 때 문제 발생 가능성을 낮게 예측하는 등 낙관적인 태도를 취한다고 언급하므로, 최악의 경우를 고려하는 것은 글의 내용과 반대된다.

해석 증거에 따르면 사람들은 그들이 결과를 통제할 수 있다고 인식할 때 낙관적인 전망을 유지할 가능성이 있다. 구체적으로 말하자면, 한 연구의 참가자들은 그들에게 심각한 의학적 문제가 발생할 확률이 50%인 효소 결핍이 있다고 믿도록 유도되었다. 일부 참가자들은 그 문제를 약물로 통제할 수 있다고 믿은 반면, 다른 참가자들은 그럴 수 없다고 믿었다. 참가자들은 결과를 통제할 수 없을 때보다 통제할 수 있을 때 그 의학적 문제가 생길 가능성이 더 낮다고 예측했다. 게다가 참가자들은 결과를 통제할 수 있다고 믿을 때 그것을 덜 심각하게 보았는데, 이는 결과에 대한 통제력이 사람들이 결과를 얼마나 심각하게 여기는지에 영향을 미쳐 예측의 변화에 영향을 줄 수 있다는 점을 시사한다.

어휘 perceive 인식하다 consequence 결과 controllable 통제 가능한 specifically 구체적으로 말하면 enzyme 효소 deficiency 결핍 develop (문제가) 생기다 outcome 결과 shift 변화 overconfidence 지나친 자신감, 과신 take sth into account ~을 고려하다 optimistic 낙관적인 outlook 전망

10

정답 ③

해설 집단면역의 개념을 설명하는 내용의 글이다. 주어진 문장은 전염성이 강할수록 면역된 사람의 수가 더 많이 필요하다는 내용이므로 집단면역 형성이 어려운 경우를 설명하고 있다. 따라서 문맥상 글 중반부에 However로 시작하는 문장 뒤에 위치해야 함을 알 수 있다. 이때, ③ 다음 문장에서 전염성이 강한 질병의 예시로 홍역을 언급하며, 이어진 문장에서 이 경우에 집단면역 형성을 위해선 대부분의 사람이 면역되어야 한다는 내용이 자연스럽게 이어진다. 따라서 홍역은 주어진 문장에 대한 예시임을 알 수 있으므로, 주어진 문장이 들어갈 위치로 가장 적절한 것은 ③이다.

해석 집단면역은 사람들이 예방 접종이나 이전의 감염을 통해 면역이 되었을 때 발생하는 전염병으로부터의 간접적 보호책이다. 일단 집단면역이 한동안 확립되고, 질병의 확산 능력이 저해되고 나면, 그 질병은 결국 제거될 수 있다. 하지만, 집단면역을 달성하는 것은 매우 어려울 수 있고, 그것이 매우 오래 지속되는 것이 항상 가능한 것은 아니다. 그리고, 질병의 전염성이 더 강할수록, 집단면역을 확보하기 위해 필요한 면역된 사람들의 수도 더 많아진다. 예를 들어, 홍역은 전염성이 매우 강하며 홍역에 걸린 한 사람이 최대 18명까지 감염시킬 수 있다. 이것은 큰 집단이 집단면역을 가지기 위해서는 약 95%의 사람들이 면역될 필요가 있다는 것을 의미한다.

어휘 infectious 전염되는, 전염성의 immune 면역력이 있는, 면역된 herd immunity 집단면역 contagious 전염성이 있는 vaccination 예방 접종 hinder 저해하다 eliminate 없애다, 제거하다 challenging 힘든, 어려운 measles 홍역

회차 10 하프 모의고사

| 01 | ② | 02 | ② | 03 | ① | 04 | ④ | 05 | ② |
| 06 | ② | 07 | ① | 08 | ④ | 09 | ③ | 10 | ④ |

01
정답 ②
해설 고전문학은 종종 졸리게 만든다는 꼬리표가 붙지만 but 뒤에서 내용이 전환되는 것으로 보아, 고전문학의 깊이와 매력적인 캐릭터에 사로잡힌 독자들은 이 의견에 반박할 것이라고 유추할 수 있다. 따라서 빈칸에 들어갈 말로 가장 적절한 것은 ② 'dispute(반박하다)'이다.
① 인정하다 ③ 감사하다, 이해하다 ④ (더) 복잡하게 만들다
해석 고전문학은 종종 '졸리게 만든다'는 꼬리표가 붙지만, 그 깊이와 매력적인 캐릭터들에 사로잡힌 독자라면 그런 의견에 반드시 반박할 것이다.
어휘 classical literature 고전문학 label 꼬리표를 붙이다 induce 유도하다 captivate 사로잡다 attractive 매력적인 surely 반드시

02
정답 ②
해설 대시(—) 뒤에 지난 한 해의 순간과 이정표를 되돌아본다는 내용으로 보아, 한 해를 성찰해 보는 계절에 접어들었음을 유추할 수 있다. 따라서 빈칸에 들어갈 말로 가장 적절한 것은 ② 'reflection(성찰)'이다.
① 선택 ③ 성취, 성과 ④ 수립
해석 연말이 빠르게 다가오면서, 우리는 지난 한 해의 순간과 이정표를 되돌아보는 시기인 성찰의 계절에 접어들었다.
어휘 approach 다가오다 look back 되돌아보다 milestone 이정표

03
정답 ①
해설 (think → thinking 또는 to think) 동사 is의 주어 역할을 하면서 that이 생략된 명사절(coffee ~ you)을 목적어로 취할 수 있어야 하므로 동명사 thinking이나 to 부정사 to think로 고쳐야 한다.
② 동명사구 skipping meals는 동사의 성질을 가지고 있으므로 이를 수식하는 부사 too frequently의 쓰임은 적절하다.
③ 관계대명사 that이 단수 명사 fatigue를 선행사로 받아 주어가 없는 불완전한 절을 이끌고 있으며, 타동사인 accompany 뒤에 목적어가 있고 의미상으로도 피로가 대부분의 근무일과 '함께하는' 것이므로 능동태로 쓰인 것은 적절하다.
④ keep은 5형식 동사로 쓰일 때 형용사를 목적격 보어로 취할 수 있으므로 형용사 high의 쓰임은 적절하다.
해석 시간을 절약하기 위해 아침 식사를 거르기로 택한다면, 커피 한 잔만으로 당신을 지탱할 수 있다고 생각하는 것은 전구 하나로 집 전체를 밝힐 수 있다고 믿는 것과 같다. 식사를 지나치게 자주 거르는 습관은 대부분의 근무일에 동반되는 피로를 촉발한다. 건강 전문가들은 전날 밤에 (조리가) 빠르면서도 건강한 식사를 준비하여 아침에 활력을 유지하고 스트레스를 줄일 것을 권한다.
어휘 skip 거르다, 빼먹다 sustain 지탱하게 하다, 지속시키다 light bulb 전구 illuminate 밝히다 entire 전체의 trigger 촉발하다 fatigue 피로 accompany 동반하다 workday 근무일

04
정답 ④
해설 재무팀에 새로 온 인턴에 대해 대화를 나누고 있는 상황이다. Laura가 인턴이 직장 내 교육을 받았는지 묻자 Kevin은 Mark가 그것을 맡을 것이라고 답변한 뒤에 빈칸 뒤에서 Mark에게 다시 확인할 테니 걱정 말라고 언급하므로 빈칸에는 Laura가 인턴의 교육과 관련하여 당부하는 내용이 와야 함을 알 수 있다. 따라서 빈칸에 들어갈 말로 가장 적절한 것은 ④ '그녀가 필요한 모든 설명을 들을 수 있도록 확실히 해 주시겠어요?'이다.
① 그녀의 시작 날짜를 다시 조정할 수 있을까요?
② 저는 당신과 당신의 잠재력에 대한 큰 기대를 가지고 있어요.
③ 그녀가 오늘 오후 재무 회의를 이끌 예정이에요.
해석 Laura Nichols: 재무팀의 새로운 인턴이 오늘 시작했나요?
Kevin Ross: 네, 오늘 아침에 시작했습니다.
Laura Nichols: 좋아요, 그녀가 직장 내 교육도 거쳤나요?
Kevin Ross: 오늘 오후에 Mark가 그것을 진행할 예정이라고 들었습니다.
Laura Nichols: 그녀가 필요한 모든 설명을 들을 수 있도록 확실히 해 주시겠어요?
Kevin Ross: 제가 Mark에게 재확인하겠습니다. 걱정 마세요.
어휘 finance 재무 go through ~을 거치다 on-the-job training 직장 내 교육 double-check 재확인하다 reschedule 일정을 변경하다 potential 잠재력 lead 이끌다 make sure 확실히 하다 necessary 필요한 instructions 지침, (상세한) 설명

05
정답 ②
해설 도시 전역과 공원에 새로운 자전거 도로가 완공되어 자전거 이용자들의 안전과 접근성이 강화되었다는 내용의 글이다. 따라서 글의 제목으로 가장 적절한 것은 ② '도시의 새로운 도로에서 안전하게 자전거 타기를 즐기세요'이다.
① 도로 발생 사고로부터 자전거 운전자를 보호해 주세요 → 자전거 운전자를 도로 사고로부터 지켜달라고 주장하는 것이 아닌 자전거 도로 신설을 홍보하고 있다.
③ 도시에서 시행된 신규 자전거 타기 규정 → 신규 자전거 타기 규정에 관한 언급은 없다.
④ 이제 도시부터 교외까지 자전거 도로를 이용할 수 있어요 → 도시부터 교외까지가 아니라, 도시 전체에 자전거 도로가 완공되었다는 내용이다.

06
정답 ②
해설 글의 중반부에서 공원 내의 자전거 도로는 안전상의 이유로 보행자가 이용할 수 없다고 언급되므로, 글의 내용과 일치하지 않는 것은 ② '공원 내 자전거 도로에서는 보행자가 우선이다.'이다.
① 자전거 도로를 만드는 데 약 반년이 걸렸다. → 글의 초반부에서 언급된 내용이다.
③ 표지판과 도로 위에 자전거 도로 표시가 되어 있다. → 글의 중반부에서 언급된 내용이다.
④ 유지보수 직원들은 두 달에 한 번 자전거 도로를 점검한다. → 글의 후반부에서 언급된 내용이다.

05-06

해석 도시의 새로운 도로에서 안전하게 자전거 타기를 즐기세요

6개월간의 작업 끝에 건설 팀이 도시의 새로운 자전거 도로를 완공했습니다. 이제 자전거 이용자들은 도심 도로에서 자동차 운전자들과 나란히 걱정 없이 자전거를 탈 수 있습니다.

이 자전거 도로는 상업 지역과 인구가 많은 주요 거리를 포함하여 도시 전역에서 찾아볼 수 있습니다. 또한, 모든 공원에는 자전거 도로가 추가되어 자전거 이용자들에게 경치 좋은 경로를 제공합니다. 안전을 위해 보행자들은 이 자전거 도로를 이용할 수 없습니다.

모든 자전거 도로는 도로 위와 도로 표지판에 명확하게 표시되어 있습니다. 자전거 도로에서는 자전거 이용자들이 우선 통행권 가지며, 운전자들은 이들에게 양보해야 합니다. 이 도로들 덕분에 자전거 이용자와 차량 간 사고가 크게 감소할 것으로 기대됩니다. 또한, 유지 보수팀은 안전한 사용을 보장하기 위해 두 달마다 점검 및 수리를 수행합니다.

도시 내 자전거 도로 지도는 www.wilmington.gov/cyclinglanes 에서 확인할 수 있습니다.

어휘 cycling 자전거 타기, 사이클링 worry-free 걱정 없는 alongside 나란히 motorist (자동차) 운전자 scenic 경치가 아름다운 pedestrian 보행자 right of way 우선 통행권 yield to ~에게 양보하다 decline 줄어들다 maintenance 유지보수 crew 팀 regulation 규정 implement 시행하다 urban 도심의 suburban 교외의 accessible 이용[접근] 가능한

07

정답 ①

해설 국방부(MND)가 전역을 준비하는 군인을 지원하기 위해 마련한 전직 프로그램에 관한 내용으로, 군인들이 군 생활에서 민간 생활로 전환하고 새로운 직업을 준비하도록 돕는다는 점을 강조하고 있다. 따라서 글의 요지로 가장 적절한 것은 ① '병사들에게 전역 이후의 삶을 준비시키는 것은 MND의 임무이다.'이다.

② MND의 한 가지 목표는 직무 상담을 통해 병사를 유지하는 것이다. → MND에서 기획한 프로그램의 목표는 군인들을 계속 보유하는 것이 아니라 전역을 준비하는 군인들의 전직 지원이다.
③ MND는 여러 군부서 간 직무 전환을 장려한다. → 군 생활(경력)에서 민간 생활(경력)로의 전환을 지원한다고 언급할 뿐, 군 내에서 부서 간 직무 전환에 대한 언급은 없다.
④ MND는 고급 훈련을 위한 병사를 가려내기 위해 평가를 개발한다. → 전직 프로그램은 전역 준비와 관련된 훈련 및 지원에 초점을 맞추고 있으며, 고급 훈련을 위한 군인 평가 개발과는 무관하다.

해석 군 복무자들(군인들)을 위한 전직 프로그램

국방부(MND)는 전역을 준비하는 군인들을 지원하기 위해 전직 프로그램을 시작했습니다. 이 프로그램은 그들이 자신의 능력을 파악하고, 직업 선택지를 탐색하며, 전역 후 목표를 설정할 수 있도록 지원하고자 기획되었습니다. 적격 참가 대상은 복무 기간이 적어도 5년인 중장기 복무 군인들이며, 전역 2년 전부터 등록이 시작됩니다.

군 생활에서 민간인 생활로의 전환은 어려울 수 있습니다. 많은 군인들이 자신의 군 전문 지식을 민간 고용주가 이해하는 용어로 바꾸는 데 애쓰고 있으며, 장기간 복무한 군인들에게는 다른 업무 문화에 적응하는 것이 어려울 수 있습니다.

이러한 문제를 해결하기 위해 전직 프로그램에는 자기 평가, 진로 계획, 직장 적응에 대한 교육이 포함됩니다. 국방부는 목표에 맞는 지원을 제공함으로써 군인들이 민간 직업으로 전환할 준비가 잘 되어 있고 새로운 지역 사회에 의미 있는 기여를 할 수 있도록 보장합니다.

어휘 transition 전환 service 근무, 복무 Ministry (정부의 각) 부처 defense 방어 launch 시작하다 military 군사의 personnel 인력, 직원 discharge 전역, 해방 identify 파악하다, 식별하다 establish 확립하다 eligible 적격인 enrollment 등록 civilian 민간(인)의 challenging 어려운 struggle to RV ~하느라 애쓰다 translate 바꾸다, 번역하다 expertise 전문 지식 term 용어 employer 고용주 adapt to ~에 적응하다 address 해결하다 assessment 평가 workplace 근무지 target 목표로 삼다 ensure 보장하다 contribute to ~에 기여하다 meaningfully 의미 있게 soldier 군인, 병사 retain 보유하다 counseling 상담 shift 전환 division 부서, 분야

08

정답 ④

해설 Albert Einstein의 특수 상대성 이론에 관한 글로, 그는 관찰자가 서로 다른 속도로 움직이고 있더라도 빛의 속도는 모든 관찰자에게 일정하다고 주장했다. 이 이론은 마치 던져진 공의 속도가 모든 사람에게 모든 상황에서 동일한 것처럼 보이는 것과 같은 기이한 현상으로 우리의 상식에 반하는, 믿기 힘든 사실임을 설명하였다. 따라서 빈칸에 들어갈 말로 가장 적절한 것은 ④ '반(反)직관적인'이다.
① 조작적인 → 빛의 속도가 항상 일정한 것이 '조작'에 의한 것은 아니므로 적절하지 않다.
② 심리적인 → 심리적인 이유 때문에 빛의 속도가 일정하게 보인다는 내용은 언급되지 않았다.
③ 이해할 수 있는 → 빛의 속도가 모든 관찰자에게 일정하다는 것은 오히려 이치에 맞지 않는 것 같은, 즉 이해하기 힘든 사실이라는 내용이다.

해석 소문에 따르면, Albert Einstein은 언젠가 특수 상대성 이론을 구상하는 것은 간단하며 거의 쉽다고(까지) 말했다. 그것은 단 하나의 관찰 결과, 즉 관찰자들이 서로 다른 속도로 움직이고 있더라도 빛의 속도는 모든 관찰자에게 일정하다는 것에서 자연스럽게 도출되었다. 이는 반(反)직관적이다. 그것은 던져진 공의 속도가 그것이 얼마나 세게 던져지든지, 또는 그 공을 던지고 관찰하는 개인이 얼마나 빠르게 움직이고 있는지에 관계없이 항상 똑같다고 말하는 것과 같다. 모든 사람은 모든 상황에서 공이 그들과(그들이 보는 입장에서) 상대적으로 같은 속도로 움직이고 있는 것을 보게 된다. 그것은 사실일 수 있을 것 같지 않다. 그러나 그것은 빛에 대해서 사실인 것으로 증명되었고, Einstein은 이 기이한 사실의 결과가 무엇인지를 똑똑히 물었다. 그는 빛의 일정한 속도가 가지는 모든 영향에 관해 체계적으로 생각했고, 그는 더 빠르게 움직일수록 시간이 느려지게 되고, 에너지와 질량은 근본적으로 똑같은 것이라는 것과 같은 특수 상대성에 대한 훨씬 더 기이한 예측에 이르게 되었다.

어휘 conceive 구상하다 special relativity 특수 상대성 (원리) straightforward 간단한 observation 관찰 (결과) constant 일정한 regardless of ~에 관계없이 relative to ~에 비례하여 circumstance 상황 cleverly 영리하게, 똑똑히 consequence 결과 bizarre 기이한 methodically 체계적으로 implication 영향, 결과 prediction 예측 mass 질량 fundamentally 근본적으로

09

정답 ③

해설 주어진 글은 유기체의 발달에 있어서 지각은 두드러진 구조적 특징을 파악하는 것에서부터 시작된다는 내용이다. 이 다음에는 이에 대한 사례로 For example로 시작하여 여러 삼각형 모양을 제시했던 실험을 소개하는 (C)가 와야 한다. 그 다음에는 (C) 마지막의 triangles of very different appearance를 (A)의 내용으로 부연하며 이어지는 것이 자연스럽다. 마지막으로 이러한 삼각형의 변화들을 These changes로 받아, 변화시킨 것이 인식에 방해가 되지 않았다고 하면서 이러한 단순한 전위는 보편적이라는 결론에 이르는 (B)로 글이 마무리되어야 한다. 따라서 글의 순서로 가장 적절한 것은 ③ '(C) - (A) - (B)'이다.

해석 유기체의 발달에서 지각은 두드러진 구조적 특징의 파악과 함께 시작된다는 좋은 증거가 있다. (C) 예를 들어, 두 살배기 아이들과 침팬지들이 그들에게 주어진 두 개의 상자 중 특정한 크기와 모양의 삼각형 상자가 늘 매력적인 음식을 담고 있다는 것을 알았을 때, 그들은 자신의 훈련을 매우 다른 외형의 삼각형에 적용하는 데 어려움이 없었다. (A) 그 삼각형은 더 작게, 더 크게 또는 거꾸로 뒤집어지게 되었다. 흰 바탕의 검은 삼각형은 검은 바탕의 흰 삼각형으로 대체되었거나, 윤곽만 있는 삼각형은 속이 꽉 찬 삼각형으로 대체되었다. (B) 이러한 변화는 인식을 방해하지 않는 것으로 보였다. 쥐에서도 비슷한 결과가 얻어졌다. 연구자들은 이러한 유형의 단순한 전위가 '곤충부터 영장류까지 보편적인 일'이라고 단언했다.

어휘 organic 유기체의 perception 지각 grasp 파악하다 outstanding 두드러진 upside down (아래위가) 거꾸로 outlined 윤곽이 있는 solid 속이 꽉 찬, 빈 데가 없는 inhibit 방해하다 assert 단언하다 transposition 전위(轉位), 바꾸어 놓음 universal 보편적인 primate 영장류

10

정답 ④

해설 수면에는 여러 단계가 있고 각 단계는 서로 다른 방식으로 기능한다는 내용의 글이다. 이 사실을 활용하여 앞두고 있는 일의 특성에 맞게 수면 시간을 조정하는 예시들을 소개하고 있다. 따라서 글의 흐름상 어색한 문장은 창의적 글쓰기의 힘의 원천과 의의에 관해 서술한 ④이다.

해석 우리는 이제 수면에 여러 단계가 있으며, 각 단계는 서로 다른 방식으로 정보를 강화하고 여과한다는 것을 알고 있다. 예를 들어, 연구는 밤의 전반부에 집중된 '숙면'은 이름, 날짜, 공식, 개념 등의 확실한 사실을 기억하는 데 가장 가치가 있다는 것을 보여 준다. 기억할 것(외국어 어휘)이 많은 시험을 대비하고 있다면, 평소 시간에 잠자리에 들고, 충분한 양의 숙면을 한 다음, 빠른 복습을 위해 일찍 침대에서 나오는 것이 더 낫다. 그러나 수학이든 과학이든 글쓰기든, 운동 (신경) 기능과 창의적 사고를 강화하는 데 도움이 되는 수면 단계는 아침에, 잠에서 깨기 전에 일어난다. (창의적인 글쓰기는 거의 항상 개인적 경험에 의해 힘을 받으며, 그래서 소설 이면의 심오한 진실을 담고 있다.) 만약 당신이 준비하고 있는 것이 운동 경기라면, 또는 창의적인 사고를 요하는 시험이라면, 평소보다 조금 더 늦게 자고 늦잠을 자는 것을 고려할 수도 있겠다.

어휘 consolidate 통합하다, 강화하다 filter 여과하다 deep sleep 숙면 concentrate 집중하다 valuable 귀중한, 가치 있는 retain 기억하다, 보유하다 hard fact 확실한 사실 formula 공식 hit the sack 잠자리에 들다 dose 양 roll out of bed 침대에서 (기어) 나오다 motor skill 운동 (신경) 기능 fuel 연료를 공급하다, 부채질하다 profound 심오한 fiction 소설 stay up 깨어 있다 sleep in 늦잠을 자다

회차 11 하프 모의고사

| 01 | ③ | 02 | ① | 03 | ② | 04 | ② | 05 | ③ |
| 06 | ③ | 07 | ② | 08 | ④ | 09 | ① | 10 | ④ |

01
- **정답** ③
- **해설** 여행 중 예상치 못한 기회를 마주할 가능성이 높고 이것이 여행의 매력을 더해 준다는 내용으로 보아, 유연한 여행 일정표로 움직이는 여행객들에게 해당하는 상황임을 유추할 수 있다. 따라서 빈칸에 들어갈 말로 가장 적절한 것은 ③ 'flexible(유연한)'이다.
  ① 엄격한 ② 한결같은 ④ 한정된, 좁은
- **해석** 유연한 여행 일정표를 가진 여행자들은 여행 중에 예상치 못한 기회를 마주할 가능성이 더 높으며, 이는 여행의 매력을 더해 준다.
- **어휘** itinerary 여행 일정표[스케줄] encounter 접하다, 마주치다 unexpected 예상치 못한 charm 매력

02
- **정답** ①
- **해설** 빈칸은 until이 이끄는 시간 부사절의 주어 inflation에 대한 동사 자리로, 시간 부사절에서는 현재시제가 미래시제를 대신하므로 현재시제의 동사가 와야 한다. 참고로 drop은 자동사와 타동사 둘 다의 쓰임이 있어서 능동태와 수동태 모두 가능하며, 과거 시점 부사구인 three years ago는 명사 levels를 수식하는 분사구 last recorded ~ ago의 시제에만 영향을 미칠 뿐 부사절의 본동사 시제와는 상관없다. 따라서 빈칸에 들어갈 말로 가장 적절한 것은 ① 'drops'이다.
- **해석** 일부 업계 분석가들은 중앙은행이 인플레이션이 3년 전 마지막으로 기록된 수준에서 2% 하락할 때까지 저금리를 유지할 것으로 예측한다.
- **어휘** industry 산업, 업계 analyst 분석가 predict 예측하다 central bank (한 국가의) 중앙은행 interest rate 금리 inflation 인플레이션, 물가 상승률 record 기록하다

03
- **정답** ②
- **해설** (its → whose) 두 개의 절을 연결하는 접속사가 없으므로 접속사 역할을 하는 관계대명사가 필요하다. 따라서 명사 body weight를 수식하는 소유격 대명사 its를 소유격 관계대명사 whose로 고쳐야 한다. 참고로 the loads와 it 사이에는 목적격 관계대명사가 생략되어 있다.
  ① 'when it comes to RVing'는 '~에 관한 한[관해서라면]'이라는 뜻의 동명사 관용 표현이다. 이때 to는 전치사이므로 뒤에 동명사 working이 온 것은 적절하다.
  ③ 'of + 추상명사'는 형용사 역할을 할 수 있는데, 여기서는 추상명사 importance를 수식하는 형용사 great과 함께 of great importance가 greatly important를 뜻하는 주격 보어로 적절하게 쓰였다.
  ④ 주어인 it은 맥락상 앞서 나온 명사 the ant를 가리키는 대명사이며, 개미가 주목을 '받는' 것이므로, 수동태 has been given은 적절하게 쓰였다. 또한 뒤에 over the past few decades라는 기간을 나타내는 부사구가 있으므로 현재완료시제가 쓰인 것도 적절하다. 참고로 4형식 동사는 수동태로 쓸 때 뒤에 목적어가 나옴에 유의해야 한다.
- **해석** 군집 내에서 협력적으로 일하는 것에 관해서라면, 개미는 자신이 운반하는 하중의 절반만을 자신의 몸무게로 지탱하는 유일한 곤충이며, 그것(개미)의 생존은 군집을 유지하는 데 매우 중요한 협력 행동에 달려 있는데, 그게 바로 그것(개미)이 지난 수십 년간 생태학 연구에서 주목을 받아 온 이유이다.
- **어휘** collaboratively 협력적으로 colony (동·식물의) 군집 insect 곤충 body weight 몸무게 load (짐의) 무게, 하중 survival 생존 depend on ~에 달려 있다 cooperative 협력하는 sustain 유지하다, 지속시키다 attention 주목 ecological 생태학의

04
- **정답** ②
- **해설** 커피 기계를 반품하고자 하는 A에게 B가 영수증이 있다면 환불 처리를 해주겠다고 말하고 나서 빈칸 뒤에서 죄송하다며 환불이나 교환에는 영수증이 필요하다고 하였으므로, 빈칸에는 영수증을 가지고 있지 않다는 말이 와야 자연스럽다. 따라서 빈칸에 들어갈 말로 가장 적절한 것은 ② '제가 그걸 버린 것 같아요.'이다.
  ① 필요하신 건 그게 다인가요?
  ③ 그건 얼마일까요?
  ④ 이 기계는 잘 작동합니다.
- **해석** A: 실례합니다, 어제 구매한 이 커피 기계를 반품하고 싶은데요.
  B: 기계에 무슨 문제가 있나요?
  A: 커피가 충분히 뜨겁게 나오지 않아요. 이미 온도 설정도 조정해 봤어요.
  B: 아, 알겠습니다. 영수증을 지참하고 계신다면, 기계 환불을 처리해 드릴 수 있습니다.
  A: 제가 그걸 버린 것 같아요.
  B: 죄송합니다만 환불이나 교환을 위해선 영수증이 필요합니다.
- **어휘** come out 나오다 adjust 조정하다 receipt 영수증 process 처리하다 refund 환불 exchange 교환 throw sth out ~을 버리다

05

정답 ③

해설 출생증명서를 재발급받기 위해 필요한 정보를 제공하고 발급 요청 및 수령 방법을 문의하는 내용의 글이다. 따라서 글의 목적으로 가장 적절한 것은 ③ '새로운 출생 기록 문서의 취득 방법을 알아보려고'이다.
① 출생 날짜와 장소를 확인하려고 → 담당자가 관련 정보를 찾기 용이하도록 본인의 출생 정보를 제공했으나, 이를 확인받으려는 것이 아니다.
② 공식 여권 재발급을 요청하려고 → 여권 발급은 출생증명서 재발급을 요청하는 이유로 언급되었을 뿐이다.
④ 향후 해외여행 계획을 논의하려고 → 해외여행 계획은 여권 발급 신청을 위해 조속히 출생증명서를 재발급 받아야 하는 이유로 제시되었을 뿐이다.

06

정답 ③

해설 새로운 출생증명서를 발급받는 절차를 문의하며 특히 준비해야 할 필요한 서류, 서식이나 비용이 있는지 묻고 있다. 맥락상 forms는 '서식'이라는 뜻으로 쓰였으므로, 이와 의미가 가장 가까운 것은 ③ 'templates(서식)'이다.
① 모양 ② 방법 ④ 상태

05-06

해석 수신: <information@homewoodservices.gov>
발신: David Leonard <davidleonard@freemail.com>
날짜: 11월 4일
제목: 문서 관련

관계자분께,

제 이름은 David Leonard이고 출생증명서 재발급 관련하여 문의드리기 위해 이메일을 작성합니다. 아시다시피 이 서류는 미국 여권 신청에 필요한데, 안타깝게도 제가 원본을 찾을 수가 없습니다.

저는 1996년 8월 25일 미국 일리노이 홈우드에 있는 프레슬리 병원에서 태어났습니다. 이틀 후 부모님이 시청에서 제 출생 신고를 하셨습니다. 이 정보가 무언가를 찾아봐야 할 경우 도움이 되기를 바랍니다.

새로운 출생증명서를 발급받는 절차를 알려 주실 수 있나요? 구체적으로는:
- 온라인으로 신청할 수 있나요, 아니면 관공서를 직접 방문해야 하나요?
- 준비해야 할 서류, 서식 또는 수수료가 있나요?

1월에 해외여행을 계획하고 있으므로 신속하게 답변해 주시면 감사하겠습니다. 새 여권을 처리하는 데 최대 6주가 소요될 수 있다고 알고 있으므로 가능한 한 빨리 그 증명서를 받는 것이 중요합니다.

시간과 도움을 주셔서 감사합니다.

진심을 담아,
David Leonard 드림

어휘 reissue 재발급[재발행]하다 birth certificate 출생증명서 application 신청 locate 찾아내다 register 등록하다 look up ~을 찾아보다 process 절차; 처리하다

07

정답 ②

해설 4번째 문장에서 EMS가 익사와 같은 물 관련 사고로 인한 의료 응급 상황에서도 도움을 제공한다고 언급되므로, 글의 내용과 일치하는 것은 ② '그것은 물 관련 사고로 고통받는 개인을 돕는다.'이다.
① 그것은 현장에서 최종 치료를 제공하여 응급 상황을 처리한다. → 2번째 문장에서 EMS는 병원 이송 전 현장에서 즉각적인 치료를 제공하는 것을 주요 임무로 보고 있으므로, 최종 치료를 제공한다는 말은 옳지 않다.
③ 그것은 환자를 위한 다양한 이송 수단을 제공하지 않는다. → 마지막 2번째 문장에서 EMS는 환자를 병원으로 이송할 때 긴급 상황에 따라 구급차나 헬리콥터를 이용한다고 언급되므로 옳지 않다.
④ 그것은 도움 요청을 전화로만 받는다. → 마지막 문장에서 EMS에 도움 요청 방법으로 긴급 전화뿐만 아니라 문자 메시지도 언급하고 있으므로 옳지 않다.

해석 응급 의료 서비스(EMS)는 모든 종류의 의료 응급 상황에 대응합니다. 저희의 주요 임무는 긴급한 상황에 처한 사람들이 병원에서 치료를 받을 수 있기 전에 즉각적인 치료를 제공하는 것입니다. 저희는 흔히 자동차 사고, 화재, 그리고 토네이도, 지진, 허리케인 같은 자연재해가 발생한 현장에 가장 먼저 도착합니다. 또한 심장마비, 뇌졸중, 약물 과다 복용, 낙상, 익사 같은 의료 응급 상황에서도 도움을 드립니다. 저희의 숙련된 전문가들이 현장에서 치료를 제공하여 피해자들을 안정시킨 후 긴급성에 따라 구급차나 헬리콥터를 이용해 병원으로 안전하게 이송합니다. 긴급 전화와 문자 메시지를 통해 연중무휴 24시간 이용하실 수 있으며 저희는 저희가 봉사하는 모든 지역 사회에서 수많은 생명을 구하기 위해 일 년 내내 쉬지 않고 활동합니다.

어휘 emergency 응급, 응급 상황 respond to ~에 대응하다 healthcare 의료의 primary 주요한 duty 의무, 임무 immediate 즉각적인 urgent 긴급한 treatment 치료 motor vehicle 자동차 disaster 재해, 참사 earthquake 지진 heart attack 심장마비 stroke 뇌졸중 overdose (약의) 과다 복용 fall 떨어짐, 낙상 drowning 익사 trained 숙련된 onsite 현장의; 현장에서 stabilize 안정시키다 victim 피해자 transport 이송 accessible 이용할 수 있는 tirelessly 쉬지 않고, 꾸준히 countless 무수한 handle 처리하다 aid 돕다 suffer from ~으로 고통받다 multiple 다양한 means 수단 exclusively 오직 ~뿐

08

정답 ④

해설 보안관을 의미하는 단어 'sheriff'의 기원과 발전 과정을 설명한 글이다. 각각 지역과 수호자를 의미하는 두 단어 shire와 reeve가 시간이 지남에 따라 한 단어로 합쳐지고 형태가 바뀌어 현재의 sheriff가 되었다고 했으므로, 글의 제목으로 가장 적절한 것은 ④ 'sheriff의 역사적 뿌리'이다.
① 중세 시대의 정부 구조 → reeve가 정부의 구조에 통합되어 왕이 임명하는 직책이 되었다는 언급이 있으나, 글의 전체 내용을 아우르기에는 지엽적이므로 적절하지 않다.
② 시간이 지나면서 sheriff가 쓸모없어진 이유 → sheriff라는 직책이나 단어가 세월이 흐르면서 사라졌다는 내용은 없을뿐더러, 글의 마지막에서 오늘날에도 존재하는 단어라는 점을 강조하고 있으므로 글의 내용과 반대된다.
③ shire의 수호자로서의 왕들 → 왕이 shire를 통치했다고 언급되지만, shire를 수호하는 사람은 왕이 아닌 reeve라고 불리는 다른 인물이므로 적절하지 않다.

해설 9세기경 영국에서, 영토는 shire라고 불리는 지리적 영역들로 나뉘었으며, 몇몇 개별적인 왕들의 통치를 받았다. 모든 shire 내에는 수호자를 의미하는 reeve라고 불리는 개인이 있었다. 이 개인은 원래 농노들에 의해 그들의 공동체를 대표하며 비공식 사회적 지도자의 역할을 하는 사람으로 선택되었다. 하지만 시간이 흐르면서 왕들은 그 역할을 공식화하여 정부 구조에 통합시켰다. 그 후, reeve는 왕의 이익을 보호하고 왕과 해당 shire의 사람들 사이에서 중재하는, 왕의 임명된 대리인이 되었다. 시간과 용법을 통해(시간이 흐르고 사용법이 변함에 따라) shire와 reeve라는 단어들은 합쳐져 shire의 수호자라는 shire-reeve가 되었고, 결국 오늘날 우리가 알고 있듯 sheriff라는 단어가 되었다.

어휘 geographic 지리적인, 지리학의 rule 통치하다, 지배하다 guardian 수호자, 보호자 informal 비공식의 represent 대표하다 formalize 공식화하다 incorporate 통합시키다 appoint 임명하다, 지명하다 interest 이익 mediate 중재하다 usage (단어의) 용법 come together 합치다 medieval 중세의 obsolete 쓸모가 없는, 한물간

09

정답 ①

해설 대부분의 사람들은 여러 정체성을 가지고 있지만, 특정 정치적 쟁점이 특정 집단의 관심사나 복지에 영향을 미치는 순간, 개인이 가진 여러 정체성 중 해당 집단과 관련된 정체성이 두드러지고 중요성을 가지게 된다는 내용의 글이다. 따라서 빈칸에 들어갈 말로 가장 적절한 것은 ① '정체성이 중요성을 띠는'이다.

② 공동체가 다양성을 지지하는 → 이 글은 특정 상황에서 특정 정체성이 부각되는 현상을 다루고 있을 뿐, 공동체의 다양성 지지에 관한 내용은 없다.
③ 정치적 이념이 우선시되는 → 발생하는 쟁점에 따라 특정 집단의 '정체성'이 부각된다는 내용일 뿐, '이념'에 관해 다루고 있지는 않다.
④ 개인 정체성이 무관해지는 → 정치적 쟁점에 따라 개인의 정치적 정체성이 중요성을 띠게 된다는 것이 이 글의 핵심 논지이므로, 개인 정체성이 무관하다는 주장은 글의 내용과 반대된다.

해석 비록 대부분의 사람들이 다수의 정체성을 지니고 있지만, 이 중 모든 순간에 정치적으로 분명히 드러나는 것은 거의 없다. 정치적 쟁점이 특정 집단의 관심사나 복지에 영향을 미칠 때만 정체성이 중요성을 띠는 것이다. 예를 들어, 여성들의 권리와 관련된 쟁점이 발생하면 여성들은 성별을 자신의 주요 정체성으로 여기기 시작한다. 그 여성들이 미국인인지 이란인인지, 가톨릭 신자인지 개신교 신자인지는 그들이 여성이라는 공유된 정체성보다 덜 중요하다. 마찬가지로, 기근과 내전이 사하라 사막 이남 아프리카 사람들을 위협할 때, 많은 아프리카계 미국인들은 그 대륙과의 조상 대대 가져온 유대를 상기하며 그들 지도자가 인도적 구호를 제공하도록 영향력을 행사한다. 다시 말해, 각 쟁점은 사람들이 해당 쟁점들에 대해 갖는 정치적 선호를 설명하는 데 도움이 되는 정체성을 끌어낸다.

어휘 multiple 다수의 identity 정체성 apparent 분명한 concern 관심사 welfare 복지 touch on ~에 관련하다 primary 주요한 Protestant 개신교도(의) famine 기근 civil war 내전 threaten 위협하다 ancestral 선조 대대의, 조상으로부터 물려받은 tie 유대 (관계) continent 대륙 lobby (정치적으로) 영향력을 행사하다 humanitarian 인도주의적인 relief 구호(품) call forth 불러일으키다 assume (성질·양상을) 띠다 diversity 다양성 ideology 이데올로기, 이념 precedence 우선(함) irrelevant 무관한, 상관없는

10

정답 ④

해설 주어진 문장은 심각한 사이버 폭력의 심리적 피해 양상에 대해 언급하고 있으므로, 사이버 폭력의 기본적 피해 양상이 제시된 ③ 뒤 문장 이후에 위치해야 한다. 또한 ④ 뒤 문장의 them은 주어진 문장의 victims를 가리키므로, 주어진 문장이 들어갈 위치로 가장 적절한 것은 ④이다.

해석 오늘날 스마트폰의 의무적인 필요성과 소셜 미디어 플랫폼에의 쉬운 접근과 더불어, 누구나 사이버 폭력의 끊임없는 표적이 될 수 있다. 온라인 연결을 유지하는 것이 보이는 것처럼 항상 무해하지는 않다. 사이버 폭력은 욕설, 유언비어 유포, 부적절한 이미지 및 메시지 전송, 사이버 스토킹과 같은 형태를 띤다. 기본적으로, 그것은 건강한 관계를 형성하는 데 어려움을 초래할 수 있다. 쇠약하게 만드는 두려움, 자존감 파괴, 사회적 고립 또한 사이버 폭력의 다른 피해로 여겨진다. 가장 중요한 것은 피해자들에게 외상 후 스트레스, 불안, 우울이란 심각한 증상이 생길 수 있다는 것이다. 이러한 수많은 심리적 영향은 나이에 상관없이 그들에게 파괴적일 수 있고, 아무도 그것이 일으키는 그러한 종류의 정신적 외상에 면역이 있지 않은 것으로 보인다.

어휘 develop (병·문제가) 생기다 post-traumatic 외상 후의 mandatory 의무적인 perpetual 끊임없는 cyberbullying 사이버 폭력 innocent 무해한 name-calling 욕하기 forward 전송하다 improper 부적절한 debilitating 쇠약하게 하는 self-esteem 자존감 devastating 대단히 파괴적인 immune 면역이 있는

회차 12 하프 모의고사

| 01 | ④ | 02 | ④ | 03 | ① | 04 | ④ | 05 | ② |
| 06 | ③ | 07 | ④ | 08 | ① | 09 | ② | 10 | ③ |

01
정답 ④
해설 안타까운 일이라고 하는 것으로 보아 매년 농장에서 약 2만 톤의 바나나가 약간의 흠집이나 큰 크기 때문에 폐기되고 있다고 유추할 수 있다. 따라서 빈칸에 들어갈 말로 가장 적절한 것은 ④ 'discarded(폐기하다, 버리다)'이다.
① 이용[활용]하다 ② 관개하다 ③ 비료를 주다
해석 약 2만 톤의 바나나가 단지 몇 개의 흠집이 있거나 시장 기준에 너무 큰 것 때문에 매년 농장에서 버려지고 있다는 것은 안타깝다.
어휘 annually 매년 scratch 흠집 oversized 너무 큰 standard 기준

02
정답 ④
해설 사용자들이 장치를 작동하는 방법을 이해하는 데 어려움을 겪었다는 내용으로 보아, 설명서의 지침이 모호했다고 유추할 수 있다. 따라서 빈칸에 들어갈 말로 가장 적절한 것은 ④ 'ambiguous(모호한)'이다.
① 부서지기 쉬운, 약한 ② 명확한 ③ 교훈적인
해설 설명서의 지침이 너무 모호해서 사용자들은 장치를 작동하는 방법을 이해하는 데 어려움을 겪었다.
어휘 instruction 지침 manual 설명서, 매뉴얼 struggle to RV ~하는 데 어려움을 겪다 operate 작동하다 device 장치

03
정답 ①
해설 (form → forms) form의 주어는 등위접속사 and로 병렬되는 두 개의 동격 접속사 that이 이끄는 절과 동격을 이루는 추상명사 The notion이므로, 그에 수일치하여 form을 단수 동사 forms로 고쳐야 한다.
② their는 맥락상 앞서 나온 individuals를 가리키는 소유격이므로 복수로 수일치한 것은 적절하다.
③ '주어 + wish'는 이루지 못한 소망을 표현하는 말로, 뒤에 가정법이 와야 한다. in their younger years라는 과거 시점 부사구가 있으므로 과거 상황을 반대로 가정하는 가정법 과거완료 had made는 적절하게 쓰였다.
④ '너무 ~해서 ~할 수 없다'라는 의미의 'too ~ to RV' 구문이 쓰이고 있는데, to 부정사의 의미상 주어인 life가 후회로 '채우는' 것이 아니라 '채워지는' 것이므로 수동형 to be filled는 적절하게 쓰였다.

해석 삶은 유한하고 죽음은 피할 수 없다는 관념은 그것이 불러일으키는 질문과 감정과 함께 'memento mori(메멘토 모리)'의 본질을 형성하며, 이는 개인이 삶의 덧없는 본성과 자신의 죽음을 마주하는 운명에 대해 성찰하도록 상기시키는 역할을 한다. 사람들이 자신이 젊었을 때 다른 선택을 했더라면 좋았을 거라고 생각하는 순간이 찾아오지만, 두려움이나 불확실성이 자신의 행동에 뒤따른다고 해도 삶은 후회만으로 채우기에는 너무 짧다.
어휘 finite 한정된, 유한한 inevitable 피할 수 없는 provoke 불러일으키다 essence 본질 reminder 상기시키는 것 reflect on ~을 성찰하다, 되돌아보다 fleeting 덧없는, 순식간의 fate 운명 regret 후회 fear 두려움 uncertainty 불확실성

04
정답 ④
해설 Claire가 자신의 금요일 교대 근무를 대신해 줄 사람을 찾고 있으며 Derek이 자신이 대신해 줄 수도 있음을 내비치는 상황이다. Claire가 2시부터 10시까지라는 근무 시간을 언급하고 그다음에 빈칸 뒤에서 감사를 전하고 있으므로 빈칸에는 Derek이 교대 근무를 해주겠다는 내용이 오는 것이 자연스럽다. 따라서 빈칸에 들어갈 말로 가장 적절한 것은 ④ '제 목요일 근무를 당신의 금요일 근무와 바꿔도 되나요?'이다.
① 왜 그날 쉬시나요?
② 죄송하지만, 이번에는 도와줄 수 없어요.
③ 당신 교대 근무를 대신해 줄 다른 사람이 있나요?
해석 Claire Zhang: 금요일에 제 교대(근무)를 대신해 줄 사람이 필요해요. 중요한 일이 생겨서 제가 갈 수 없을 것 같아요.
Derek Smith: 제가 할 수도 있을 것 같아요. 어떤 시간대를 말씀하시나요?
Claire Zhang: 오후 2시부터 10시까지예요.
Derek Smith: 제 목요일 근무를 당신의 금요일 근무와 바꿔도 되나요?
Claire Zhang: 매우 좋습니다. 정말 감사합니다.
어휘 cover (다른 사람의 일을 잠시 동안) 대신하다 shift 교대 근무 come up 생기다, 발생하다 swap 바꾸다 day off 쉬는 날

05
정답 ②
해설 로봇 제작 대회의 다양한 부문과 로봇 전투 경기 및 조립 경기 등 부대 경기를 소개하며, 참가자들이 대회에서 직접 로봇을 제작하고 경쟁하여 상금 수여 기회까지 얻도록 참가자들의 적극적인 참여를 유도하는 내용의 글이다. 따라서 글의 제목으로 가장 적절한 것은 ② '로봇 공학 대회에서 만들고 겨루고 우승해 보세요'이다.
① 오셔서 로봇들의 경쟁을 관람하며 즐거운 시간을 보내세요 → 경연 대회를 관람하기보다는 직접 참가를 독려하는 글이다.
③ 윌리엄스 로봇 공학 아카데미에서 신입생을 기다립니다 → 아카데미의 신입생 모집이 아니라, 아카데미에서 주최하는 로봇 제작 경연 대회와 관련된 내용이다.
④ 로봇을 활용하는 방법: 미래의 길 → 로봇 활용에 대한 일반적인 논의가 아니라, 로봇 제작 경연 대회의 홍보가 주목적이다.

06

정답 ③

해설 글의 후반부에서 경연 대회의 한 종목으로 참가자들이 주어진 재료를 사용하여 제한된 시간 내에 로봇을 만드는 로봇 조립 경기가 언급되므로, 글의 내용과 일치하지 않는 것은 ③ '모든 종목은 사전에 조립된 로봇을 요구한다.'이다.

① 아카데미에 속하지 않은 사람들도 대회에 등록할 수 있다. → 글의 초반부에서 언급된 내용이다.

② 참가자들에게는 다양한 상을 받을 수 있는 여러 기회가 있다. → 글의 초반부에서 언급된 내용이다.

④ 행사 참가를 원하는 사람들에게는 마감 기한이 있다. → 글의 후반부에서 언급된 내용이다.

05-06

해석

로봇 공학 대회에서 만들고 겨루고 우승해 보세요

윌리엄스 로봇 공학 아카데미에서 모든 로봇 기술자 지망생에게 열려 있는 로봇 제작 경연 대회를 개최합니다. 최고의 로봇을 제작할 수 있는 실력을 증명하고 다양한 부문에서 상위 3개 작품에 수여되는 상을 놓고 경쟁하세요.

경연 대회는 7월 27일 토요일 오후 1시부터 오후 5시까지 에이버리가 98번지에 있는 윌리엄스 로봇 공학 아카데미에서 열릴 예정입니다.

다음은 흥미로운 경연 대회 부문입니다:

가장 창의적인 디자인	가장 유용한 로봇
가장 빠른 로봇	로봇 내 AI 최대 활용

또한 참가자들은 로봇끼리 서로 겨루는 로봇 전투 경기, 또는 참가자들에게 주어진 재료를 사용하여 제한된 시간 내에 기능적인 로봇을 제작하도록 요구하는 로봇 조립 경기에 참가할 수 있습니다.

참가자들은 20달러의 참가비를 지불해야 하며 늦어도 7월 13일까지 등록해야 합니다. 자세한 내용은 555-9154로 전화 주세요.

어휘 robotics 로봇 공학 host 개최하다 aspiring 장차 ~가 되려는 compete 경쟁하다 prize 상, 상금 award 수여하다 creative 창의적인 useful 유용한 participant 참가자 battle 싸우다 construction 건축, (부품 등의) 조립 challenge 요구하다 contestant 참가자 functional 기능적인, 작동하는 material 재료 register 등록하다 no later than 늦어도 ~까지는 make use of ~을 활용하다 enroll in ~에 등록하다 in advance 미리, 사전에 deadline 마감 기한, 마감일 take part in ~에 참가하다

07

정답 ④

해설 성공한 사람들이 자신을 과대평가하는 과잉 자신감이 성공의 동력이 될 수 있지만, 때로는 잘못된 판단을 초래해 실패로 이어질 수 있다는 내용의 글로, 특히 대규모 인수 합병에서 총수들의 과잉 자신감이 기업 가치를 하락시키는 결과를 낳는다는 점을 강조한다. 따라서 글의 요지로 가장 적절한 것은 ④ '자기 능력에 대한 지나친 자신감은 종종 해로운 영향을 미친다.'이다.

① 대기업 총수들은 자신의 실수를 인정하는 것을 꺼린다. → 대기업 총수들이 자신의 실수를 인정하지 않는다는 내용은 직접적으로 언급된 바 없다.

② 주식 시장은 인수의 가치를 잘못 판단하는 경향이 있다. → 오히려 주식 시장은 경험을 통해 인수 합병의 실패 가능성을 반영해 인수 주체 기업의 가치를 낮춘다고 언급되었으므로 적절하지 않다.

③ 대규모의 인수 합병은 흔히 실패로 끝난다. → 대규모 인수 합병의 실패는 과잉 자신감의 결과로 설명된 사례일 뿐, 글의 핵심 요지는 아니다.

해석 일련의 심리 실험은 많은 성공한 사람들이 모든 바람직한 특성에서 자신이 다른 사람들보다 우월하다고 진심으로 믿는다는 것을 밝혔는데, 이러한 믿음은 때로는 성공의 추진력으로 작용하고 또 어떤 때엔 성공의 장애물로 작용한다. 비즈니스에서 자신의 우월성에 대한 그러한 믿음은 심각한 결과를 초래할 수 있다. 대기업 총수들은 자신이 다른 회사를 현재 그 회사의 소유주보다 더 잘 경영할 수 있다고 잘못 생각하여, 인수 합병에 막대한 돈을 걸 수도 있다. 주식 시장은 보통 인수 주체 기업의 가치를 떨어뜨리는 방식으로 반응하는데, 이는 경험상 대개 대규모 통합이 성공보다는 실패로 돌아갈 가능성이 더 크기 때문이다. 이러한 잘못 판단된 인수는 단지 인수 주체 기업의 경영진이 그저 자신이 생각하는 것보다 능력이 부족한 것이라고 상정함으로써 설명된다.

어휘 reveal 드러내다 genuinely 진심으로 superior 우월한 desirable 바람직한 trait 특성 momentum 탄력, 추진력 hindrance 장애(물) corporation 기업 make a bet 내기하다, 돈을 걸다 costly 많은 돈이 드는 merger 합병 acquisition 인수 mistakenly 잘못되어 stock market 주식 시장 downgrade (가치를) 떨어뜨리다 more often than not 대개 integration 통합 misguided 잘못 판단한 suppose 가정[상정]하다 executive 경영진 competent 유능한 reluctant 꺼리는 misjudge 잘못 판단하다 excessive 지나친 detrimental 해로운

08

정답 ①

해설 청각과 촉각의 관계를 중심으로 청각의 본질에 관해 설명하는 글로, 청각은 단순히 귀를 통해 소리를 인식하는 것만이 아니라, 촉각과 밀접하게 연결되어 있다는 점을 강조한다. 특히, 저주파 진동에서는 귀가 비효율적으로 되며, 이때 신체의 촉각이 대신 작용한다고 언급한다. 따라서 빈칸에 들어갈 말로 가장 적절할 것은 ① '촉각의 특수한 형태'이다.
② 주파수 변화에 민감한 감각 → 매우 낮은 주파수의 진동에서 귀가 비효율적으로 된다고 언급된 것으로 보아, 청각이 주파수 변화에 민감한 것은 맞지만, 이 글의 초점은 청각과 촉각의 연관성에 있다.
③ 외부 자극에 대한 자동 반응 → 청각이 외부 자극에 자동으로 반응한다는 내용은 포괄적으로 맞을 수 있으나, 이 글은 '청각과 촉각의 밀접한 관계'를 강조하고 있으므로 적절하지 않다.
④ 촉각과 무관한 경험 → 청각과 촉각이 동일한 현상의 일부라는 글의 내용과 반대된다.

해석 청각은 본질적으로 촉각의 특수한 형태이다. 소리는 단순히 귀가 포착하여 이후 뇌에 의해 해석되는 전기 신호로 변환하는, 진동하는 공기이다. 청각만이 이를 할 수 있는 감각은 아니다. 촉각도 이를 할 수 있다. 예를 들어, 만약 당신이 길가에 서 있는데 대형 트럭이 지나간다면 당신은 그 진동을 듣는 것일까 아니면 느끼는 것일까? 답은 둘 다이다. 매우 낮은 주파수의 진동에서는 귀가 비효율적으로 되기 시작하고 나머지 신체의 촉각이 대신하기 시작한다. 어떤 이유에서인지 우리는 소리를 듣는 것과 진동을 느끼는 것을 구별하는 경향이 있지만 실제로 그것들은 같은 것이다. 청각 장애는 당신이 듣지 못한다는 의미가 아니라, 귀에 어떤 문제가 있다는 것을 의미할 뿐이다. 완전히 귀가 먹은 사람조차 여전히 소리를 듣거나 느낄 수 있다.

어휘 vibrate 진동하다 pick up 포착하다, 알아채다 convert 전환[변환]하다 electrical 전기의 interpret 해석하다 capable of ~을 할 수 있는 pass by 옆을 지나가다 frequency 주파수 inefficient 비효율적인 take over 장악[대체]하다 differentiate 구별하다 deafness 귀먹음 completely 완전히 specialized 특수화된, 분화된 susceptible 민감한 external 외부의 stimulus 자극(pl. stimuli) independent of ~와는 관계없이[별도로] tactile 촉각의 sensation 느낌, 감각

09

정답 ②

해설 어떤 성공적인 진화적 적응이나 변화가 있을 때는 그에 앞서 더 단순한 형태가 있다는 주어진 문장에 이어, 구체적 사례로 인간의 엄지손가락을 설명하는 내용의 (B)가 와야 한다. 그다음에 our thumb를 This opposable thumb로 받아, 이것이 인간의 엄지가 초기에는 원숭이의 미완성적인 생김새로 시작되었다고 설명한 (C)에 이어, 마지막으로 영장류가 유인원으로 진화하면서 엄지손가락도 더 길어지고 진화했다는 내용의 (A)가 오는 것이 자연스럽다. 따라서 글의 순서로 가장 적절한 것은 ② '(B) - (C) - (A)'이다.

해석 동물에게 일부 성공적인 진화적 적응이나 변화가 있을 때마다, 거의 항상 일부의 더 단순한 형태가 선행한다. (B) 인간이 현대 세계를 만들고 형성할 수 있도록 해 주는 놀라운 기계적 도구, 즉 엄지손가락에 대해 생각해 보라. 인간의 엄지는 (다른 손가락을) 마주 볼 수 있으며, 이는 그것이 다른 손가락 끝에 닿을 수 있다는 것을 의미한다. (C) 이 대립 엄지는 작은 물건을 능숙하게 다루고 도구를 만드는 능력을 제공한다. 하지만 이러한 특별한 엄지는 처음부터 이렇게 시작된 것이 아니다. 초기에는 원숭이에게서 짧고 뭉툭한 생김새로 나타났고, (엄지가 다른 손가락을) 완전히 마주 볼 수도 없었다. (A) 영장류가 유인원으로 진화하면서 이 엄지는 점점 더 길어졌다. 일부 다른 영장류들에게서는 엄지가 이제 하나 또는 심지어 두 개의 손가락과 어느 정도는 맞닿을 수 있다. 이는 시간이 흐르면서 인간의 엄지가 더 단순한 형태에서 진화했음을 보여 준다.

어휘 evolutionary 진화적인 adaptation 적응 precede 선행하다 primate 영장류 ape 유인원 thumb 엄지손가락 oppose (손가락을) 맞대다, 마주 보게 하다 mechanical 기계적인 opposable (엄지가 다른 손가락을) 마주 보게 할 수 있는, 대립의 tip 끝 skillfully 능숙하게 stubby 뭉툭한

10

정답 ③

해설 학습 시작 단계의 중요성을 강조하며, 교사들은 이를 주의 깊게 관찰하고 학생들 곁에서 지시함으로써 잘 지도해야 한다는 내용의 글이다. 따라서 글의 흐름상 어색한 문장은 많은 학생이 공부에 압도당하면 지치고 덜 행복해한다는 내용의 ③이다.

해석 학습의 시작 단계는 미래의 성공적인 성과를 결정하는 데 매우 중요하다. 초기 오류는 '설정될' 수 있으며 근절하기가 어려울 수 있다. 결과적으로, 새로운 학습에서 학생들의 초기 시도는 주의 깊게 추적 관찰되어야 하며, 필요할 때 그들이 정확하고 성공적이도록 지도받아야 한다. 교사들은 (이용 가능한 도움 없이) 자립적으로 연습하도록 '학생들을 풀어놓기' 전에 지시가 반드시 '취해지도록' 확실히 하기 위해 전체 집단과 함께 연습하거나 학생들 사이를 돌아다닐 필요가 있다. (많은 학생들이 공부에 압도당하면 기진맥진하고 행복감이 감소되는 것을 경험한다.) 교사의 지도와 함께, 학생은 필요한 경우 명료화 또는 교정이 즉시 발생할 수 있도록 모든 (또는 충분한) 과제를 수행해야 한다. 그런 방식으로, 교사는 학생들이 스스로 공부할 때 오류를 연습하기보다는 나중에 도움 없이 정확하게 그 과제를 수행할 것이라고 확신한다.

어휘 determination 결정 initial 초기의 eradicate 근절하다 accurate 정확한 circulate among ~ 사이를 돌아다니다 instruction 지도, 지시 independently 독립[자립]적으로 exhausted 기진맥진한 well-being 행복, 복지 overwhelm 압도하다 guidance 안내, 지도 clarification 명료화 remediation 교정 assured 확신하는 subsequently 나중에 assistance 도움

회차 13 하프 모의고사

| 01 | ① | 02 | ② | 03 | ③ | 04 | ③ | 05 | ③ |
| 06 | ③ | 07 | ④ | 08 | ① | 09 | ④ | 10 | ② |

01

정답 ①

해설 대중 연설의 두려움이 무대에 오르기 전까지 누군가를 불안하게 한다는 내용으로 보아, 그 두려움이 며칠 또는 몇 주 동안 그 사람의 생각을 사로잡는다고 유추할 수 있다. 따라서 빈칸에 들어갈 말로 가장 적절한 것은 ① 'preoccupy(사로잡다)'이다.
② 즉흥으로 하다 ③ 연설하다, 해결하다 ④ 고무하다, 영감을 주다

해석 대중 연설의 두려움은 누군가가 무대에 오르기 며칠 또는 몇 주 전부터 그들의 생각을 사로잡아 불안하게 만들 수 있다.

어휘 public speaking 대중 연설 nervous 불안한

02

정답 ②

해설 장소의 부사구 Among ~ management가 문두에 와서 주어와 동사가 도치된 문장으로, 문장의 주어가 missed ~ levels이므로 빈칸에는 문장의 동사가 와야 한다. 빈칸 뒤에 온 주어에 동사를 수일치시켜야 하므로 복수 동사가 쓰여야 한다. 따라서 빈칸에 들어갈 말로 가장 적절한 것은 ② 'are'이다.

해석 잘못된 시간 관리의 결과 중에는 마감일을 놓치고 스트레스 수준이 높아지는 것이 있다.

어휘 miss 놓치다 deadline 마감일, 마감 시간 elevate 높이다, 증가시키다

03

정답 ③

해설 (interact → by interacting) 'A가 아니라 B'를 의미하는 상관접속사 'not A but B'가 사용되고 있다. 이때 짝을 이루는 A와 B는 품사가 동일해야 하는데, 여기서는 '전치사 + 동명사' 형태의 by engaging과 동사 interact가 오고 있으므로 interact를 '전치사 + 동명사' 형태의 by interacting으로 고쳐야 한다.
① used 이하는 a term을 수식하는 분사구인데, '~하기 위해 사용되다'라는 뜻의 'be used to RV'와 함께 용어가 '현상을 설명하기 위해 사용되는' 것이라는 자연스러운 의미를 나타내므로 수동의 과거분사 used와 목적을 나타내는 to 부정사 to describe와 결합한 used to describe의 쓰임은 적절하다.
② 장소 명사 the phenomenon을 선행사로 받는 관계부사 where 뒤에 완전한 절이 오고 있으므로 적절하게 쓰였다.
④ 비교급 강조 부사로 far가 쓰인 것은 적절하다.

해석 '스펀지 효과'는 개인이 그것을 의식적으로 인지하든 그렇지 않든 간에, 구조화된 학습에 참여함으로써가 아니라 환경과의 상호작용을 함으로써 지식을 흡수하는 현상을 설명하는 데 사용되는 용어로, 구조화된 교육보다 훨씬 더 직관적인 방식이다.

어휘 describe 묘사[설명]하다 phenomenon 현상 consciously 의식적으로 absorb 흡수하다 engage in ~에 참여하다 structured 구조화된 interact with ~와 상호작용을 하다 method 방법, 방식 intuitive 직관적인

04

정답 ③

해설 A가 사무실에서 마지막으로 나올 때 문을 잠그지 않고 나온 것 같아 걱정하는 상황이다. 이에 B가 너무 걱정하지 말라고 말하자 빈칸 뒤에서 A가 안심이라고 말한 것으로 보아 빈칸에는 사무실 문이 잠겨 있지 않아도 안심할 수 있는 상황에 대한 내용이 와야 자연스럽다. 따라서 빈칸에 들어갈 말로 가장 적절한 것은 ③ '보안팀이나 청소 직원이 그걸 확인할 가능성이 높아.'이다.
① 동료들이 알아채고 그걸 닫았을 수도 있어.
② 하지만 너는 불 끄는 건 잊지 않았잖아.
④ 사무실은 항상 누구에게나 열려 있어.

해석
A: 나 곤경에 처했어. 내가 사무실 문을 잠그지 않고 나왔을지도 몰라.
B: 정말이야? 무슨 일이 있었는데?
A: 내가 마지막으로 나왔고, 지금은 다시 들어가서 확인할 수도 없어.
B: 너무 걱정하지 마. 보안팀이나 청소 직원이 그걸 확인할 가능성이 높아.
A: 아, 맞아. 그건 안심이네.

어휘 be in trouble 곤경에 처하다 unlocked 잠겨 있지 않은 relief 안심 notice 알아채다 turn off ~을 끄다 security 보안

05

정답 ③

해설 사무실 보수 작업일에 사무실을 닫을 예정임을 알리고 직원들에게 임시 재택근무 지침을 내리는 내용의 글이다. 따라서 글의 목적으로 가장 적절한 것은 ③ '전 직원 임시 재택근무 실행을 알리려고'이다.
① 신규 재택근무 정책을 공지하려고 → 신규 재택근무 정책을 알리는 것이 아니라 일시적인 재택근무를 요청하는 내용이다.
② 기술 문제 보고 방법을 교육하려고 → 기술 문제를 보고하는 방법에 관한 언급이 있으나 이는 재택근무 시에 발생할 수 있는 상황에 대한 부가적인 정보일 뿐이다.
④ 사무실 유지 보수 관련 피드백을 요청하려고

06

정답 ③

해설 글의 중반부에서 사무실이 다음 주 월요일에 평소처럼 다시 문을 연다고 언급되므로, 글의 내용과 일치하는 것은 ③ '정기적인 사무실 운영은 다음 주에 재개될 예정이다.'이다.
① 사무실 보수 전날 공지가 내려졌다. → 글 상단의 날짜에서 이메일을 보낸 것이 1월 22일이며 글의 초반부에서 사무실 보수 작업은 24일에 진행한다고 언급되므로 옳지 않다.
② 중요한 회사 문서의 반출은 어떠한 경우에도 금지된다. → 글의 중반부에서 문서를 반출하려면 팀장 승인을 받으라고 언급되므로 옳지 않다.
④ 기술적 문제는 인사 부서에 먼저 전달해야 한다. → 글의 후반부에서 원격 자원에 문제가 있거나 홈 오피스 설정에 대해 문의 사항이 있는 경우 IT 부서에 연락하라고 언급되므로 옳지 않다.

05-06

해석 수신: 전 직원
발신: 인사부 <HR@shimsonenglish.com>
날짜: 1월 22일
제목: 공지

직원 여러분께,

다가오는 사무실 보수 작업으로 인해 사무실이 내일모레 1월 24일 금요일에 폐쇄됩니다. 해당 날짜에 모든 직원들은 재택근무를 진행해 주시기 바랍니다.

(업무) 생산성이 지속되도록 다음 사항에 따라주십시오:
1. 원격 시스템에 대한 접근성을 미리 테스트하십시오.
2. 오늘까지 팀장들에게 반출해야 하는 중요 서류에 대한 허가 승인을 받으십시오.

다음 사항도 확인하십시오:
- 사무실은 1월 27일 월요일에 평소처럼 다시 문을 엽니다.
- 폐쇄일에 유지보수 직원들이 중요한 수리 및 업그레이드를 수행할 예정이며, 이로 인해 일부 사무실 기반 시스템이 일시적으로 사용 불가할 수 있습니다.

원격 자원에 대해 문제가 발생하거나 홈 오피스 설정에 대해 문의 사항이 있는 경우, 다음을 통해 IT 부서로 연락해 주시기 바랍니다:
- 이메일: ithelpdesk@shimsonenglish.com
- 전화: 102-1901

여러분의 협조와 이해에 감사드립니다.

안부를 전하며,
인사부 드림

어휘 Human Resources 인사부 upcoming 다가오는 refurbishment 보수 uninterrupted 연속된, 지속된 productivity 생산성 remote 원격의 approval 승인 maintenance 유지 보수 closure 폐쇄 temporary 일시적인 outage 정전 cooperation 협조 notice 공지 renovation 보수 ban 금지하다 operation 운영 resume 재개하다 following 다음의

07

정답 ④
해설 마지막 문장에서 업사이클 작품 사진을 업로드하는 사람에게 상품이 주어진다고 언급되므로, 글의 내용과 일치하지 않는 것은 ④ '앱의 리뷰를 게시하는 사용자에게 상품이 주어진다.'이다.
① 그것은 사람들이 재활용할 수 없는 것들을 알려 준다. → 3번째 문장에서 언급된 내용이다.
② 그것은 특정 품목을 재활용하는 방법에 대한 정보를 가지고 있다. → 4번째 문장에서 언급된 내용이다.
③ 그것에 있는 지도는 사람들이 품목을 재활용할 수 있는 장소를 보여 준다. → 5번째 문장에서 언급된 내용이다.

해석 그로버시가 지역 주민들의 생활을 더 편리하게 해줄 것을 보장하는 또 다른 앱을 막 출시했습니다. 이 앱은 '그로버시 재활용'이라고 하며, 주민들이 지역에서의 재활용에 대해 알아야 할 모든 정보를 제공합니다. 이 앱은 재활용 가능한 항목과 재활용할 수 없는 품목에 대한 포괄적인 정보를 담고 있습니다. 또한 플라스틱병이나 금속 캔과 같은 특정 항목을 재활용을 위해 어떻게 준비해야 하는지 비디오 클립을 통해 보여 줍니다. 전체 도시의 지도를 통해 지역 내 모든 공공 재활용 통과 재활용 센터의 위치를 보여주는 것도 하나의 특징입니다. 이 앱은 또한 창의적으로 업사이클링하는 방법과 폐기물을 최소화하는 실용적인 방법을 제공하여, 지속 가능한 습관을 장려합니다. 사용자들의 참여를 더욱 유도하기 위해, 시에서는 업사이클링 창작품의 사진을 업로드하면 상품을 제공하여 재활용과 업사이클링을 재미있고 보람 있는 경험으로 만들어 줍니다.

어휘 locally 지역에서 comprehensive 포괄적인 creation 창작품 rewarding 보람 있는 post 게시하다

08

정답 ①
해설 이 글은 전쟁과 대공황으로 기존 부유층의 경제적 기반이 약화되고, 전후 급속한 경제 성장으로 새롭게 형성된 근로 소득 계층이 등장하는 전후 경제 질서의 구조적 변화를 설명하고 있다. 따라서 글의 주제로 가장 적절한 것은 ① '전후 경제 질서의 구조'이다.
② 전후 세대가 직면한 도전 과제 → 전후 세대가 직면한 도전 과제에 관해서는 언급된 바가 없다.
③ 전후 급속한 경제 성장의 부정적 측면 → 급속한 경제 성장이 가져온 변화를 설명하고 있을 뿐, 그에 대한 부정적인 측면을 다루고 있지는 않다.
④ 전후 경제 개혁의 목표와 성과 → 전후 경제 체제의 변화 양상에 관해 설명하고 있을 뿐, 개혁의 구체적인 목표와 성과에 관해서는 언급되지 않았다.

해석 20세기 초, 부자들의 재산은 두 차례의 세계 대전, 대공황, 그리고 극단적인 전시 재정 조치들로 인해 파괴되었다. 그 후, 수십 년에 걸쳐 이루어진 급속한 경제 성장은 '새로운 근로 소득'이 기존의 상속받은 재산보다 훨씬 더 중요한 것이 되는 상황을 만들어 냈다. 전후 시대에는, 시장 사회가 자본 소유주들에 의해 지배될 것이라고 주장한 Marx를 틀린 것으로 보였다. 일반 노동자들의 임금은 높았고 꾸준히 오르고 있었다. 경제 엘리트들은 기업 소유주들이기보다는 주로 기업 임원이나 숙련된 전문직 종사자들(예를 들어, 변호사와 외과 의사)이었다. 그리고 상징적인 '자본가' 인물들은 오래된 재산의 상속자들이기보다는 처음부터 사업을 일군 기업가들이었다.

어휘 fortune 재산 the wealthy 부자들 the Great Depression 대공황 wartime 전시 measure 조치, 정책 earned income 근로 소득 inherit 상속하다 post-war 전후(戰後)의 assert 주장하다 dominate 지배하다 capital 자본(금), 자산 wage 임금 ordinary 일반적인, 보통의 elite 엘리트, 최상류의 사람들 executive 임원 skilled 숙련된 surgeon 외과 의사 enterprise 기업 iconic 상징적인 figure 인물 entrepreneur 기업가 from the ground up 처음부터[밑바닥에서부터] 끝까지 heir 상속자 face 직면하다 reform 개혁, 개선

09

정답 ④

해설 수렵 채집 사회에서 인간과 침팬지의 행동 차이를 비교하며, 인간은 기여도와 역할의 중요성에 따라 보상을 분배하는 반면, 침팬지는 협력적 성공에 기여한 개체에게 보상하지 않는다고 설명하는 글이다. 침팬지 사회에서는 고기를 잡은 개체와의 근접성이 보상을 결정하는 주요 요소로 작용하며, 협력적 모험에 참여하는 것은 보상과 직접적으로 연결되지 않는다고 언급된다. 따라서 침팬지가 단독 활동을 선호하는 이유로서 빈칸에 들어갈 말로 가장 적절한 것은 ④ '팀워크로 얻는 것이 얼마나 적은지'이다.

① 명확한 보상이 없으면 팀워크가 얼마나 제대로 작동하지 않는지 → 침팬지의 사례는 팀워크의 작동 여부보다는 기여도와 보상의 관계를 설명할 뿐, 명확한 보상이 없어서 팀워크가 실패한다는 언급이 없으므로 적절하지 않다.

② 단체 사냥의 결과가 얼마나 예측 불가능할 수 있는지 → 단체 사냥 결과의 예측 가능성은 언급되지 않았다.

③ 협력적 노력을 지속하는 것이 얼마나 힘든지 → 글의 초점은 협업 과정의 어려움에 있지 않고, 협업적 행동이 보상으로 이어지지 않는다는 점에 있다.

해석 수렵 채집 사회에서 사냥꾼들은 누가 고기를 잡도록 도왔는지와 그들 역할의 중요성에 따라 고기를 나눈다. Efe Pygmy족 사이에서는, 첫 번째 화살을 쏘는 사냥꾼이 가장 많은 몫을 차지하고, 자기 개가 사냥감을 쫓아갔던 사람이 그 뒤를 잇는 식이다. 도미니카 공화국의 어부들 사이에서는, 생선 판매 수익금이 배 주인의 휘발윳값을 상환하는 데 가장 먼저 사용되며, 나머지는 모든 선원에게 똑같이 분배된다. 이와 반대로, 침팬지는 공동의 성공에 기여한 바에 대해 각 개체에 보상하는 것에 신경 쓰지 않는 것 같다. 포획된 침팬지에 대한 실험은 고기를 잡은 개체와의 근접성이 누가 몫을 가져갈지에 대한 주요 예측 변수라는 것을 보여 준다. 협력적 모험에 참여하기보다는, 적시 적소에 있는 것이 침팬지가 식량 보상의 몫을 얻을 것인지를 예측한다. 팀워크로 얻는 것이 얼마나 적은지를 고려하면, 침팬지가 흔히 단독 활동을 선호한다는 것은 그다지 놀랍지 않다.

어휘 foraging 수렵 채집의 prey 사냥감 proceeds 수익금 reimburse 상환하다 remainder 나머지 reward 보상하다 contribution 기여 joint 공동의 captive 포획된, 사로잡힌 proximity 가까움, 근접(성) predictor 예측 변수 collaborative 협력적인 venture 모험 given ~을 고려해 볼 때 pursuit 추격, 활동 incentive 장려금, 보상(물) outcome 결과 demanding 힘든, 고된 sustain 유지하다 cooperative 협력하는

10

정답 ②

해설 주어진 문장은 '그들'이 교직에 들어선 이유가 학생들과 싸우고 싶어서가 아니라, 그들을 도울 수 있다고 믿기 때문이라는 내용으로, 문맥상 '그들'은 교사들을 가리킨다. 주어진 문장 앞에는 학생들이 자신의 조언을 원하지 않는데도 계속하는 이유, 즉 교직에 계속 몸담는 이유를 궁금해한다는 내용이 오고, 뒤에는 Consequently로 시작하여 그들이 도울 수 있는 학생을 만날 때 새로운 활력을 얻는다는 내용이 와야 한다. 따라서 주어진 문장이 들어갈 위치로 가장 적절한 것은 ②이다.

해석 교사들은 나이가 들수록 게을러질 수 있다. 그들은 최선의 조언을 하고, 흔히 학생들이 눈을 하늘로 향해 굴리며 아이들에게 엄마가 길을 건널 때 주의하라고 만 번째 말할 때 그들의 얼굴을 스쳐 가는 표정을 띠는 것을 본다. 교사들이 자기 과목을 잘 알 만큼 오래 가르쳤을 때, 그들은 왜 자신이 보아하니 반겨지지 않는 조언을 계속하는지 궁금해하기 시작한다. 그들 대부분은 학생들과 싸우고 싶어서가 아니라, 그들을 도울 수 있다고 믿어서 교직에 들어갔다. 결과적으로, 그들은 배우기를 열망하고 방어적인 태도를 보이지 않을 만큼 충분히 성숙한 학생을 우연히 마주칠 때 새로운 활력을 얻는다. 가끔 나에게는 좋은 소질을 가지고 훌륭한 질문을 하는, 관심이 있는 학생이 있다. 그리고 다시 한번 나는 30년 전에 그랬던 것처럼 열정을 느낀다.

어휘 lazy 게으른, 태만한 heavenward 하늘을 향해 assume 띠다, 취하다 apparently 보아하니 revitalize 새로운 활력을 주다 come across ~을 우연히 마주치다 eager 열망하는 mature 성숙한 defensiveness 방어적임 now and then 가끔 instinct 소질 enthusiastic 열정적인

회차 14 하프 모의고사

01	③	02	④	03	③	04	②	05	①
06	②	07	④	08	②	09	④	10	④

01

정답 ③

해설 만성 스트레스와 불안이 개인의 전반적인 건강 상태를 더 나쁘게 만들 수 있다는 내용으로 보아, 질병 증상도 악화시킨다고 유추할 수 있다. 따라서 빈칸에 들어갈 말로 가장 적절한 것은 ③ 'aggravate(악화시키다)'이다.
① 멈추다 ② 완화하다 ④ 극복하다

해석 만성적인 스트레스와 불안은 질병의 증상을 악화시키고 개인의 전반적인 건강 상태를 더 나쁘게 만들 수 있다.

어휘 chronic 만성의 anxiety 불안 symptom 증상 worsen 더 나쁘게 하다, 악화하다

02

정답 ④

해설 앞에서 empathic(감정 이입을 하는)의 정의를 설명하는 내용이 나오는 것으로 보아, 뒤에서 설명하는 다른 사람들의 상황에 연민을 느낀다는 의미를 나타내는 단어는 sympathetic(동정적인)임을 유추할 수 있다. 따라서 빈칸에 들어갈 말로 가장 적절한 것은 ④ 'sympathetic(동정적인)'이다.
① 예민한 ② 미적인 ③ 무관심한

해석 '감정 이입을 하는'은 다른 사람의 감정을 이해하는 것이라고 정의되는 반면, '동정적인'의 의미는 그들의 상황에 연민을 느끼는 것을 포함한다.

어휘 empathic 감정 이입의 define 정의하다 pity 연민

03

정답 ③

해설 (designed → are designed) 문장의 주어는 These robotic dolphins이고 동사는 designed인데, 주어인 이 로봇 돌고래가 '설계하는' 것이 아니라 '설계되는' 것이므로 수동태가 되어야 한다. 또한 맥락상 현재시제이며 주어가 복수 명사이므로 are designed로 쓰여야 한다. 참고로 made of ~ materials는 주어를 수식하는 분사구이다.
① '살아 있는'이라는 뜻의 형용사 live가 명사 dolphins를 수식하고 있는 것은 적절하다. 참고로 서술적 용법으로만 쓰이는 형용사 alive와의 구별에 유의해야 한다.
② 전치사 without 뒤에 동명사 harming이 온 것은 적절하며, 명사구 marine life를 목적어로 취하기 위해 능동형으로 쓰인 것도 적절하다.
④ before는 접속사이므로 뒤에 절이 온 것은 적절하다.

해석 수족관에서 돌고래들이 묘기를 부린다고 상상해 보아라. 단지 고리를 뛰어넘는 살아 있는 돌고래들이 아니라, 이것들은 해양 생물에 해를 끼치지 않고 관람객들을 즐겁게 해 주는 로봇들이다. 실리콘과 기타 부드러운 재질로 만들어진 이 로봇 돌고래들은 자연스럽게 움직이고 실제 돌고래들의 행동을 모방하도록 설계되었다. 그것들은 포획된 돌고래들을 대체할 수 있는 단계에 근접했지만, 당신이 돌고래를 보고 그것을 진짜 돌고래로 착각하기까지는 몇 년이 더 걸릴 것이다.

어휘 picture 상상하다, 마음속에 그리다 trick 재주, 묘기 aquarium 수족관 hoop 고리, 후프 entertain 즐겁게 해 주다 harm 해를 끼치다 marine life 해양 생물 mimic 모방하다, 흉내 내다 captive 사로잡힌, 포획[억류]된 mistake A for B A를 B로 착각[오해]하다

04

정답 ②

해설 고객 회의 준비에 대해 대화를 나누고 있는 상황이다. Jennifer가 발표 자료 준비가 필요하다고 말한 후 빈칸 뒤에서 바로 작업을 시작하겠다고 언급하는 것으로 보아, Tim이 그 작업을 먼저 처리해 줄 것을 요청한 것으로 유추할 수 있으므로 빈칸에 들어갈 말로 가장 적절한 것은 ② '그 작업을 우선적으로 처리해 주실 수 있나요?'이다.
① 저희가 그 회의를 미룰 수 있나요?
③ 저는 당신이 그것을 이미 끝냈다고 생각했어요.
④ 다음 주 고객들과의 준비는 모두 끝났나요?

해석 Tim Sanders: 다음 주 고객 회의를 위해 무엇을 준비해야 하나요?
Jennifer Molina: 발표 자료들이 준비되어야 할 것 같아요.
Tim Sanders: 그 작업을 우선적으로 처리해 주실 수 있나요?
Jennifer Molina: 물론이죠, 제가 바로 시작하겠습니다. 언제까지 필요하신가요?
Tim Sanders: 목요일까지 준비해 주실 수 있으면 좋겠습니다.
Jennifer Molina: 알겠습니다.

어휘 client 고객 presentation 발표 material 자료 right away 바로 postpone 미루다 prioritize 우선적으로 처리하다

05

정답 ①

해설 베스트셀러 작가 Erica Juliet의 서점 방문과 더불어, 연설, 조언, 책 낭독, 사인회를 포함한 행사의 세부 정보를 알리며 팬들의 참여를 독려하는 내용의 안내문이다. 따라서 글의 제목으로 가장 적절한 것은 ① '여러분이 좋아하는 작가를 만날 수 있는 이 기회를 놓치지 마세요'이다.
② 도버 서점에서 양장본 도서 세일을 진행합니다 → 서점에서의 양장본 및 문고본 판매와 관련하여 언급되긴 하나, 도서 세일은 언급된 바 없다.
③ Erica Juliet과 그녀가 성공한 이야기 → 행사의 세부 일정 중 하나로 Erica Juliet의 출판 업계 경험담 관련 연설이 언급되긴 하지만, 이 글은 그녀의 성공담보다는 행사를 소개하고 팬들의 참여를 독려하는 데 중점을 두고 있다.
④ 책 사인회: 팬들이 유명 작가들을 만날 수 있는 행사 → '단 한 명'의 유명 작가와 팬들이 만나는 행사일 뿐만 아니라 행사의 일부로서 사인회를 언급하고 있으므로 적절하지 않다.

06

정답 ②

해설 작가가 서점을 방문하여 출판 업계에서의 경험담 및 작가 지망생에게 전하는 조언을 들려줄 예정이라고 언급하고 있다. 맥락상 deliver는 '들려주다'라는 뜻으로 쓰였으므로, 이와 의미가 가장 가까운 것은 ② 'present (제공하다, 보여 주다)'이다.
① 낳다 ③ 분배하다 ④ 포기하다, 내주다

05-06

해석 **여러분이 좋아하는 작가를 만날 수 있는 이 기회를 놓치지 마세요**

Erica Juliet은 요즘 출판 업계에서 가장 유명한 명사 중 한 명입니다. 그녀는 한 달 전에 자신의 아홉 번째 소설인 <좋은 시절>을 출간했으며, 그것은 이미 50만 부 이상의 양장본이 판매되어 베스트셀러 목록 1위에 올랐습니다.

Juliet 씨는 이번 주말 햄프턴 쇼핑센터 2층에 있는 도버 서점에 모습을 드러낼 것입니다. 그곳에서 가능한 한 그녀의 많은 팬분들을 만나 뵐 수 있기를 기대합니다.

세부 정보
날짜: 2월 12일 일요일
시간: 오후 2시부터 오후 4시까지
장소: 햄프턴 쇼핑센터에 있는 도버 서점

Juliet 씨는 출판 업계에서의 경험에 대한 짧은 연설을 들려줄 예정이며, 작가 지망생들에게 조언도 해 줄 예정입니다. 그녀는 <좋은 시절>의 첫 장을 낭독한 후 사인을 해 줄 것입니다.

Juliet 씨의 모든 책은 양장본과 문고본 둘 다 구매하실 수 있을 것입니다.

어휘 name 명사(名士), 유명인 publishing 출판 release 출시[출간]하다 hardback 딱딱한 표지로 된, 양장본의; 양장본 appearance 모습, 출현 speech 연설 aspiring 장차 ~가 되려는 autograph 사인 paperback 종이 표지의 책, 문고본

07

정답 ④

해설 스포츠 식품 광고와 달리, 실제로 적당한 여가 운동에서 소비되는 무기질의 양은 일반적인 건강한 식사와 수분 섭취로 충분히 보충할 수 있을 정도이므로 운동 전후로 추가적인 무기질 섭취가 필요하지 않음을 강조하는 내용의 글이다. 따라서 글의 요지로 가장 적절한 것은 ④ '가벼운 운동 전후에는 추가적인 무기질 섭취가 필요하지 않다.'이다.
① 운동 유형에 따라 식단 계획을 달리해야 한다. → 운동 유형별 식단 조정에 관한 언급은 없다.
② 운동 중에는 소량의 물을 마시는 것이 바람직하다. → 평소의 수분 섭취에 대한 언급은 있으나, 운동 중 물 섭취에 대한 구체적인 조언은 포함하고 있지 않다.
③ 특정 영양소의 과잉 섭취는 운동 능력을 저해한다. → 과잉 섭취가 운동 능력에 미치는 영향에 대해서는 언급되지 않았으며, 글의 중심 소재는 적당한 여가 운동 시 추가적인 무기질 보충의 불필요성이다.

해석 일부 스포츠 식품 광고는 스포츠 활동으로 인해 당신의 몸에서 무기질이 빠져나가므로 당신은 그러한 영양소를 보충하기 위해 특화된 제품이 필요하다는 점을 암시한다. 그러나 적당한 여가 운동은 당신의 운동 능력이나 전반적인 건강에 영향을 미칠 만큼 충분한 영양소를 고갈시키지 않는다. 그런 이유로 당신은 한 시간의 등산이나 한 차례의 테니스 경기 후에 특정 무기질을 즉시 보충할 필요가 없다. 당신의 다음 일반 식사로 충분하다. 운동 중 예상되는 손실을 보충하기 위해 미리 추가적인 무기질을 섭취할 필요는 없다. 당신은 수행 능력이나 피로도에 영향을 미칠 만큼 충분히 상실하지 않는다. 균형 잡힌 식단을 유지하고 수분 섭취를 잘하는 것은 당신이 이미 고갈된 상태로 하루를 시작하지 않도록 보장해 준다. 순간순간의 결핍은 크게 중요하지 않다.

어휘 mineral 무기질 specialized 특화된 replenish 보충하다 nutrient 영양소 moderate 적당한, 보통의 recreational 여가[오락]의 deplete 고갈시키다 athletic 운동의 overall 전반적인 suffice 충분하다 beforehand 미리 compensate for ~을 보충하다 fatigue 피로 hydrate 수분을 공급하다, 수화(水和)시키다 assure 보장하다 deficit 결핍, 부족 depending on ~에 따라 advisable 바람직한 overconsumption 과잉 섭취 hinder 저해하다 intake 섭취

08

정답 ②

해설 지구본 및 평면 지도의 장단점을 언급하며 둘을 비교하는 글이다. 빈칸 문장에서는 지구본의 장점을 언급한 뒤에 but으로 반전시켰기 때문에 빈칸에는 지구본의 단점에 해당하는 내용이 와야 한다. 지구본은 접어서 주머니에 넣을 수 없으며 특정 위치를 찾기 불편하고, 이것이 어딘든 들고 다닐 수 있는 평면 지도가 개발된 이유라고 했으므로 지구본의 단점은 휴대성 부족이라는 것을 알 수 있다. 따라서 빈칸에 들어갈 말로 가장 적절한 것은 ② '쉽고 편리한 휴대성에 있어 실용적이지 않은'이다.
① 좁은 공간에서 사용하기에 적합하지 않은 → 지구본을 접어서 주머니에 넣을 수 없어 휴대성이 떨어진다고만 언급되었을 뿐, 좁은 공간에서의 사용과 관련된 내용은 제시되지 않았다.
③ 특정 종류의 지형을 왜곡하기 쉬운 → 지형을 왜곡하지 않는 것이 지구본의 장점이므로 적절하지 않다.
④ 2차원적 시야를 통해서만 접근 가능한 → 2차원적 시야는 평면 지도에 해당하는 특징이다.

해석 지구본은 지구 표면의 특징을 가장 정확하게 묘사한다. 지구본은 거리, 면적, 방향, 근접성을 실제와 같이 나타낸 유일한 것이다. 그렇긴 하지만 당신은 지구본을 접어서 주머니에 넣을 수는 없다. 게다가, 특정 도시의 특정 시내 도로 위치를 알아낼 필요가 있다면, 당신은 매우 큰 지구본이 필요할 것이다. 물론, 거대한 지구본을 만든 다음 필요한 부분을 오려낼 수도 있을 것이다. 나는 당신이 내 말의 요점을 이해하리라 생각한다. 지구본은 정확하지만 쉽고 편리한 휴대성에 있어 실용적이지 않다. 이것이 3차원의 지구를 2차원의 지도에 투영한 평면 지도가 개발된 이유이다. 평면 지도는 접어서 거의 모든 곳에 가지고 갈 수 있다. 그럼에도 불구하고 이러한 평면 지도들은 편리하고 공간 정보를 나타내긴 하지만, 왜곡된 시야를 제공한다. 현재, 왜곡이 없는 평면 지도는 존재하지 않는다.

어휘 globe 지구본 accurate 정확한 depiction 묘사 representation 나타낸 것 proximity 근접성 that said 그렇긴 하지만 locate 위치를 알아내다 cut out 잘라내다, 오려내다 three-dimensional 3차원의 project 투영하다 flat 평면의 convenient 편리한 display 나타내다, 보여 주다 spatial 공간의 distorted 왜곡된 free from ~이 없는 unsuitable 적합하지 않은 confined 좁은, 한정된 impractical 실용적이지 않은 portability 휴대성 prone to ~하기 쉬운 terrain 지형 accessible 접근 가능한

09

정답 ④

해설 식당에서 당신이 소금을 사용하지 못하게 방해하는 Joe를 설명하는 주어진 글 다음에는 Later를 통해 이후 당신이 식당을 나가려고 할 때 또 다시 방해하려는 Joe의 행동을 보여 주고 타인의 의도를 알면서 방해하는 것이 무례하다는 내용의 (C)가 와야 한다. 그다음에는 However로 앞과 다르게 보드 게임의 상황에서 Joe의 행동이 허용되는 게임의 특성을 설명하는 내용의 (B)가 온 후, 마지막으로, (B)에서 언급된 Joe의 방해 행동을 this로 받아, 그것이 식당에서는 무례하지만 게임에서는 용인될 수 있으며, 게임이 타인의 목표를 막는 행동을 허용한다는 결론으로 글을 마무리하는 (A)가 오는 것이 자연스럽다. 따라서 글의 순서로 가장 적절한 것은 ④ '(C) - (B) - (A)'이다.

해석 당신이 방금 만난 사람들과 함께 식사하고 있다고 상상해 보라. 당신이 소금에 손을 뻗는데, 갑자기 다른 손님 중 한 명이, 그를 Joe라고 부르자, 그 소금을 잡아채서 당신의 손이 닿지 않는 곳에 둔다. (C) 나중에, 당신이 식당을 나갈 때 Joe가 앞으로 달려가 출구를 막는다. 이는 무례한 것으로 여겨질 것인데, 그 이유는 당신이 다른 사람의 의도를 알고 있을 때 그 사람이 그것을 달성하지 못하게 막는 것은 보통 모욕적이기 때문이다. (B) 하지만 만약 당신이 똑같은 사람들과 보드 게임을 하고 있다면, 같은 Joe가 당신이 게임을 이기지 못하게 막는 것은 완전히 용인될 것이다. 게임뿐만 아니라 식당에서도, Joe는 당신의 의도를 알고 있고 당신이 하려는 것을 못 하게 막는다. (A) 음식점에서는 이것이 무례하다. 게임에서는 이것이 예상되고 받아들여질 수 있는 행동이다. 분명, 게임은 우리에게 다른 사람들이 그들의 목적을 달성하지 못하게 막도록 승인해 주는 듯하다.

어휘 reach (손을) 뻗다, (목적 등을) 이루다 rude 무례한 acceptable 용인되는 apparently 분명히 permission 승인, 허가 offensive 모욕적인, 불쾌감을 주는

10

정답 ④

해설 감정은 생화학적으로 인식과 상호작용하여 호르몬으로 뇌를 적시고 뇌세포의 행동을 수정한다는, 즉 호르몬이 뇌 작용에 강력한 편향을 발휘한다는 내용의 글이다. 글의 흐름상 어색한 문장은 감정 시스템이 작동하지 않는 인간은 선택에 어려움을 겪는다는 내용의 ④이다.

해석 감정은 생화학적으로 인식과 상호작용하여, 뇌에서 혈류나 도관을 통해 전달되는 호르몬으로 뇌를 적시고 뇌세포의 행동을 수정한다. 호르몬은 뇌 작용에 강력한 편향을 발휘한다. 긴장되고 위협적인 상황에서, 감정 시스템은 뇌를 편향시켜 그 환경의 관련 부분에 초점을 맞추게 하는 호르몬의 분비를 촉발한다. 근육은 행동을 준비하기 위해 긴장한다. 차분하고 위협적이지 않은 상황에서, 감정 시스템은 근육을 이완시키고 뇌를 탐험과 창의성을 향해 편향시키는 호르몬의 분비를 촉발한다. (작동하는 감정 시스템이 없는 인간은 선택하는 데 어려움을 겪는다.) 이제 뇌는 더욱더 환경의 변화를 알아차리고, 사건에 주의를 빼앗기고, 이전에는 관련 없어 보였을지도 모르는 사건과 지식을 종합하는 경향이 있다.

어휘 cognition 인식 biochemically 생화학적으로 bathe 적시다 bloodstream 혈류 duct 도관(導管) modify 수정하다 exert 발휘하다 bias 편향; 편향시키다 operation 작동 tense 긴장된; 긴장하다 trigger 촉발하다 distract 주의를 빼앗다 piece together 종합하다

회차 15 하프 모의고사

01	④	02	④	03	④	04	①	05	③
06	②	07	③	08	③	09	③	10	②

01

정답 ④

해설 조금 더 무거운 무게를 드는 것이 근력을 키워준다는 비유를 통해, 더 길거나 더 정교한 글을 읽는 것이 독해력을 키우는 데 도움이 된다고 유추할 수 있다. 따라서 빈칸에 들어갈 말로 가장 적절한 것은 ④ 'elaborate(정교한)'이다.
① 생생한 ② 전형적인 ③ 내부의

해석 조금 더 무거운 무게를 들어 올리는 것이 근력을 키우는 것과 마찬가지로 더 길거나 더 정교한 글을 읽는 것이 당신의 독해력을 키우는 데 도움이 된다.

어휘 lift 들어 올리다 slightly 조금 text 글

02

정답 ④

해설 빈칸은 명사 the opportunity를 수식할 수 있는 분사나 to 부정사 자리이다. 빈칸 뒤에 목적어인 명사구 early access가 있고 맥락상 의미상 주어인 승객들이 '조기 이용을 누릴 기회'라는 뜻이 되어야 자연스러우므로 능동의 to 부정사가 와야 한다. 참고로 빈칸을 사역동사 have의 목적격 보어 자리로 본다면, 뒤에 오는 명사구 early access를 목적어로 취하면서 능동의 의미를 나타내는 RV(enjoy)가 올 수 있지만, 목적어와 목적격 보어의 관계가 '기회가 조기 이용을 누리는' 것이 되므로 부적절하다. 마찬가지로 현재분사 enjoying도 '조기 이용을 누리고 있는 기회'라는 어색한 의미가 되므로 부적절하다. 따라서 빈칸에 들어갈 말로 가장 적절한 것은 ④ 'to enjoy'이다.

해석 전용 멤버십 프로그램의 일환으로, 2,500달러 이상의 항공편을 예약하는 승객들은 이제 좌석 업그레이드, 우선 탑승, 여행 할인 쿠폰에 대한 조기 이용을 누릴 기회를 얻게 될 것이다.

어휘 exclusive 독점적인, 전용의 passenger 승객 book 예약하다 access 접근, 이용 priority 우선(권) boarding 탑승 voucher 쿠폰, 할인권

03

정답 ④

해설 (neither → so) 'and neither + V + S'는 부정 동의를 나타내는데, 앞 문장의 동사가 needs remembering으로 긍정문이므로 긍정 동의를 나타낼 때 쓰는 'and so + V + S'가 와야 한다. 이때 대동사는 앞에 나온 현재 시제 동사 needs를 대신하면서 복수 명사 the sacrifices에 수일치해야 하므로 so do the sacrifices가 되어야 한다.
① 문장의 동사가 단수 동사 needs이므로 주어는 단수로 수일치해야 한다. 또한 every 뒤에는 단수 명사가 와야 하므로 protest의 수일치는 적절하며, 서수 first와 함께 'every + 서수 + 단수 명사'의 형태인 Every first protest는 적절하게 쓰였다.

② need, want, deserve 등의 동사가 동명사 목적어를 취할 경우, 동명사는 RVing 형태이지만 수동의 의미를 나타낼 수 있다. 따라서 주어인 모든 최초의 시위가 '기억될' 필요가 있는 것이므로 remembering의 쓰임은 적절하다. 참고로 to 부정사의 수동태(to be remembered)로도 같은 의미를 나타낼 수 있다.
③ '아무리 ~해도'라는 뜻의 양보 부사절을 이끄는 no matter how가 쓰였다. no matter how의 수식을 받는 형용사나 부사는 모두 앞으로 가고 주어와 동사는 평서문 어순을 따르는데, 2형식 동사 appear는 형용사를 보어로 취하므로 no matter how imperfect는 적절하다. 또한 맥락상 '그것이 아무리 불완전해 보일지라도'라는 해석도 자연스러우므로 부사절의 쓰임도 적절하다.

해석 변화를 불러일으키는 용기를 가진, 사회 정의를 위한 모든 최초의 시위는 그것이 아무리 불완전해 보일지라도 그 유산을 기리기 위해 기억되어야 할 필요가 있으며, 모든 것을 걸고 불의와 불평등에 반대하는 목소리를 낸 사람들에 의해 이루어진 희생도 기억되어야 할 필요가 있다.

어휘 protest 항의, 시위 justice 정의 courage 용기 inspire 불러일으키다 honor 존경하다, 기리다 legacy 유산 imperfect 불완전한 sacrifice 희생 risk 걸다, 위태롭게 하다 speak out against ~에 반대하는 목소리를 내다 inequality 불평등

04

정답 ①

해설 블루투스 헤드폰 구매를 하는 상황이다. 빈칸 뒤에서 B가 다른 모델을 제시하며 이 모델은 가볍다는 것을 강조한 것으로 보아, A는 먼저 추천받은 모델은 무거워서 거절했음을 유추할 수 있다. 따라서 빈칸에 들어갈 말로 가장 적절한 것은 ① '저한테는 조금 무거워요'이다.
② 음향이 별로 제 취향이 아니에요
③ 색상에 대해서는 크게 신경 쓰지 않아요
④ 이게 바로 제가 찾던 거예요

해석
A: 안녕하세요, 블루투스 헤드폰을 찾고 있어요.
B: 특별히 생각하고 계신 모델이 있나요?
A: 딱히 없어요. 그냥 좋은 음질을 원해요.
B: 이거 한번 껴보세요. 디자인이 좋고 소음 제거 기능도 제공합니다.
A: 저한테는 조금 무거워요.
B: 그러면 이 모델은 어떠신가요? 이것은 총 250그램밖에 안 나가요.
A: 좋아요. 이걸로 할게요.

어휘 specific 특정한 noise 소음 cancellation 제거 weigh 무게가 ~이다 taste 취향

05

정답 ③

해설 시카고 출장 일정 변경을 알리고, 부사장님의 지침에 따라 출장 전 협상 입장 검토 등을 위한 회의가 있을 것임을 공유하는 내용의 글이다. 따라서 글의 목적으로 가장 적절한 것은 ③ '출장 관련 중요한 변경 사항들을 전달하려고'이다.

① 회사 부사장의 지시로 회의를 주최하려고 → 회사 부사장이 협상 관련 회의를 요청하기는 했으나 이는 출장 관련 변경 사항으로 공유한 내용 중 하나일 뿐, 전체 글의 목적으로 보기엔 지엽적이다.
② 출장 일정이 전면 취소된 배경을 설명하려고 → 출장 일정이 취소된 것이 아니라 연기되었다.
④ 협상 상대방의 건강 상태에 대한 우려를 표하려고 → 협상 상대방의 건강 상태는 출장 일정이 변경된 이유를 설명하기 위해 부연되었을 뿐, 이에 대한 우려를 나타내는 내용이 아니다.

06

정답 ②

해설 회사 부사장님이 협상 입장을 검토하고 협상에 대해 자신이 기대하는 바를 전달하려고 출장 전 회의를 요청했다는 내용이다. 맥락상 expectation은 '기대'라는 뜻으로 쓰였으므로, 이와 의미가 가장 가까운 것은 ② 'anticipation (기대)'이다.
① 가능성 ③ 상상(력) ④ 해석

05-06

해석 수신: Clarice Weatherspoon <claricew@thompson.com>
발신: George Walker <gwalker@thompson.com>
날짜: 5월 16일
제목: 중요 업데이트

Clarice께,

제가 방금 저희 회사 부사장님이신 Susan Wall로부터 저희가 이번 주 목요일 5월 18일에 더 이상 시카고 출장을 가지 않을 것이라는 통보를 받았습니다. 대신, 출장이 다음 주 월요일까지 연기될 것이라고 Wall 씨께서 말씀하셨습니다.

듣자 하니, DKR의 주요 협상가인 Terry Harper가 아프셔서 이번 주 남은 기간에는 근무하실 수 없다고 합니다. 그는 다음 주에는 괜찮아질 것으로 예상되어, 저희가 월요일 저녁에 출발하여 화요일 아침에 협상을 시작할 예정입니다.

한 가지 더 말씀드릴 것이 있습니다. 부사장님께서 변경된 출장일 전인 이번 주 금요일 오전 10시에 저희와의 회의를 요청하셨습니다. 그분은 우리의 협상 입장을 검토하고 협상에 대한 자신의 기대를 전달하고 싶어 하십니다. 만약 당신이 이미 그 시간에 예정된 일정이 있다면, 다시 일정을 잡으시기를 부탁드립니다.

안부를 전하며,
George Walker 드림

어휘 vice president 부사장 on business 출장으로, 업무차 note 언급하다 apparently 듣자[보아] 하니 negotiator 협상가 depart 출발하다 commence 시작하다 go over ~을 검토하다 bargain 협상하다 position 입장

07

정답 ③

해설 4번째 문장에서 24시간 연중무휴 고객 담당 서비스를 제공한다고 언급되므로, 글의 내용과 일치하는 것은 ③ '투숙객들은 언제든지 고객 담당 서비스를 받을 수 있다.'이다.

① 각 유닛마다 침실이 2개인 220개 객실이 있다. → 2번째 문장에서 (총) 220개 객실에 침실이 1개가 있거나 2개가 있다고 언급되므로 옳지 않다.
② 그곳은 식당 시설에 대한 접근이 제한적이다. → 3번째 문장에서 식사를 할 수 있는 다수의 매장이 있다고 언급되므로 옳지 않다.
④ 그곳은 투숙객들이 운전할 수 있는 차량을 제공한다. → 마지막 2번째 문장에서 개인 차량이 없는 투숙객들을 위해 운전 서비스를 제공한다고 언급되므로 옳지 않다.

해석 실버 펀 은퇴자 전용 주택은 은퇴자들의 요구를 충족시키기 위해 특별히 지어진 시설입니다. 침실이 1개이거나 침실이 2개인 (총) 220개 객실을 4개의 건물에 걸쳐 보유하고 있습니다. 40에이커 규모의 저희 부지에는 수영장 2개, 피트니스 센터, 사우나, 9홀 골프장, 쇼핑을 하거나 커피를 즐기거나 식사를 하기 위한 다수의 매장이 있습니다. 각 유닛은 최신 가전제품을 갖추고 있으며, 24시간 연중무휴 고객 담당 서비스를 제공합니다. 저희는 항상 대기 중인 의사가 있는 첨단 의료 시설을 갖추고 있습니다. 더 이상 개인 차량을 소유하지 않은 투숙객들을 위해 운전 서비스도 제공합니다. 저희의 헌신적인 직원은 언제든지 어떤 요청이든 도와드릴 준비가 되어 있습니다.

어휘 retirement 은퇴 cater to ~을 충족시키다 retiree 은퇴자 property 부지, 건물 dining 식사 be equipped with ~을 갖추고 있다 appliance 가전제품 24/7 연중무휴의 concierge service 컨시어지 서비스(고객 담당 서비스) on call 대기하고 있는 dedicated 헌신적인

08

정답 ③

해설 이 글은 정보가 점점 더 전자적으로 이용 가능해지는 오늘날에도 장서가 그 구성이 빠르게 바뀌기 어려운 특성 덕분에 도서관의 주목할 만한 자산임을 강조하고 있다. 따라서 글의 주제로 가장 적절한 것은 ③ '도서관 자산으로서 장서의 중요성'이다.

① 도서관 장서를 마련하는 것의 어려움 → 장서 구성에 시간이 오래 걸리는 어려움이 언급되긴 하나, 이는 장서가 지닌 중요성을 설명하기 위한 부연에 불과하다.
② 도서관의 사용자 친화적인 서비스의 필요성 → 도서관의 사용자 친화적인 서비스보다는 전통적인 자산으로서 장서의 의의를 강조하는 글이다.
④ 장서에서 디지털 서비스로의 도서관 우선순위 전환 → 도서관의 우선순위가 장서에서 디지털 서비스로 전환된다는 언급은 없으며, 오히려 장서의 중요성이 여전히 유지되고 있다는 점을 강조하는 내용이므로 적절하지 않다.

해석 도서관들은 점점 더 이용자들에게 제공하는 서비스의 품질에 집중하고 있다. 이는 더 많은 정보를 전자적으로 이용할 수 있게 되면서 특히 중요해졌다. 그러나 도서관의 전통적인 장점은 항상 장서였다. 이는 오늘날에도 여전히, 특히 연구 도서관에 있어 맞는 말이다. 게다가 장서 구성은 빨리 바꾸기 가장 어려운 측면 중 하나이다. 예를 들어, 한 도서관이 멕시코에서 출판된 자료들을 광범위하게 수집하는 오랜 전통을 가지고 있다면, 그곳이 새로운 멕시코 출판물 매입을 중단하더라도, 그곳의 멕시코 장서들은 책을 빼기 시작하지 않는 한 앞으로 몇 년간 여전히 방대하고 주목할 만할 것이다. 마찬가지로, 한 도서관이 이전에 자료를 거의 보유하지 않던 특정 주제 분야를 많이 수집하기 시작한다면, 그 장서가 귀중한 연구 도구로 사용될 만큼 충분히 방대하고 풍부해지려면 몇 년이 걸릴 것이다.

어휘 focus on ~에 집중하다, 초점을 맞추다 electronically 전자적으로 accessible 접근[이용] 가능한 strength 강점 collection 소장품, 장서 makeup 구성 extensively 광범위하게 publish 출판하다 acquire 얻다, 매입하다 imprint (책의) 간기(刊記), 출판사(명) substantial 상당한 notable 주목할 만한 valuable 귀중한 arrange 마련하다, 배치하다 user-friendly 사용자 친화적인 significance 중요성, 의의 asset 자산, 이점 shift 변화, 전환 priority 우선순위

09

정답 ③

해설 과학에 대한 오해와 상대론적 관점이 과학의 본질을 어떻게 부정하는지를 비판하는 내용의 글이다. 일부 사회학자들과 상대론자들은 과학의 객관성을 부정하며, 과학을 사실들의 축적에 불과하며 타당성이 없는, 사회적으로 구성된 신화의 집합일 뿐이라고 주장한다. 빈칸에서는 이처럼 과학에 반하는 견해를 지닌 상대론자들이 추구하는 바가 언급되므로, 빈칸에 들어갈 말로 가장 적절한 것은 ③ '과학의 우월성을 부인하고'이다.
① 증거의 역할을 강화하고 → 상대론자들은 과학적 증거의 역할을 약화시키며, 과학적 논쟁이 실험이 아닌 사회적 협상에 의해 해결된다고 주장하므로 적절하지 않다.
② 과학에 반대하는 어떤 조치도 취하지 않고 → 상대론자들이 보이는 과학의 객관성과 타당성을 적극적으로 부정하려는 태도와 반대된다.
④ 더 많은 과학적 협력에 대해 찬성론을 펴고 → 상대론자들은 과학적 협력이나 발전을 도모하려는 의도를 보이지 않으므로 적절하지 않다.

해석 몇 가지 독특한 과학적 체계가 있다고 생각하는 것에서부터 그것(과학)을 기술과 융합하는 것에 이르는, 과학에 관한 무수한 오해들이 있다. 이것들은 과학이 주로 창조력은 없지만 매우 경쟁력이 있는 사실들의 축적에 관한 것이라는 생각을 포함한다. 심지어, 과학은 특별한 타당성이 없는, 사회적으로 구성된 신화의 또 다른 집합에 불과하다고 주장하는 과학사회학자들의 학파도 있다. 예를 들어, <The Golem>에서 Collins와 Pinch는 과학 논쟁은 실험을 통해서가 아니라 사회적 협상을 통해 해결된다고 진술한다. Collins는 더 나아가, 실제 세계는 과학적 생각을 형성하는 데에 거의 역할을 하지 못해 왔다고도 썼다. 이러한 상대론자들은 이해를 제공하는 데 있어서 <u>과학의 우월성을 부인하고</u> 싶어 한다. 그러한 견해는 본질적으로 반과학적인 것이고, 그들의 견해가 소위 과학 연구 과정에서 무비판적으로 제시되는 것은 매우 우려되는 문제이다.

어휘 countless 무수한 misconception 오해 range from A to B 범위가 A에서 B에 이르다 fuse 융합시키다 accumulation 축적 competitive 경쟁력 있는 school 파, 학파 myth 신화, 잘못된 믿음 validity 타당성 dispute 논쟁 resolve 해결하다 negotiation 협상, 합의 relativist 상대론자 uncritically 무비판적으로 so-called 소위 reinforce 강화하다 superiority 우월성 argue for ~대해 찬성론을 펴다 collaboration 협력

10

정답 ②

해설 주어진 문장의 They는 문맥상 ② 앞 문장에 나온 breakdown products를 지칭하고, breakdown products가 물에서 용해된다는 내용이 주어진 문장에 나온 (그것들이) 물속에서 쉽게 이동할 수 있다는 내용과 이어진다. 또한 ② 뒤부터 But과 함께 물과 기름이 섞이지 않는 지방에 관한 내용이 나오면서 글의 흐름이 바뀌고 있다. 따라서 주어진 문장이 들어갈 위치로 가장 적절한 것은 ②이다.

해석 우리는 대부분 물로 이루어져 있다. 그것은 우리 체중의 약 65%, 혈액의 90% 이상을 차지한다. 그리고 물은 우리의 음식과 음료의 대부분을 차지한다. 단백질, 탄수화물, 핵산의 분해 산물들은 물에 용해된다. <u>그것들은 우리의 소화기관, 혈류, 세포의 물 성질 내용물 속에서 쉽게 이동할 수 있다.</u> 하지만 지방에 관한 한, 기름과 물은 섞이지 않는다. 지방은 특별한 처리가 필요하다. 지방 분해 시, 당신은 담즙산염이 소화 효소가 음식의 지방을 분해할 수 있도록 그것에 더 큰 표면적을 제공하면서, 지방을 작은 방울로 분해하는 것을 어떻게 돕는지 볼 수 있다.

어휘 watery 물 성질의 digestive 소화의 account for ~을 차지하다 make up 이루다, 차지하다 bulk 대부분 breakdown 분해 carbohydrate 탄수화물 nucleic acid 핵산 dissolve 용해되다 handling 처리 bile salt 담즙산염 droplet 작은 (물)방울 enzyme 효소 break apart 분해하다

회차 16 하프 모의고사

| 01 | ③ | 02 | ④ | 03 | ③ | 04 | ① | 05 | ④ |
| 06 | ② | 07 | ④ | 08 | ① | 09 | ③ | 10 | ④ |

01
정답 ③
해설 겨울에 날씨가 더웠다가 추워지고 맑았다가 흐려진다는 내용으로 보아, 이 불안정한 날씨가 계절적 혼란을 일으킨다고 유추할 수 있다. 따라서 빈칸에 들어갈 말로 가장 적절한 것은 ③ 'unstable(불안정한)'이다.
① 이상적인 ② 우울한 ④ 적당한, 중간의
해석 비록 겨울이 시작되었지만, 더웠다가 추워지고 맑았다가 흐려지는 불안정한 날씨는 상당한 계절적 혼란을 일으킨다.
어휘 significant 상당한 seasonal 계절적인 confusion 혼란

02
정답 ④
해설 공허한 약속으로 권력과 인기를 얻는 것에만 신경을 쓴다는 내용을 통해 그 정치인이 얄팍한 사람이었음을 유추할 수 있다. 따라서 빈칸에 들어갈 말로 가장 적절한 것은 ④ 'shallow(얄팍한)'이다.
① 도와주는 ② 도덕적인 ③ 성급한
해석 그 정치인은 공허한 약속을 통해 권력과 인기를 얻는 것 외에는 거의 어떤 일에도 관심을 가지지 않는 얄팍한 사람이었다.
어휘 rarely 거의 ~ 않는 care about ~에 관심을 가지다 popularity 인기 empty 공허한, 무의미한

03
정답 ③
해설 (arrived → arriving) 접속사 When이 남아 있는 분사구문이 쓰이고 있는데, arrive는 수동태로 쓸 수 없는 완전자동사이므로 arrived를 능동의 현재분사 arriving으로 고쳐야 한다. 맥락상으로도 분사구문의 의미상 주어인 he가 '도착한' 것이므로 능동의 현재분사가 쓰이는 것이 적절하다. 참고로 분사구문은 접속사절 When he arrived로도 나타낼 수 있다.
① 'on + 특정일' 형태로 쓰이므로, 특정일을 나타내는 명사구 his retirement day 앞에 '~에'라는 뜻의 전치사 on이 쓰인 것은 적절하다.
② insist와 같은 주장·요구·명령·제안·충고·결정의 동사가 당위의 의미를 지니는 that절을 목적어로 취할 때, that절 내의 동사는 '(should) + RV'로 표현하므로 deliver는 적절하게 쓰였다.
④ Here가 문두에 오는 경우, 주어가 일반명사이면 주어와 동사가 의문문의 어순으로 도치되지만, 주어가 대명사이면 도치되지 않으므로 Here I stand로 쓰인 것은 적절하다.
해석 그의 은퇴식 날, Carter 씨의 매니저는 그가 동료들에게 고별 연설을 해야 한다고 주장했다. 연단에 도착했을 때 그는 안경을 조정하고 수십 년 동안 함께 일했던 동료들의 얼굴을 흘긋 바라보았다. "저는 저희가 함께 보낸 세월과 함께 쌓아온 추억에 감사드리는 마음으로 이 자리에 섰습니다."라고 그는 시작했다.
어휘 retirement 은퇴 deliver a speech 연설하다 farewell 작별, 고별 colleague 동료 podium 연단 adjust 조정하다 glance 흘끗 보다 grateful 감사하는

04
정답 ①
해설 구독 서비스 중 월간 플랜의 취소 정책에 대해 문의하는 상황이다. 빈칸 뒤에서 Rachel이 긍정적으로 반응하며 취소하기로 하면 추가 요금이 없는지 재확인하고 있으므로 빈칸에는 긍정적 반응을 이끌어 낼 수 있는 취소 시 추가 요금이 발생하지 않는다는 내용이 와야 자연스럽다. 따라서 빈칸에 들어갈 말로 가장 적절한 것은 ① '그것은 언제든지 위약금 없이 취소할 수 있습니다.'이다.
② 고객 서비스로 연락을 하시길 권장해 드립니다.
③ 연간 플랜은 취소에 대한 유연성이 적습니다.
④ 구독 전에 무료 체험을 이용해 보시겠어요?
해석 Rachel: 안녕하세요, 귀사의 구독 플랜 중 하나에 관심이 있는데, 취소 정책에 대해 몇 가지 질문이 있습니다.
SubsPlus: 제가 기꺼이 도와드리겠습니다. 월간 플랜에 대해 묻고 계신가요, 아니면 연간 플랜인가요?
Rachel: 월간 플랜이요.
SubsPlus: 그것은 언제든지 위약금 없이 취소할 수 있습니다.
Rachel: 좋네요, 그러면 제가 취소하기로 하면 추가 요금이 없는 거네요?
SubsPlus: 정확합니다. 그리고 서비스는 청구 기간 종료 시까지 유효한 상태로 유지됩니다.
Rachel: 알겠습니다. 정보를 주셔서 감사합니다.
어휘 subscription 구독 cancellation 취소 policy 정책 assist 도와주다 monthly 매월의 annual 연간의 additional 추가의 charge 요금, 비용 bill 청구서를 보내다 penalty 벌금, 위약금 flexibility 유연성 free trial 무료 체험

05
정답 ④
해설 헌 옷이나 버려질 물건들을 창의적으로 업사이클링하는 방법을 알려 주는 워크숍을 홍보하는 내용이다. 따라서 글의 제목으로 가장 적절한 것은 ④ '업사이클링: 여러분의 쓰레기를 보물로 탈바꿈시켜 보세요'이다.
① 수제 예술 작품을 위한 공예 워크숍 → 워크숍은 예술 작품보다는 실용적이고 독특한 프로젝트 제작에 중점을 두고 있고, 글의 중심 소재인 업사이클링에 대한 언급이 없어 적절하지 않다.
② 여러분의 헌 옷을 최신 유행 의상으로 업사이클링하세요 → 헌 옷뿐만 아니라 캔, 병 등 다양한 물건의 업사이클링도 언급되므로 정답이 되기엔 지엽적이다.
③ 걸프 쇼어즈에서 중고 제품을 구매하세요 → 중고 제품을 구매하는 것이 아니라, 업사이클링을 통해 창작 활동에 참여하는 워크숍을 홍보하는 글이다.

06
정답 ②
해설 글의 후반부에서 워크숍 장소가 걸프 쇼어즈 커뮤니티 센터 114호라고 언급되므로, 글의 내용과 일치하지 않는 것은 ② '그것은 커뮤니티 센터 밖에서 진행될 것이다.'이다.
① 그것은 단 하루 특정한 날에 제공될 예정이다. → 글의 중반부에서 언급된 내용이다.
③ 그것은 사전 예약을 요구하지 않는다. → 글의 후반부에서 언급된 내용이다.
④ 활동에 필요한 모든 재료는 현장에서 제공될 것이다. → 글의 후반부에서 언급된 내용이다.

05-06

해석 업사이클링: 여러분의 쓰레기를 보물로 탈바꿈시켜 보세요

더 이상 입지 않는 헌 옷, 캔, 병, 또는 그 외 쓰레기 매립지로 향하는 물건이 있나요? 업사이클링 운동에 동참하여 쓰레기에 대해 다시 생각해 보고 당신의 창의력을 발휘해 보세요! 업사이클링은 쓸모없어진 물건을 새롭고 유용한 물건으로 탈바꿈시켜 쓰레기를 줄이는 동시에 상상력을 자극합니다.

걸프 쇼어즈 커뮤니티 센터에서는 오래된 물건에 새 생명을 불어넣는 방법을 알려 주는 체험형이자 1회 한정 워크숍인 걸프 쇼어즈 워크숍에 여러분을 초대합니다. 숙련된 강사가 창의적인 기법을 시연하고 세션 중에 실용적이고 독특한 프로젝트를 만들 수 있도록 안내할 것입니다.

날짜	2월 9일 일요일
시간	오후 2시부터 오후 5시까지
장소	걸프 쇼어즈 커뮤니티 센터 114호

예약할 필요 없이, 학습하고 영감을 얻을 준비가 된 채 있는 그대로만 오시면 됩니다. 도구와 재료가 제공될 것이므로 참석하여 즐기기만 하시면 됩니다.

어휘 head 향하게 하다 landfill 쓰레기 매립지 rethink 다시 생각하다 creativity 창의력 upcycling 업사이클링(창조적 재활용) movement (정치적·사회적) 운동 transform 탈바꿈시키다 useful 유용한 spark 자극하다, 유발하다 imagination 상상력 hands-on 직접 해보는, 체험형의 instructor 강사 demonstrate 시연하다 practical 실용적인 book 예약하다 inspire 영감을 주다 material 재료 show up 나타나다, 참석하다 trendy 최신 유행의 outfit 옷, 의상 second-hand 중고의 prior 사전의 reservation 예약 on-site 현장에서

07

정답 ④

해설 동물은 먹이를 자연에서 직접 구해 먹지만, 인간은 동물과 달리 슈퍼마켓이나 식당에서 다른 사람들이 준비한 음식을 먹는다는 내용의 글이다. 따라서 글의 요지로 가장 적절한 것은 ④ '인간은 동물과 달리 식량 공급을 위해 다른 사람들에게 의존한다.'이다.
① 현대 생활 방식은 인간을 자연에서 멀어지게 했다. → 대부분의 사람들이 자연에서 음식을 직접 얻지 않고 슈퍼마켓이나 식당, 카페테리아에서 다른 사람들에 의해 만들어진 음식을 먹는다고 언급되었지만, 이를 현대 생활 방식으로 인한 인간과 자연의 단절로 확대 해석할 근거가 부족하다.
② 자연에서 식량을 직접 조달하는 것은 지속 가능성을 보장한다. → 자연에서 음식을 직접 얻는 방식으로 식물 채집과 동물 사냥이 언급되긴 하지만, 이러한 방식이 지속 가능성을 보장한다는 내용은 언급되지 않았다.
③ 음식은 경제적 목적을 달성하기 위한 무기로 사용될 수 있다. → 음식이 경제적 도구로 사용된다는 내용은 언급된 바 없다.

해석 많은 동물들은 깨어 있는 대부분의 시간을 먹이를 찾아 먹는 데 보낸다. 그들은 먹을 것들을 위해 주변 환경에 의존한다. 어떤 동물들은 혼자 물색하는 반면, 다른 동물들은 함께 물색하기도 하지만, 일반적으로 그들은 자연에서 직접 먹이를 얻는다. 인간의 음식 역시 자연에서 나오지만, 오늘날 대부분의 사람들은 다른 사람들에게서 음식을 얻는다. 지난 한 해 동안, 당신이 먹은 것 중 얼마나 많은 부분이 식물에서 채집하거나 동물을 사냥하는 것처럼 자연에서 직접 얻은 것이었는가? 아마 전부는 아니더라도 당신이 먹은 것의 대부분은 다른 사람들이 준비한 음식이 판매되는 슈퍼마켓이나, 아니면 어떤 사람들이 재배한 음식이 다른 사람들에 의해 조리되어 제공되는 식당과 카페테리아에서 왔을 것이다. 만약 이 모든 시스템이 갑자기 사라지고 사람들이 자연에서 직접 음식을 얻어야 한다면, 우리 대부분은 그것을 어떻게 시작해야 할지 모를 것이다. 많은 사람들이 굶주릴 것이다.

어휘 rely on ~에 의존하다 pick off ~을 떼어 내다, 채집하다 go about ~을 시작하다 distance 멀리 떼어놓다 sourcing 조달 sustainability 지속 가능성 objective 목표 depend on ~에 의존하다 supply 공급

08

정답 ①

해설 교사가 모든 전문 지식을 알고 있으며 이를 학생들에게 전달하는 역할에만 국한된다는 근거 없는 믿음을 두 가지 주요 결함 요소를 들어 반박하는 내용의 글이다. 빈칸 앞에서는 새로운 발견들이 계속 나오고 있는 상황에서 한 개인이 모든 주제에서 전문가가 되는 것은 불가능에 가깝다고 하였고, 빈칸 뒤에서는 전문가라고 주장하는 것은 더는 배울 게 없음을 의미한다고 했다. 이러한 맥락에서 최선의 가르침은 이미 모든 지식을 가지고 있는 것이 아니라 계속해서 지식을 채워나가는 것임을 추론할 수 있다. 따라서 빈칸에 들어갈 말로 가장 적절한 것은 ① '더 나아지는'이다.
② 사물을 통합하는 → 가르침을 사물이나 지식을 통합하는 과정으로 설명하고 있지 않다.
③ 답을 제공하는 → 이 글은 교사가 모든 지식과 답을 가지고 있고 이를 학생들에게 제공하는 역할에 국한된다는 근거 없는 믿음을 비판하며, 가르침이 끊임없이 배우고 성장하는 과정임을 강조하고 있으므로 적절하지 않다.
④ 자신을 분석하는 → 교사가 스스로 상태를 분석해 볼 필요가 있다는 내용은 언급되지 않았다.

해석 전문가로서의 교사에 대한 한 가지 근거 없는 믿음은, 교사들이 '다 알고 있다'라는 것과 그들의 역할이 그저 비전문가일 뿐만 아니라 사전 지식이 없을 수도 있는 학생들에게 그들의 전문 지식을 전하는 것이라고 시사한다. 이 근거 없는 믿음에는 두 가지 주요 결함이 있다. 첫째, 교사는 지식이 풍부하고 학생들은 지식이 빈약하다고 가정하는 것은 학생들이 교실에 가져오는 독특한 관점들을 자동으로 묵살한다. 둘째, 어떤 개인이 모든 주제에서 전문가가 되는 것은, 심지어 유치원에서 가르치는 것에 관해서라도 비현실적이다. 예를 들어, 유치원생들은 흔히 자연에 대해 호기심이 많은데, 특히 새로운 발견들이 지속적으로 이루어지고 있는 상황에서, 누가 자연의 모든 현상에 대해 완전한 지식을 가지기를 기대할 수 있겠는가? 최선의 가르침은 더 나아지는 과정이다. 전문가라는 주장은 그 사람이 더 배울 것이 거의 없다는 것을 시사한다.

어휘 myth 근거 없는 믿음, 신화 pass on ~을 전달하다 expertise 전문 지식 lack ~이 없다 prior 사전의 flaw 결함 automatically 자동으로 dismiss 묵살하다 perspective 관점 unrealistic 비현실적인 when it comes to ~에 관해서라면 kindergarten 유치원 phenomenon 현상 (pl. phenomena) constantly 지속적으로, 끊임없이 at one's best 가장 좋은 상태에서 claim 주장 integrate 통합하다

09

정답 ③

해설 주어진 글은 뇌 연구를 통해 뇌가 운동 기술을 처리하고 내면화하는 방식을 이해한다는 내용 다음에는 먼저 골프 스윙으로 예를 들어 다양한 그립과 자세를 실험하고 결과를 분석하는 좌뇌의 의식 과정을 설명하는 (B)가 오는 것이 자연스럽다. 그다음에는, (B)의 different grips, positions and swing movements를 those elements of the swing으로 받아 반복적인 연습과 근육 기억을 통해 운동 기술을 내면화하는 과정이 설명된 (C)가 이어지고, 마지막으로 이 내면화 과정을 This internalization으로 받아 좌뇌에서 우뇌로 기능이 전환되는 방식과 의식적/무의식적 상호 작용을 다룬 (A)로 글을 마무리하는 것이 적절하다. 따라서 글의 순서로 가장 적절한 것은 ③ '(B) - (C) - (A)'이다.

해석 뇌 연구는 뇌가 운동 기술을 어떻게 처리하고 내면화하는지 이해하기 위한 체계를 제공한다. (B) 골프 스윙과 같은 복잡한 동작을 연습할 때 우리는 다양한 그립, 자세, 스윙 동작을 실험하면서 각각을 그것이 가져오는 결과의 관점에서 분석한다. 이는 의식적인 좌뇌 과정이다. (C) 일단 원하는 결과를 만들어 내는 스윙의 요소를 파악하고 나면, 우리는 이를 '근육 기억' 속에 영구적으로 기록하기 위해 반복해서 연습한다. 이런 식으로 우리는 그 스윙을 원하는 스윙을 재현해 줄 것으로 믿는 운동 감각으로 내면화한다. (A) 이러한 내면화는 스윙을, 의식적으로 통제되는 좌뇌 기능에서 더 직관적 또는 반사적인 우뇌 기능으로 전환한다. 이 설명은 비록 지나치게 단순화되었지만, 운동 기술을 완벽히 익힐 때 뇌에서 일어나는 의식적 활동과 무의식적 활동 간의 상호 작용을 설명한다.

어휘 framework 체계, 틀 process 처리하다; 과정 internalize 내면화하다 athletic 운동의 transfer 전환하다 consciously 의식적으로 intuitive 직관적인 automatic 반사적인 description 설명 oversimplification 지나친 단순화 interaction 상호 작용 perfect 완벽하게 하다 analyze 분석하다 in terms of ~의 관점에서 yield (결과 등을) 가져오다 identify 확인[파악]하다 rehearse 연습하다 in an attempt to RV ~하기 위하여 permanently 영구적으로 muscle 근육 kinesthetic 운동 감각의 recreate 재현하다

10

정답 ④

해설 대부분의 직원과 경영주들은 당장 눈앞의 상황에 급급하지만, 다른 사람들이 높이 평가할 수 있는 상품과 서비스를 제공할 방법을 고민하면 큰 성공을 거둘 수 있을 것이라는 내용의 글이다. 따라서 글의 흐름상 어색한 문장은 고가 상품과 서비스의 가격 변화에 소비자가 보이는 민감성을 이야기하는 ④이다.

해석 다른 사람들이 높이 평가할 수 있는 상품과 서비스를 어떻게 제공할 수 있는지에 지능의 초점을 맞추는 개인들은 시장에서 크게 유리할 것이다. 대부분의 직원은 어떻게 자신의 서비스를 현재와 미래의 고용주 모두에게 더 가치 있게 만들 수 있는지보다 자신이 얼마나 많은 급여를 받고 있는지를 생각하는 데 시간을 보낸다. 마찬가지로, 많은 경영주는 비용 대비 자신의 상품이나 서비스의 가치를 어떻게 높일 수 있는지보다 경영상의 사소한 일에 초점을 맞춘다. 그러나 다른 사람들이 더 많은 가치를 창출하게 하고 그렇게 하도록 돕는 것으로 알려진 사람들은 그들의 상품과 서비스를 더 높은 가격에 팔 수 있을 것이다. (소비자들은 고가의 상품과 서비스의 가격 변화에 더욱 민감해 왔고 앞으로도 그럴 것이다.) 일단 당신이 어떻게 당신의 서비스 가치를 다른 사람들에게 높일 수 있는지에 대해 진지하게 생각하기 시작하면, 성공을 이루는 당신의 능력을 과소평가하지 마라.

어휘 brainpower 지능, 지적 능력 goods 상품, 제품 value 평가하다; 가치 prospective 장래의 management 경영 relative to ~에 비례하여, 대비하여 consumer 소비자 sensitive 민감한 underestimate 과소평가하다

회차 17 하프 모의고사

| 01 | ① | 02 | ④ | 03 | ② | 04 | ③ | 05 | ④ |
| 06 | ④ | 07 | ③ | 08 | ① | 09 | ② | 10 | ② |

01

정답 ①

해설 원하는 것을 소리 내 말하라는 내용으로 보아, 목표를 선언하면 동기부여를 받고 다른 사람들의 지지도 얻을 수 있다는 것을 유추할 수 있다. 따라서 빈칸에 들어갈 말로 가장 적절한 것은 ① 'declaring (선언하다)'이다.
② 묵살하다 ③ 협상하다 ④ 조사하다

해석 만약 당신이 무언가를 이루고 싶다면, 그것을 소리 내 말하라, 즉 당신의 목표를 다른 사람들에게 선언하는 것은 당신에게 동기를 부여해 줄 뿐만 아니라 다른 사람들의 지지도 끌어낸다.

어휘 out loud 소리 내어 motivate 동기를 부여하다 attract 끌어내다

02

정답 ④

해설 빈칸은 부정형용사 any의 수식을 받으며 뒤로는 분사구 expressed ~ readers의 수식도 동시에 받는 명사 자리이다. 따라서 빈칸에 들어갈 말로 가장 적절한 것은 ④ 'criticisms'이다.

해석 최근 1면 기사에 대한 부정적인 평가에 대응하여, 편집팀은 깊이 우려하는 독자들이 편지에 표명한 모든 비판을 어떻게 처리할지 논의했다.

어휘 in response to ~에 대응하여 front-page (신문의) 1면의 editorial 편집의 handle 다루다, 처리하다

03

정답 ②

해설 (Because → Because of) 접속사 because 뒤에는 절이 와야 하는데, 여기서는 the way라는 명사가 오고 있으므로 Because를 전치사 Because of로 고쳐야 한다. 참고로 선행사 the way와 관계부사 how를 함께 사용할 수 없어 the way 뒤에 관계부사가 생략된 관계부사절 muscles coordinate actions가 오고 있다.
① 여럿 중 두 개의 대상을 언급할 때는 one과 another를 쓰지만, 여기서는 양손을 차례로 언급하는 경우이므로 one과 the other를 써야 한다. 앞에서의 '한 손'을 one hand로 표현했으므로 '나머지 한 손'을 나타낸 the other는 적절하게 쓰였다.
③ 유도부사 there이 문두에 오면 주어와 동사가 도치되므로, 주어인 단수 명사구 temporary confusion에 수일치한 단수 동사 is는 적절하게 쓰였다.
④ make가 5형식 동사로 쓰여 to 부정사를 목적어로 취할 땐 'make + 가목적어 it + 목적격 보어 + (for + 목적격) + to RV'의 구조를 취하는데, succeed는 완전자동사이므로 능동형 to succeed로 쓴 것은 적절하다.

해석 한 손으로 머리를 두드리고 다른 손으로 배를 문지르는 경우, 그 동작들을 원활하게 수행하는 데 애를 먹을 수 있다. 근육들이 동작들을 조정하는 방식 때문에 운동의 패턴들이 다를 때 종종 일시적인 혼동이 생기며, 이는 초보자들로 하여금 사전 훈련 없이는 성공하기 어렵게 만든다.

어휘 pat 두드리다 rub 문지르다 stomach 배, 위(胃) struggle to RV ~하려고 애를 먹다 smoothly 원활하게 muscle 근육 coordinate (몸의 움직임을) 조정하다 temporary 일시적인 confusion 혼동 motor 운동의, 운동 근육의 differ 다르다 prior 사전의

04

정답 ③

해설 도서관 복사기를 이용하려면 복사 카드가 필요하다는 사실을 아는지 물어보는 B의 질문에 대해 A가 몰랐다고 대답한 후, B가 무언가를 전해주고 있으므로 B가 A에게 복사 카드를 빌려주려 한다는 것을 알 수 있다. 따라서 빈칸에 들어갈 말로 가장 적절한 것은 ③ '너한테 있으면 내가 좀 빌릴 수 있을까?'이다.
① 복사 카드가 정확히 뭐야?
② 네 복사 카드 돌려주는 걸 내가 깜빡했네.
④ 내가 너랑 같이 가길 원해?

해석 A: Jane! 오랜만이야.
B: 안녕, Chris. 도서관에서 뭐 하고 있어?
A: 난 여기 내가 빌린 과학책에서 몇 페이지를 복사하려고 왔어.
B: 이 도서관에서 복사기 쓰려면 복사 카드가 필요한 거 알고 있어?
A: 아, 몰랐어. 너한테 있으면 내가 좀 빌릴 수 있을까?
B: 물론이지, 여기 있어.

어휘 copy 복사하다; 복사 copy machine 복사기 come along with ~와 같이 가다

05

정답 ④

해설 시내의 이중 주차로 인해 교통 혼잡이 심각하다는 문제를 제기하며, 이를 해결하기 위해 시 당국에서 적절한 조치를 취할 것을 요청하는 내용의 글이다. 따라서 글의 목적으로 가장 적절한 것은 ④ '시내 운전 사정에 대해 항의하려고'이다.
① 이중 주차가 합법적인지 문의하려고 → 이중 주차 차량 견인 및 딱지나 벌금 부과를 시 당국에 요청하는 것으로 보아, 이중 주차를 불법적 행위로 간주하고 이에 대한 해결을 촉구하는 내용이다.
② 차량이 최근 견인된 이유를 알아보려고 → 본인의 차량이 견인되었다는 내용은 언급된 바 없다.
③ 더 많은 경찰의 거리 순찰을 요청하려고 → 경찰 순찰 강화가 아니라, 이중 주차 차량에 대한 견인이나 딱지 또는 벌금 부과와 같은 구체적인 조치를 요청하고 있다.

06

정답 ④

해설 각 방향으로 두 차선밖에 없는 도로에서 이중 주차로 인해 차량들 이동이 막히는 교통 혼잡에 대해 문제를 제기하고 있다. 맥락상 flow는 '흐름, 움직임'이라는 뜻으로 쓰였으므로, 이와 의미가 가장 가까운 것은 ④ 'movement(움직임, 이동)'이다.
① 누출 ② 홍수 ③ 배출

05-06

해석 수신: <comments@hobsoncity.gov>
발신: Tara Bradley <tarabradley@greenthumb.com>
날짜: 12월 2일
제목: 주차

관계자분께,

저는 최근 휴가철을 맞아 시내에서 쇼핑을 해 오고 있습니다. 그런데 이중 주차로 인해 시내 도로가 자주 혼잡하고, 이는 시에서 해결해 주실 것을 촉구하는 중대한 문제가 되고 있습니다.

이중 주차는 한 차선 전체를 막습니다. 대부분의 일반 도로는 각 방향에 두 차선만 있으며 한 차선이 막히면 교통 흐름이 심각하게 방해받습니다.

저는 또한 경찰관이 이중 주차된 차량 옆을 아무런 조치 없이 지나치는 것을 목격하기도 했습니다. 이 문제를 해결하기 위해 시 당국은 이중 주차 차량을 견인하고 위반자에게 딱지나 벌금을 부과해야 합니다.

효과적인 조치가 취해질 때까지 저는 시내 쇼핑을 자제하고 다른 사람들에게도 똑같이 하도록 권장할 것입니다. 시 당국에서는 주민과 기업 모두의 이익을 위해 이 문제를 우선적으로 해결해 주시길 바랍니다.

유감을 전하며,
Tara Bradley 드림

어휘 downtown 시내의; 시내에서 congest 혼잡하게 하다 double-park 이중 주차하다 significant 중요한, 중대한 issue 문제; 내다, 발부하다 urge 강력히 권고[촉구]하다 address 해결하다 block 막다 entire 전체의 lane 길, 차선 traffic 차량들, 교통 severely 심각하게 disrupt 방해하다 pass by ~을 스쳐 지나가다 vehicle 차량 take action 조치를 취하다 resolve 해결하다 tow 견인하다 ticket 딱지, 교통 위반 카드 fine 벌금 offender 위반자, 범죄자 effective 효과적인 refrain from ~을 삼가하다 prioritize 우선시하다 resident 주민 legal 합법적인 patrol 순찰하다

07

정답 ③

해설 마지막 두 문장에서 잭슨빌 자선 단체가 가정들에게 필수 식료품을 제공하고, 특별 행사를 통해 학생들에게 학용품 및 교복을 지원하며, 아이들에게 선물을 제공한다고만 언급될 뿐, 재정적인 지원에 대한 언급은 없다. 따라서 글의 내용과 일치하지 않는 것은 ③ '어려운 환경에 처한 가정들은 그것으로부터 재정적 지원을 받을 수 있다.'이다.
① 그것은 숙박이 가능한 시설을 갖추고 있다. → 2번째 문장에서 언급된 내용이다.
② 그것의 무료 급식소들은 모두 합쳐 매일 최대 250명에게 식사를 제공한다. → 4번째 문장에서 언급된 내용이다.
④ 그것의 행사들 중 한 곳에서 학용품과 교복을 나누어 준다. → 마지막 문장에서 언급된 내용이다.

해석 잭슨빌 자선 단체는 우리 지역 사회의 불우한 구성원들의 삶을 개선하기 위해 노력하고 있습니다. 저희는 2곳의 쉼터를 운영하고 있으며, 각 쉼터는 하룻밤에 45명을 수용할 수 있습니다. 이 쉼터는 사람들이 거리에서 벗어나 안전하고 따뜻하게 밤을 보낼 수 있도록 합니다. 저희는 또한 모두 합쳐 하루에 최대 250명에게 음식을 제공하는 무료 급식소 3곳을 운영하고 있습니다. 아침과 저녁 모두 건강하고 영양가 있는 음식을 제공합니다. 급식 서비스 외에도 저희의 푸드 뱅크는 필수 식료품을 기부하여 아동이 있는 가정들을 중심으로 도움이 필요한 가정들을 적극적으로 지원합니다. 저희는 또한 일 년 내내 도움이 필요한 사람들을 위한 특별 행사를 후원합니다. 그중에는 학생들에게 필요한 학용품과 교복을 갖추게 하는 신학기 프로그램과 아이들에게 선물을 증정하는 즐거운 크리스마스 파티가 있으며, 이를 통해 기쁨과 응원을 전하고 있습니다.

어휘 charity 자선 단체 strive to RV ~하려고 노력하다 fortunate 운 좋은, 다행인 shelter 대피소, 쉼터 accommodate 수용하다 soup kitchen 무료 급식소 up to 최대 ~까지 nutritious 영양가 있는 actively 적극적으로 in need 도움이 필요한, 어려움에 처한 donate 기부하다 essential 필수적인 sponsor 후원하다 back-to-school 신학기의 equip 준비를 갖춰 주다 festive 축제의, 즐거운 spread 퍼뜨리다, 전파시키다 cheer 응원 collectively 한데 묶어, 집합적으로 circumstance 상황, 환경 financial 재정적인 aid 지원 hand out 나눠주다

08

정답 ①

해설 보름달의 신비로운 힘이 인간의 이상 행동을 유발하는데, 이는 보름달이 물에 미치는 영향, 즉 인간 신경계의 물 분자에 미치는 영향 때문이라는 사람들의 믿음에 대해 과학적 근거를 제시하며 반박하는 내용의 글이다. 따라서 글의 제목으로 가장 적절한 것은 ① '달은 그곳에 있을 뿐 아무것도 하지 않는다'이다.
② 보름달 미신은 왜 지속되는가? → 보름달에 관해 사람들이 믿는 미신은 언급되나, 그 미신이 지속되는 이유에 관한 구체적인 설명은 없다.
③ 보름달이 인간 행동에 미치는 영향 → 보름달이 인간 행동에 미치는 영향이 실재하지 않는다고 주장하는 글의 내용과 반대된다.
④ 달의 중력: 신비한 힘으로의 안내 → 달의 중력이 신비한 힘과 관련이 있다는 암시를 담고 있지만, 이 글의 중심 내용은 오히려 그러한 믿음을 과학적인 사실로 반박하는 것이므로 적절하지 않다.

해석 오늘날에도 많은 사람들은 보름달의 신비로운 힘이 이상 행동, 자살, 살인, 사고를 유발한다고 믿는다. 그리고 어떤 사람들은 이른바 보름달이 행동에 미치는 영향이 그것이 물에 미치는 영향에서 비롯되며, 그것이 어떤 식으로든 인간 신경계에서 물 분자의 정렬을 방해한다고 추측한다. 하지만 이 생각이 말이 되지 않는 몇 가지 이유가 있다. 달의 중력은 행동은커녕 뇌 활동에 어떤 의미 있는 영향이라도 일으키기에는 너무나도 미약하다. 또한 달의 중력은 바다와 호수 같은 넓고 개방된 수역에만 영향을 미칠 뿐, 인간의 뇌 같은 작고 (어딘가에) 함유된 수원에는 영향을 미치지 않는다. 마지막으로, 달의 중력은 시야에서 사라질 때도 딱 보름달이 뜰 때만큼의 위력을 지닌다.

어휘 mystical 신비로운 induce 유발하다 unusual 비정상적인, 이상한 suicide 자살 homicide 살인 conjecture 추측하다 supposed 소위[이른바] ~라는 disrupt 방해하다, 지장을 주다 alignment 정렬 molecule 분자 nervous system 신경계 gravitational pull 중력 let alone ~은커녕 contained 함유된 potent 강력한, 위력[세력]이 있는 superstition 미신 persist 지속되다

09

정답 ②

해설 이 글은 르네상스 시대 예술 작품의 제작 과정에서 예술가보다 후원자의 역할이 중요하게 여겨졌음을 설명하고 있다. 특히 작품의 크기와 기술 수준이 후원자의 사회적 지위를 반영했으며, 은행가 조합이 Lorenzo Ghiberti와 같은 유명 조각가를 고용하고, 경쟁 조합보다 우월해야 하는 점을 염두에 두며 작품 규모와 수준을 계약서에 명시했다는 점에서, 예술가들이 단순히 독창적인 창작을 위해 작품을 제작하지 않았음을 시사한다. 따라서 빈칸에 들어갈 말로 가장 적절한 것은 ② '단순히 예술을 위한 예술을 창조한 것이 아니었다'이다.
① 다른 예술가의 명성을 뛰어넘기 위해 노력했다 → 이 글의 초점은 후원자들 간의 경쟁과 예술 작품의 상징적 의미에 있으며, 예술가들 간의 직접적인 경쟁을 다루고 있지는 않다.
③ 순수한 예술을 창조하는 데 헌신했다 → 르네상스 시대에는 후원자의 요구와 취향을 따라야 했으므로 순수한 예술을 창조하기 어려웠다고 봐야 한다.
④ 그들의 후원자들의 예술적 취향에 영향을 주었다 → 오히려 반대로 후원자들의 취향이 예술가들의 창작에 영향을 주었다는 내용이다.

해석 피렌체 은행가 조합이 Orsanmichele에 St. Matthew의 거대한 청동상을 의뢰했을 때, 그들은 분명히 자신들만의 장엄함을 염두에 두고 있었다. 그들은 잘나가는 조각가 Lorenzo Ghiberti를 고용하여 그것을 제작했고, 그것이 같은 지역의 경쟁 조합을 위해 만들어진 것만큼 크거나 그보다 더 커야 한다고 작품 계약서에 명기하였다. Ghiberti의 명성, 조각상의 규모, 그리고 그것을 주조하는 데 필요한 기술적 숙련도는 모두, 은행가 조합의 사회적 지위를 반영하는 것이었다. 오늘날 우리는 흔히 예술 작품을 만든 예술가에게 초점을 맞추지만, 르네상스 시대에 작품 창조의 주된 힘으로 여겨진 것은 후원자였다. 후원자에 대한 정보는 예술과 건축의 제작과 관련된 복잡한 과정을 들여다볼 수 있는 창을 제공한다. 우리는 대부분의 역사에서 예술가들이 <u>단순히 예술을 위한 예술을 창조한 것이 아니었다</u>는 사실을 종종 잊는다.

어휘 guild (기능인들의) 조합, 협회 commission 의뢰하다 bronze 청동 statue 조각상 magnificence 장엄, 웅장 highly in-demand 수요가 많은, 잘나가는 stipulate 규정[명기]하다 contract 계약서 fame 명성 proficiency 능숙도 cast 주조하다 reflection 반영 patron 후원자 surpass 뛰어넘다 reputation 명성 for sth's sake ~을 위해 committed 헌신적인 pure 순수한 taste 취향

10

정답 ②

해설 최초의 전자레인지가 만들어진 과정을 설명하는 글이다. 주어진 문장은 Percy Spencer가 마그네트론에서 나오는 저밀도 에너지가 음식을 빠르게 조리할 수 있다는 것을 깨달았다는 내용으로, 실험 도중 우연히 초콜릿 바가 녹았음을 발견하고 팝콘과 달걀을 이용해 추가적인 실험을 한 이후에 얻은 결론에 해당한다. ② 다음 문장은 그 결론을 토대로 전자레인지의 원형으로 볼 수 있는 기기를 만들었다는 의미이므로 주어진 문장 다음에 와야 한다. 따라서 주어진 문장이 들어갈 위치로 가장 적절한 것은 ②이다. ③, ④는 그 기기의 원리에 대해 설명하는 내용이므로 주어진 문장이 들어가기에는 어색하다.

해석 1945년, 레이더 프로젝트를 위해 마그네트론이라고 불리는 새로운 진공관을 시험하던 중, Percy Spencer라는 이름의 독학 엔지니어는 주머니 속의 초콜릿 바가 열로 인해 녹은 것을 발견했다. 그는 팝콘 낱알들과 달걀로 더 많은 실험을 해보기로 결심했다. 낱알들은 푹신한 팝콘이 되어 튀어 올랐고 달걀의 노른자는 뜨거워졌다. 그는 마그네트론에서 나오는 저밀도 에너지가 음식을 빠르게 조리할 수 있다는 것을 깨달았다. 그런 다음, 그는 마이크로파 전력을 공급하는 구멍이 있는 금속 상자를 만들었다. 그 에너지는 상자 안에 갇혔고, 이것은 고밀도 자기장을 만들었다. 그는 상자 안에 음식을 넣었고, 그 에너지로 인해 발생한 열은 음식을 조리했다. 이것이 최초의 전자레인지가 발명된 방법이다.

어휘 low-density 저밀도(의) vacuum tube 진공관 self-taught 독학한 melt 녹다 kernel 낱알, 알맹이 pop 튀어나오다 fluffy 푹신한, 솜털 같은 yolk 노른자 opening 구멍, 틈 microwave 마이크로파(의), 전자레인지(의) trap 가두다 magnetic field 자기장 generate 발생시키다, 만들어 내다

회차 18 하프 모의고사

| 01 | ② | 02 | ④ | 03 | ④ | 04 | ① | 05 | ② |
| 06 | ④ | 07 | ③ | 08 | ④ | 09 | ④ | 10 | ③ |

01

정답 ②

해설 새로운 사무실 위치를 선택하는 데 있어 고객과의 거리와 임대 비용이라는 두 가지가 언급되는 것으로 보아, 이 둘의 상대적인 이점을 비교 검토해 보았다고 유추할 수 있다. 따라서 빈칸에 들어갈 말로 가장 적절한 것은 ② 'relative(상대적인)'이다.
① 무한한 ③ 절대적인 ④ 일시적인

해석 새로운 사무실 위치를 선택할 때, 우리는 고객 가까이에 있는 것이나 임대 비용을 낮게 유지하는 것의 상대적인 이점을 비교 검토했다.

어휘 location 위치 weigh 비교 검토하다 benefit 이점 close 가까운 client 고객 rental 임대의

02

정답 ④

해설 직업의 필요 없이 살아간다는 내용으로 미루어 보아 특권을 가진 사람일지라도 인생에서 강력하고 의미 있는 목적의식이 필요하다고 유추할 수 있다. 따라서 빈칸에 들어갈 말로 가장 적절한 것은 ④ 'privileged(특권을 가진)'이다.
① 이질적인, 외국의 ② 진실한, 성실한 ③ 관대한

해석 직업을 필요로 하지 않고 살아갈 수 있을 정도로 특권을 가진 사람일지라도, 모든 사람은 인생에서 강력하고 의미 있는 목적의식을 필요로 한다.

어휘 sense 의식

03

정답 ④

해설 (to move → move 또는 moving) 지각동사 see는 목적어와 목적격 보어의 관계가 능동이면 RV나 RVing를, 수동이면 p.p.를 목적격 보어로 취하는데, 여기서는 앞에 나온 the ship을 가리키는 대명사 it이 그들(선원들)을 향해 '움직이는' 것이므로 목적격 보어에 능동의 move 또는 moving이 와야 한다. 참고로 move는 '움직이다'라는 의미의 자동사로 쓰였다.
① a haunted ship을 선행사로 받는 주격 관계대명사 that이 주어가 없는 불완전한 절을 이끌고 있는 것은 적절하다.
② 주어인 This ship이 '알고 있는' 것이 아니라 '알려진' 것이므로 수동태 is known으로 쓰인 것은 적절하며, 맥락상 명칭을 나타내는 전치사 as와 함께 '~로서 알려지다'라는 뜻의 is known as로 쓰인 것 또한 적절하다.
③ tell이 3형식 동사로 쓰여, if절을 목적어로 취하고 있다. if가 명사절을 이끌 경우 타동사의 목적어로 쓰일 수 있으므로 적절하게 쓰였다.

해석 육지에 닿지 못하도록 저주를 받아 선원 없이 영원히 바다를 항해하는 유령선에 관한 이야기를 들어본 적이 있는가? 이 배는 Flying Dutchman으로 알려졌지만, 실제 배인지 선원의 상상인지는 아무도 알 수 없다. 그 배는 섬뜩한 빛을 발산하며 그것의 모습은 불길한 징조로 여겨진다고 한다. 따라서 선원들은 그것이 자기 쪽으로 다가오는 것을 보면 즉시 항로를 바꾼다.

어휘 tale 이야기 haunted 유령이 나오는 curse 저주를 내리다 sail 항해하다 vessel 배, 선박 imagination 상상 emit 내뿜다, 발하다 eerie 섬뜩한, 괴상한 glow 불빛 sight 모습, 보기 omen 징조, 조짐 course (배나 비행기의) 항로

04

정답 ①

해설 회사 워크숍에서 논의한 프로젝트를 언급하며 새로운 캠페인 예산에 대해 의견을 요청하는 상황이다. Oliver가 논의할 시간이 있는지 묻고 난 후 빈칸 뒤에서 만날 장소를 언급하는 것으로 보아, 빈칸에는 만나서 논의를 할 수 있는 구체적인 시간에 대한 내용이 나오는 것이 자연스럽다. 따라서 빈칸에 들어갈 말로 가장 적절한 것은 ① '물론이죠, 저는 오후 3시쯤 한가해요.'이다.
② 후속 워크숍은 언제인가요?
③ 아마 다른 누군가가 그걸 처리해야 할 거예요.
④ 우리가 지금 그것에 대한 얘기를 꼭 해야 하나요?

해석 Oliver Smith: 회사 워크숍에서 우리의 곧 있을 프로젝트를 논의할 수 있어서 정말 좋았어요.
Emma Clark: 완전히 동의해요. 그 덕분에 상황을 더 잘 이해할 수 있었어요.
Oliver Smith: 곧 있을 프로젝트 얘기를 하자면, 새 캠페인 예산에 대한 당신의 의견이 필요해요. 이걸 논의할 시간이 있을까요?
Emma Clark: 물론이죠, 저는 오후 3시쯤 한가해요.
Oliver Smith: 좋아요. 그때 C 회의실에서 봐요.

어휘 upcoming 곧 있을, 다가오는 totally 완전히 speaking of ~에 관해 얘기하자면 budget 예산 follow-up 후속의 conference room 회의실

05

정답 ②

해설 이 글은 허리케인 피해를 입은 지역 주민들을 돕기 위한 걷기 모금 행사를 소개하고 있다. 따라서 글의 제목으로 가장 적절한 것은 ② '당신의 이웃을 돕기 위해 걸으세요'이다.
① 걷기를 통해 건강해집시다
③ 실직자를 위한 자선 행사에 참여하세요 → 실직자가 아니라 허리케인 피해로 집을 잃은 사람들을 위한 걷기 행사이다.
④ 노퍽 허리케인 (피해) 복구에 자원봉사 하세요 → 허리케인 피해 복구 차원에서 행사를 진행하는 것은 알맞으나 자원봉사를 모집하는 내용은 아니다.

06

정답 ④

해설 글의 후반부에서 행사는 사전 등록뿐만 아니라 당일 아침에도 등록할 수 있다고 언급되므로, 글의 내용과 일치하지 않는 것은 ④ '사전 등록자만 행사에 참여할 수 있다.'이다.
① Norfolk 시에서 주최하는 행사이다. → 글의 초반부에서 언급된 내용이다.
② 걷기를 통해 모금을 할 수 있다. → 글의 중반부에서 언급된 내용이다.
③ 걷기 행사는 오전에만 진행된다. → 글의 중반부에서 언급된 내용이다.

05-06

해석

당신의 이웃을 돕기 위해 걸으세요

8월에 우리 마을을 강타한 허리케인은 전례 없는 엄청난 피해를 남겼습니다. 두 달이나 지난 지금도 많은 주민들이 집을 잃었고 다른 주민들은 여전히 산산이 부서진 생활을 복구하기 위해 노력하고 있습니다.

우리 지역 사회의 회복을 지원하기 위해, 노퍽시에서 노퍽 걷기 대회를 개최한다는 것을 알려드리게 되어 기쁩니다. 이번 행사는 고통받는 노퍽 주민들을 위해 기금을 마련할 것입니다. 여러분이 걷기 대회에 참여하여 걷는 모든 걸음이 주민들의 더 빠른 회복에 도움이 될 것입니다.

세부 사항
날짜: 1월 11일 토요일
시간: 오전 8시부터 오전 11시까지
출발지: 노퍽 주민 센터

걷기 대회는 노퍽 주민 센터에서 시작하여 마을의 거리를 통과합니다. 혼자서, 가족과 함께, 또는 팀을 이루어 걸으세요. 사전에 등록하거나 행사 당일 아침에 등록할 수 있습니다.

여러분이 더 많이 걸을수록, 더 많은 기금을 모으게 됩니다. 자세한 내용을 위해서 www.norfolkwalkathon.org에 방문해 주세요. 지역 사회를 돕기 위해 여러분의 몫을 해 주세요.

어휘 unprecedented 전례 없는 devastation 엄청난 피해, 참상 shattered 산산이 부서진 walkathon 걷기 대회 raise funds 모금하다, 자금을 조성하다 register 등록하다 sign up 등록하다 do one's part 자기 몫을 하다 charity 자선 the jobless 실업자들

07

정답 ③

해설 여권법 개정에 따라 주민등록번호 두 번째 부분, 즉 뒷자리가 여권에 더 이상 표시되지 않게 되면서, 외교부(MOFA)는 여권을 신분증으로 활용하려는 사람들을 위해 여권 정보 증명서를 발급하여 신분 증명을 돕는다는 내용의 글이다. 따라서 글의 요지로 가장 적절한 것은 ③ 'MOFA는 여권 소지자들이 자신의 신원 정보를 증명할 수 있게 한다.'이다.
① MOFA는 분실된 여권을 신고하고 추적하기 위해 증명서를 발급한다. → 외교부가 발급하는 여권 정보 증명서는 신원 정보를 증명하기 위한 용도이며, 글에서 분실된 여권 신고나 추적과 관련된 기능은 언급되지 않았다.
② MOFA는 개인의 해외여행 기록을 추적할 수 있게 한다. → 이 글은 여권을 신분증으로 활용하는 데 필요한 증명서 발급에 대한 설명을 다루고 있으므로 적절하지 않다.
④ MOFA는 재외 국민들에게 여행 비자를 발급하기 위한 신원 확인을 보장한다. → 재외 국민들을 위한 여행 비자 발급에 관해서는 언급된 바 없다.

해석 여권 정보 증명서

2020년 12월 21일 시행된 여권법 개정에 따라, 여권에는 더 이상 주민등록번호 두 번째 부분이(뒷자리가) 표시되지 않습니다. 여권을 신분증으로 사용하고자 하시는 분들은, 외교부(MOFA)에서 여권 소지자의 주민등록번호를 증명할 수 있는 증명서를 발급받을 수 있습니다.

이 증명서는 금융 거래나 공공서비스 등록과 같이 여권만으로 신분 증명이 불충분한 상황에서 널리 사용됩니다. 여권 소지자의 신원을 주민등록번호와 안전하게 연결하여 정확성을 보장하고 악용을 방지합니다.

외교부는 간소화된 신청 절차와 무료 온라인 발급 서비스를 제공함으로써, 전 세계 여권 소지자들에게 편리함과 보안을 균형 있게 제공하기 위해 노력하고 있습니다.

어휘 passport 여권 certificate 증명서, 자격증 amendment (법 등의) 개정 (조항) act 법, 법률 effective 시행[발효]되는 resident registration number 주민등록번호 identification 신분 증명, 신원 확인 verify 증명하다 issue 발급하다 insufficient 불충분한 transaction 거래 accuracy 정확성 misuse 악용 streamlined 간소화된 commitment 노력, 전념 track 추적하다 foreign national 재외 국민

08

정답 ④

해설 우리가 강렬한 감정에 사로잡혀 있을 때도, 사실 우리의 정신은 그 감정을 관찰할 수 있는 능력을 유지하고 있으며, 외부에서 일어나는 사건을 관찰하듯 감정을 객관적으로 바라보는 태도가 필요하다는 내용의 글이다. 따라서 빈칸에 들어갈 말로 가장 적절한 것은 ④ '우리를 괴롭히는 감정으로부터 우리 자신을 정신적으로 분리하는'이다.
① 감정을 통제하기 위해 의식적으로 그것에 라벨을 붙이는 → 감정을 통제하려는 시도를 암시하지만, 감정을 명명하여 분류하라는 언급은 없다.
② 외부 활동으로 우리의 주의를 적극적으로 흩뜨리는 → 외부 활동으로 주의를 돌리는 방법은 '감정 관찰 및 거리두기'라는 이 글의 핵심 논지와 반대되며, 오히려 감정을 회피하여 감정 관찰을 불가능하게 하므로 적절하지 않다.
③ 감정 유발 요인을 철저히 분석하고 합리화하는 → 이 글은 불안한 감정의 해소를 위해 감정을 분석하기보다는 감정을 있는 그대로 바라보는 태도를 강조한다.

해석 불안한 감정에 맞서는 한 가지 방법은 우리를 괴롭히는 감정으로부터 우리 자신을 정신적으로 분리하는 것이다. 보통, 우리는 우리 감정과 우리 자신을 완전히 동일시한다. 우리가 홧김에 사로잡힐 때 그 분노는 우리 정신에 편재하여 인내심 또는 불만을 완화할 수 있는 어떤 것 같은 다른 정신 상태를 위한 여지를 거의 남기지 않는다. 하지만 그런 순간에도 정신은 내면에서 벌어지고 있는 일을 살펴볼 수 있다. 이렇게 하려면 그것(정신)은 그저 감정을 관찰하면 되는데, 우리의 눈앞에서 벌어지는 외부 사건을 관찰하듯 그렇게 하는 것이다. 분노를 인지하는 우리 정신의 부분은 단지 인지하는 것일 뿐, 그 자체가 화가 나 있지는 않다. 다시 말해, 마음 챙김은 그것이 관찰하는 감정의 영향을 받지 않는데, 마치 한 줄기의 빛이 증오로 뒤틀린 얼굴이든 미소 띤 얼굴이든 비춰도, 그 빛 자체가 비열하거나 친절해지지 않는 것과 같다. 그것을 이해하는 것은 우리가 거리를 유지하게 해주고 분노에게 스스로 사라질 수 있는 충분한 여지를 주게 한다.

어휘 confront 맞서다 disturbing 불안감을 주는 identify with ~와 자신을 동일시하다 fit 발작, 욱하는 감정 omnipresent 편재하는, 어디에나 있는 ease 진정[완화]시키다 discontent 불만 mindfulness 마음 챙김, 명상 disfigure 훼손하다, 망가뜨리다 hatred 증오 mean 비열한 dissolve 녹다, 사라지다 consciously 의식적으로 label 라벨을 붙이다, 분류하다 distract 주의를 딴 데로 돌리다 thoroughly 철저히 rationalize 합리화하다 trigger 계기, 유인 detach 분리하다 afflict 괴롭히다

09

정답 ④

해설 언어에 있어서 우리가 직접 배운 내용에 대해선 알고 있다는 내용의 주어진 글 다음에는 이를 역접 접속사 But으로 이어, 그러나 언어가 어떻게 작동하는지는 우리가 알지 못한다는 내용의 (C)가 와야 한다. 그다음에는 (B)에서 컴퓨터의 출현 이전에는 this가 사람들이 많이 연구한 것이 아니었으므로 학생들은 by의 기능이나 prevent의 의미를 몰라도 됐다는 것으로 보아 this는 (C)의 how language actually works를 지칭하는 것을 알 수 있다. 따라서 (C) 다음엔 (B)가 와야 한다. 마지막으로 (B) 마지막 문장의 how the word "by" works or what "prevent" really means를 (A)의 these things로 받아, 그것이 오늘날 학교에서 배우는 문장을 분석하고 동명사를 배우는 것처럼 별로 도움이 되지 않는다는 내용이 이어지는 것이 자연스럽다. 따라서 글의 순서로 가장 적절한 것은 ④ '(C) - (B) - (A)'이다.

해석 우리가 언어에 대해 아는 것 중 많은 부분은 직접 배운 내용에서 온다. 예를 들어, 우리는 명사와 동사, 그리고 시적인 화법에 대하여 알고 있거나 누군가가 훌륭하게 연설하는 것을 들었던 것을 기억한다. (C) 그러나 언어가 실제로 어떻게 작동하는지는 우리가 모르는 부분이다. 한 가지 이유는 과학자들이 그것을 아직 완전히 밝혀내지 못했기 때문이다. 만약 그것을 밝혀냈다면, 이미 학생들이 학교에서 배우는 내용의 일부가 되었을지도 모른다. (B) 컴퓨터가 만들어지기 전, 그리고 과학자들이 컴퓨터가 언어를 이해하도록 만드는 노력을 시작하기 전에 이것은 사람들이 많이 연구한 분야가 아니었다. 이 때문에, 학생들은 "by" 같은 단어가 어떻게 기능하는지나 "prevent"가 실제 무슨 뜻인지와 같은 것을 외우지 않아도 된다. (A) 만약 학생들에게 이런 것들을 외우게 한다면, 그것은 지금 학교에서 하는 것처럼 문장을 분석하고 동명사를 배우게 하는 것보다 나을 것이 없을 것이다. 안타깝게도 우리가 생각해 보지 않는 것들이 우리의 의식적인 지식의 일부가 되면, 그것들은 결국 아이들을 위한 수업에 포함되는 경우가 많다.

어휘 directly 직접 noun 명사 verb 동사 poetic 시적인 memorize 암기하다 gerund (문법) 동명사 conscious 의식적인 end up RVing 결국 ~하게 되다 figure sth out ~을 밝혀내다

10

정답 ③

해설 광물로 발굴한 다이아몬드가 보석으로 탄생하기까지의 과정을 설명하는 글이다. 따라서 글의 흐름상 어색한 문장은 다이아몬드의 광물이 어느 지역에서 주로 발견되는지를 설명하는 내용의 ③이다.

해석 다이아몬드의 빛나는 영광 뒤에는 힘든 개발에 관한 긴 이야기가 있다. 오랜 세월 동안 땅속에서 눈에 띄지 않게 형성된 그것은 광산에서 인상적이지 않고 칙칙하며 거친 모양의 광물로 발견된다. 그다음 그것은 그것의 잠재력을 알아보고 광채를 끌어내는 방법을 아는 누군가의 손에 들어간다. (다이아몬드의 약 49%는 중앙 및 남부 아프리카에서 비롯되지만, 캐나다, 인도, 러시아, 브라질, 호주에서도 중요한 광물 공급원이 발견되었다.) 그렇다 해도 그 원석은 신중하게 연구되고, 측정되고, 쪼개진다. 장인이 흠을 표면으로 끌어내서 다듬어 없앨 수 있기까지 반복적인 커팅 작업이 필요하다.

어휘 reflective 빛을 반사하는 glory 영광, 찬란한 아름다움 obscure 눈에 띄지 않는 formation 형성 uncover 발견하다 mine 광산 unimpressive 인상적이지 않은 dull 칙칙한 roughly 거칠게, 대략 mineral 광물 potential 잠재력 splendor 광채, 빛남 originate from ~에서 비롯되다 significant 중요한 crude 원래 그대로의, 미가공의 split 쪼개다 craftsman 장인, 공예가 flaw 흠 polish 닦다, 다듬다

회차 19 하프 모의고사

| 01 | ③ | 02 | ③ | 03 | ② | 04 | ④ | 05 | ② |
| 06 | ④ | 07 | ③ | 08 | ② | 09 | ④ | 10 | ④ |

01

정답 ③

해설 생산성을 극대화하기 위해 집중 시간을 미리 계획하라는 내용으로 보아, 우선순위가 높은 업무를 처리하는 등 그 집중 시간을 중요한 업무에 할애해야 한다고 유추할 수 있다. 따라서 빈칸에 들어갈 말로 가장 적절한 것은 ③ 'allocate(할애하다)'이다.
① 보고하다 ② 흩뿌리다 ④ 대조하다

해석 생산성을 극대화하려면, 집중 시간을 미리 계획하고 이를 우선순위가 높은 업무를 처리하는 것과 같은 중요한 업무에 할애해라.

어휘 maximize 극대화하다 productivity 생산성 in advance 미리 critical 중요한 high-priority 최우선 순위(의)

02

정답 ③

해설 뒤에 or가 있는 것으로 보아, or와 짝을 이루며 두 개의 명사구(the tours of wonders / the cuisine of ~ restaurant)가 대응되도록 연결하는 상관접속사 'either A or B' 구문이다. 또한 'either A or B'가 주어일 경우 동사의 수는 B에 맞춰야 하므로 the cuisine에 수일치하여 단수 동사 is making이 쓰인 것을 볼 수 있다. 참고로 등위접속사 and는 문맥상 the tours of와 연결되는 명사구 historical sites와 natural wonders를 병렬 연결하기 위해 쓰였다. 따라서 빈칸에 들어갈 말로 가장 적절한 것은 ③ 'Either'이다.

해석 유적지와 자연 경관을 둘러보는 여행이나 어느 한 미슐랭 스타 레스토랑의 요리가 이 지역을 최고의 여행지로 만들고 있다.

어휘 historical 역사적인 wonder 경이(로운 것) cuisine 요리 region 지역 destination 목적지, 여행지

03

정답 ②

해설 (where → which) 관계부사 where 뒤에는 완전한 절이 와야 하는데 여기서는 타동사 equip의 목적어가 없는 불완전한 절이 오고 있다. 따라서 where를 the James Webb Space Telescope를 선행사로 받는 목적격 관계대명사 which로 고쳐야 한다. 참고로 제공 동사 equip은 'A에게 B를 갖추게 하다'라는 뜻을 나타낼 때 'equip A with B' 구조로 쓰인다.
① 타동사인 release 뒤에 목적어가 없고, 의미상으로도 주어인 stunning images of the Sombrero Galaxy가 '공개된' 것이므로 수동태 were released는 적절하게 쓰였다. 또한 About a month ago, exactly on November 25, 2024라는 명백한 과거 시점 부사구가 나왔으므로 동사가 과거시제로 쓰인 것도 적절하다. 참고로 located ~ away는 the Sombrero Galaxy를 수식하는 분사구이다.
③ 부대 상황을 나타내는 'with + O + OC'의 분사구문이 사용되었는데, 전 세계의 우주 애호가들이 '경탄한[놀란]' 것이므로 수동의 과거분사 amazed는 적절하게 쓰였다.

④ 의문부사 when이 '의문사 + S + V' 어순의 간접의문문을 이끌어 are asking의 목적어로 쓰였는데, 이때 when절은 맥락상 부사절이 아닌 명사절이므로 현재시제가 미래시제를 대신하지 않고 미래시제 그대로 will reveal로 쓰인 것은 적절하다.

해석 약 한 달 전, 정확히는 2024년 11월 25일에, NASA가 추가 연구를 위해 상세한 이미지들을 정확히 포착하고 전송할 수 있는 민감한 장비를 장착한 James Webb 우주 망원경을 통해 대략 3,100만 광년 떨어진 곳에 위치한 Sombrero 은하의 놀라운 이미지들이 공개되었고, 전 세계의 우주 애호가들은 그것의 빛나는 고리에 경탄하며 그 망원경이 언제 그것의 구조에 관한 훨씬 더 자세한 사항을 밝혀낼지 벌써 질문하고 있다.

어휘 exactly 정확히 stunning 놀라운 galaxy 은하(수) approximately 대략, 거의 light-year 광년(빛이 1년간 나아가는 거리) release 공개하다 telescope 망원경 sensitive 민감한 instrument 기구, 장비 capture 정확히 포착하다 transmit 전송하다 enthusiast 애호가, 열광적인 팬 amazed 경탄한, 놀란 glow 빛나다 ring 고리 reveal 밝히다, 알리다 structure 구조

04

정답 ④

해설 빈칸 앞에서 B는 침실 두 개면 충분할 거라고 했지만 빈칸 뒤에서 A는 하나가 더 있어야 한다고 했으므로, 빈칸에는 침실 하나가 더 필요한 이유가 언급되는 것이 자연스럽다. 따라서 빈칸에 들어갈 말로 가장 적절한 것은 ④ '그런데 우리 집에는 종종 손님이 머무르잖아'이다.
① 그럼 난 차라리 공원 주변에서 살래
② 우린 한 방에 침대 두 개를 둬도 돼
③ 그래, 넌 항상 옳은 선택을 하지

해석 A: 집을 빌리기 전에 우리가 논의해야 할 것들이 뭘까?
B: 우리 예산은 이미 짜놨어, 그렇지?
A: 맞아. 우리 침실은 몇 개 필요해?
B: 두 개면 우리한테 충분할 거 같아.
A: 그런데 우리 집에는 종종 손님이 머무르잖아. 침실이 하나 더 있어야 해.
B: 우리 예산으로 침실 세 개짜리 집이 감당될지 의문이야.

어휘 rent 빌리다 budget 예산 extra 여분의 doubt 의문하다 cover (비용을) 감당하다

05

정답 ②

해설 직장 동료에게 파트리지 주식회사 관련 문제를 해결한 것을 축하하며 그의 노력 덕분에 추가 계약이 가능해졌음에 감사함을 전하는 내용의 글이다. 따라서 글의 목적으로 가장 적절한 것은 ② '동료의 성과를 칭찬하려고'이다.
① 미래 사업 기회를 논의하려고 → 파트리지 주식회사와 거래량이 늘 것으로 예상되긴 하나, 이에 초점을 둔 내용이 아니다.
③ 동료의 승진을 축하하려고 → 승진은 현재 고려 중으로 아직 결정된 사항이 아니다.
④ 최근 계약에 대한 우려 사항을 강조하려고 → 파트리지 주식회사와의 문제는 오히려 해결된 상황이다.

06

정답 ④

해설 글의 중반부에서 파트리지 주식회사의 Kenneth Butters가 추가 제품을 주문하기를 원하며 이는 그 회사와의 월 거래량을 20% 증가시킬 것으로 보인다고 말하고 있다. 맥락상 order는 '주문'이라는 뜻으로 쓰였으므로, 이와 의미가 가장 가까운 것은 ④ 'request(요청)'이다.
① 정돈 ② 명령 ③ 목적

05-06

해석 수신: Lee Weston <lweston@wlw.com>
발신: Sonya Gray <sonya_g@wlw.com>
날짜: 7월 21일
제목: 파트리지 주식회사

Lee 씨에게,

지난주 파트리지 주식회사 관련 문제를 처리하는 데 있어서 뛰어난 작업을 해 준 것에 대해 가장 먼저 축하를 전하고 싶습니다. 저희 중 다수가 계약을 잃을 것을 걱정했지만, 당신 덕분에 모든 것이 원활하게 잘 풀렸습니다.

사실 방금 전 파트리지의 Kenneth Butters가 전화해 우리에게 추가 제품을 주문하고 싶다고 말했습니다. 그 회사가 저희와의 월 거래량을 20% 증가시킬 것으로 보입니다. 이것은 모두 당신의 노력이 없었다면 불가능했을 것입니다.

우리 CEO이신 Sally Peterson도 당신의 성과에 대해 매우 기뻐하며 당신의 승진을 고려하고 있다고 합니다. 상황이 정확히 어떻게 흘러가는지 파악하는 대로 바로 알려드리겠습니다. 다시 한번 노력해 주셔서 감사합니다.

안부를 전하며,
Sonya Gray 드림

어휘 outstanding 뛰어난 concerning ~와 관련된 concerned 걱정하는 contract 계약 work out (일이) 잘 풀리다 smoothly 원활하게 business 거래 promotion 승진

07

정답 ③

해설 5번째 문장에서 학생들은 학기당 최대 5개의 온라인 수업을 들을 수 있다고 언급되므로, 글의 내용과 일치하는 것은 ③ '학생들이 수강할 수 있는 온라인 수업의 수에는 제한이 있다.'이다.
① 학생들은 온라인과 오프라인 수업에 동일한 수업료를 지불한다. → 3번째 문장에서 온라인 수업에만 등록한 학생들은 정규 수업료에서 최대 50%를 절약할 수 있다고 언급되므로 옳지 않다.
② 공과 대학은 다양한 온라인 수업을 제공한다. → 4번째 문장에서 공과 대학을 제외한 모든 학과에서 온라인 수업을 제공한다고 언급되므로 옳지 않다.
④ 온라인 강사들은 모두 그리섬 대학의 교수들이다. → 6~7번째 문장에서 250개의 온라인 강좌 중 150개는 그리섬 대학의 전임 교수진이, 나머지 100개는 다른 대학의 강사들이 강의한다고 언급되므로 옳지 않다.

해석 그리섬 대학은 새로운 온라인 학교의 시작을 발표하게 되어 영광입니다. 이제 학생들은 더 이상 직접 수업에 출석할 필요가 없으며 대신 온라인으로 수업을 들을 수 있습니다. 온라인 수업에만 등록하는 학생들은 정규 수업료의 최대 50%를 절약하게 됩니다. 온라인 학교는 공과 대학을 제외한 학교의 모든 학과에서 250개의 강좌를 제공합니다. 학생들은 한 학기에 최대 5개의 온라인 수업에 등록할 수 있습니다. 이 중 150개 강좌는 그리섬 대학의 전임 교수진에 의해 강의됩니다. 나머지 100개 강좌는 다른 대학의 강사들에 의해 강의됩니다. 학생들은 자신의 속도에 맞춰 학습 내용을 공부할 수 있지만 학기가 끝날 때까지 모든 학업 활동을 마쳐야 합니다.

어휘 commencement 시작 attend 출석[참석]하다 in person 직접 enroll 등록하다 up to 최대, ~까지 regular 정규의 tuition 수업료 department 학부, 과 excluding ~을 제외하고 engineering 공학 register for ~에 등록하다 semester 학기 remaining 남아 있는 instructor 강사, 전임 강사 coursework 학업 활동

08

정답 ②

해설 다른 사람을 섬기는 하인 정신(a servant's spirit)의 중요성과 그것이 가져다주는 긍정적인 결과에 대해 설명하는 글로, 하인 정신은 타인의 지혜를 얻고, 신뢰를 쌓으며, 궁극적으로 개인의 성장을 이루는 데 중요한 요소로 제시된다. 따라서 글의 주제로 가장 적절한 것은 ② '하인 정신을 채택하는 것의 가치'이다.
① 인내를 실천하는 것의 이점 → 글의 후반부에서 문을 열어줄 사람을 찾거나 도움을 받지 못하는 상황 등 인내와 연관된 듯 보이는 내용이 나오긴 하지만, 이는 하인 정신을 실천하는 구체적인 사례 중 하나에 불과하며, 글의 중심 소재는 '인내'가 아닌 '하인 정신'이다.
③ 하인 정신에 대한 오해 → 하인 정신에 관한 오해는 언급된 바 없다.
④ 겸손을 통해 관계를 구축하는 방법 → 하인 정신의 핵심 요소로 겸손이 언급되긴 하지만, 이를 구체적인 관계 구축의 방법이 아닌 타인의 신뢰와 지혜를 얻어 개인의 성장 동력으로 다루고 있으므로 적절하지 않다.

해석 현명한 사람은 하인 정신을 계발하게 되는데, 그 특정한 속성이 다른 어떤 특성과 달리 사람들의 마음을 끌기 때문이다. 내가 다른 사람들을 겸손하게 섬길 때, 그들의 지혜가 나에게 자연스럽게 공유된다. 종종 하인 정신을 연마하는 사람들은 헤아릴 수 없을 만큼 부유해진다. 많은 경우, 하인은 왕의 귀를 가지고 있고(왕의 신임을 얻고) 겸손한 하인은 종종 왕이 되는데, 왜냐하면 그 사람이 사람들의 인기 있는 선택이기 때문이다. 가장 많이 봉사하는 사람들이 가장 빨리 성장한다. 나는 겸손한 하인이 될 것이다. 나는 나를 위해 문을 열어줄 사람을 찾지 않고, 내가 누군가를 위해 문을 열어 주려고 할 것이다. 나는 나를 도와줄 사람이 아무도 없을 때 슬퍼하지 않고, 내가 누군가를 도울 수 있을 때 매우 기뻐할 것이다.

어휘 cultivate 기르다[계발하다] servant 하인, 종 spirit 정신 attribute 자질, 속성 like no other 다른 무엇과도 같지 않게 humbly 겸손히 serve 섬기다, 봉사하다 beyond measure 몹시, 헤아릴 수 없을 정도로 have the ear of ~의 마음에 들다 distressed 괴로워[슬퍼]하는 patience 인내 adopt 채택하다, 취하다 misunderstanding 오해 humility 겸손

09

정답 ④

해설 대중문화의 일시적이고 덧없는 특성을 설명하는 글로, 특히 신문, 히트곡, 웹사이트나 블로그와 같은 예시를 통해 대중문화는 오래 지속되지 못하고 금방 사라지는 특징을 가진다는 점을 강조하고 있다. 따라서 빈칸에 들어갈 말로 가장 적절한 것은 ④ '상대적으로 수명이 짧다'이다.
① 독창성이 부족하다는 비판을 자주 받는다 → 대중문화의 독창성과 관련된 비판은 언급된 바 없다.
② 문화사에서의 영속성을 갈망한다 → 대중문화는 지속성이 결여되어 있지만, 문화사에서의 영속성을 지향하거나 갈망한다는 내용은 언급된 바 없다.
③ 고급문화 전통에 뿌리를 두고 있다 → 대중문화는 고급문화와 대조되는 존재로 논의될 뿐, 대중문화의 기원에 관한 언급은 없다.

해석 이탈리아 오페라나 셰익스피어 비극과는 달리, 대중문화의 많은 요소는 상대적으로 수명이 짧다. 일반적인 신문은 약 12시간 동안 배부되고 나서 재활용 쓰레기통에 빠지고, 히트곡은 한 번에 몇 주 동안 차트에서 1위를 차지할 수도 있으며, 대부분의 새로운 웹사이트나 블로그는 거의 방문되지 않고 잊힐 운명이다. 비록 지속 기간이 반드시 질을 나타내는 것은 아니지만, 많은 비평가들은 소위 더 나은 혹은 더 높은 형태의 문화가 더 긴 수명을 가지고 있다고 생각한다. 이 견해에 따르면, 더 낮은 혹은 대중적인 형태의 문화는 불안정하고 덧없어서, 그것은 대중의 취향을 선도하기보다는 따른다.

어휘 tragedy 비극 element 요소 popular culture 대중문화 average 일반적인, 평균의 circulate 배부되다, 돌다 land 떨어지다, 내려앉다 be doomed to ~할 운명이다 oblivion 잊혀짐, 망각 endurance 지속 (기간) not necessarily 반드시 ~은 아닌 denote 나타내다, 의미하다 so-called 소위 longevity 수명, 오래 지속됨 unstable 불안정한 fleeting 덧없는 taste 취향 criticize 비판하다 lack ~이 부족하다 originality 독창성 aspire 열망[갈망]하다 permanence 영속성 be rooted in ~에 뿌리박고 있다 shelf life (저장) 수명, 유효 기한

10

정답 ④

해설 우리가 이전의 삶을 갈망하면서 과거의 기억에 매달리면, 현재의 것을 거부하여 새로운 삶을 구축하기 어려워진다는 내용의 글이다. 주어진 문장은 20년 전에 폐쇄된 공장에 매일 일하러 나타나는 것은 현재 충실한 삶을 살 수 없게 한다는 내용으로, 마찬가지로 과거의 기억에 매달리는 나팔바지의 예와 나란히 하는 것이 자연스럽다. 또한 ④ 뒤 문장의 those memories that are holding us back이 가리키는 것은 별다른 해를 끼치지 않는 나팔바지의 예가 아닌 주어진 문장의 내용이므로, 주어진 문장이 들어갈 위치로 가장 적절한 것은 ④이다.

해석 우리는 우리의 기억에 매달린다. 과거는 우리가 경험해 온 것을 회상할 때 흔히 낭만화되거나 악마화된다. 우리가 정신적 외상을 경험하면, 우리는 절대 이전의 우리 그대로 될 수 없기에 새로운 삶을 구축하는 것이 어려울 수 있다. 그러나 우리는 그 이전 삶의 안전함과 소박함을 갈망한다. 우리는 과거에 갇혀 현재의 추세나 현대적인 발전을 받아들이거나 이해하기를 거부할 수 있다. 만약 우리가 단순히 오렌지색 폴리에스터 나팔바지를 즐겨 입는다면, 아마 아무런 해도 없을 것이다. 그러나 만약 우리가 20년 전에 문을 닫고 마을을 떠난 공장에 매일 일하러 나타난다면, 현재 충실한 삶을 살 수 있는 우리의 능력이 방해받는다. 우리가 우리를 방해하고 있는 그 기억들과 그것들이 우리 삶에 대해 가지고 있는 지배력을 놓아줄 때, 우리는 자유롭게 그 순간을 살고, 기회를 탐색하고, 현재에 목적이 있는 삶을 만드는 의도적 선택을 하게 된다.

어휘 hinder 방해하다 cling to ~에 매달리다 romanticize 낭만화하다 demonize 악마로 묘사하다 recall 회상하다 trauma 정신적 외상 long for ~을 갈망하다 simplicity 소박함 stuck 갇힌 appreciate 이해하다 let go of ~을 놓다, 버리다 hold sb back ~을 방해하다 hold 지배력 intentional 의도적인 purposeful 목적이 있는

회차 20 하프 모의고사

| 01 | ④ | 02 | ③ | 03 | ③ | 04 | ④ | 05 | ① |
| 06 | ③ | 07 | ① | 08 | ② | 09 | ④ | 10 | ③ |

01

정답 ④

해설 수많은 회사에 지원하고 적극적으로 면접에 참석했다는 내용으로 보아, 지속적으로 구직 기회를 좇았음을 유추할 수 있다. 따라서 빈칸에 들어갈 말로 가장 적절한 것은 ④ 'persistently(지속적으로)'이다.
① 대조적으로 ② 마지못해 ③ 배타[독점]적으로

해석 그는 마침내 직장을 얻을 때까지 수많은 회사에 지원하고 적극적으로 면접에 참석하면서 지속적으로 구직 기회를 좇았다.

어휘 pursue 좇다, 추구하다 opportunity 기회 apply to ~에 지원하다 countless 수많은 actively 적극적으로 attend 참석하다 secure 얻다

02

정답 ③

해설 SNS 광고 제품들이 실제보다 더 효과적이라고 믿게 한다는 내용으로 보아, 일부 이용자들이 이 광고에 속는다고 유추할 수 있다. 따라서 빈칸에 들어갈 말로 가장 적절한 것은 ③ 'deceived(속이다)'이다.
① 나누다 ② 단념시키다 ④ 무시하다, 할인하다

해석 일부 이용자들은 SNS 광고에 자주 속는데, 그 광고들은 제품의 효과를 의도적으로 과장해서 이용자들이 그 제품들이 실제보다 더 낫다고 믿도록 만든다.

어휘 advertisement 광고 intentionally 의도적으로 exaggerate 과장하다 effectiveness 효과

03

정답 ③

해설 (sets → set) 문장의 주어는 등위접속사 and로 병렬된 세 개의 명사구 Their craving, their irritation, their determination이므로 그에 수일치한 복수 동사 set이 되어야 한다. 참고로 '타동사 + 부사'인 set apart의 목적어가 앞에 나온 복수 명사 a lot of individuals를 대신하는 대명사 them이므로 '타동사 + 대명사 목적어 + 부사'의 형태인 set them apart는 적절하게 쓰였다.
① 분사구문의 의미상 주어인 a lot of individuals가 '살아가는' 것이므로 능동의 현재분사 Living은 적절하게 쓰였다.
② 맥락상 foster는 등위접속사 and를 통해 to 부정사의 부사적 용법으로 쓰인 to regain과 병렬되고 있다. to 부정사는 병렬 시 두 번째 병렬 대상부터는 to를 생략할 수 있으므로 적절하게 쓰였다.
④ 3형식 동사로 쓰인 reflect의 목적어로 의문부사 how가 이끄는 완전한 절이 오고 있는 것은 적절하다. 의문부사 how는 정도를 나타내기 위해 'how + 형용사/부사' 형태로 쓰일 수 있는데 맥락상 much는 동사 value를 수식하는 부사로 쓰여 '사람들이 정신적 명료함을 얼마나 많이 소중하게 여기는지'라는 뜻을 나타내므로 how much는 적절하게 쓰였다.

해석 끊임없는 알림의 스트레스와 항상 연락이 닿아야 한다는 기대감 속에서 살아가는 많은 사람들이 자신의 삶에 대한 통제력을 되찾고 정신적 건강을 증진하기 위해 디지털 디톡스를 선택하고 있다. 마음 챙김에 대한 그들의 갈망, 지속적인 방해 요소에 대한 그들의 짜증, 균형을 생활 방식으로 우선시하려는 그들의 결심은 그들을 자신의 기기에 집착하는 사람들과 차별화시킨다. 이러한 변화는 사람들이 정신적 명료함을 얼마나 많이 소중하게 여기는지를 반영한다.

어휘 alert 알림 expectation 기대(감) reachable (연락이) 닿을 수 있는 detox 해독 regain 되찾다, 회복하다 foster 육성하다, 증진하다 craving 갈망 mindfulness 마음 챙김, 명상 irritation 짜증 constant 지속적인 distraction 집중을 방해하는 것 determination 결심 prioritize 우선시하다 set apart A from B A를 B와 차별화[구별]되게 만들다 obsess 사로잡다, 집착하게 하다 device 기기 shift 변화 reflect 반영하다 value 소중하게 여기다 clarity 명료함

04

정답 ④

해설 태양광 패널의 제품 보증과 관련하여 문의를 하는 상황이다. SolarBright는 25년 성능 보증서가 딸려 있다고 말한 후 빈칸 뒤에서 설치에 대한 10년 보증도 제공한다고 언급하고 있으므로 빈칸에는 설치 보증 관련 내용이 와야 자연스럽다. 따라서 빈칸에 들어갈 말로 가장 적절한 것은 ④ '그것에 설치 보증도 포함되나요?'이다.
① 패널이 손상되면 어떻게 되나요?
② 설치가 얼마나 걸리나요?
③ 패널을 여러 개 구매하면 할인을 받을 수 있나요?

해석 Noah: 안녕하세요, 저는 태양광 패널 설치를 고려 중인데, 귀사의 제품 보증에 대해 궁금해서요.
SolarBright: 관심을 가져주셔서 감사합니다! 저희 태양광 패널은 25년 성능 보증서가 딸려 있습니다.
Noah: 그것에 설치 보증도 포함되나요?
SolarBright: 네, 저희는 설치 자체에 대해 10년 보증도 제공하며, 추가 비용으로 연장 보증도 제공해 드립니다.
Noah: 설명 감사합니다.

어휘 install 설치하다 solar panel 태양광 패널 wonder 궁금하다 warranty 보증서 come with ~이 딸려 있다 performance 성능 installation 설치 extend 연장하다 at additional cost 추가 비용으로 clarification 설명 discount 할인 multiple 다수의, 많은

05

정답 ①

해설 겨울철 안전 조치 및 수영 금지를 포함하여 브리스톨 해변의 운영 변경 사항을 안내하는 내용이므로, 글의 제목으로 가장 적절한 것은 ① '겨울철 안전 조치: 수영 금지'이다.
② 행동하세요: 우리 지역 해변을 아름답게 유지하세요 → 해변의 환경 정화나 미화 활동에 관련된 언급은 없다.
③ 브리스톨 해변에서 겨울 유지 보수 직원을 구합니다 → 겨울철 유지 보수뿐만 아니라 직원 채용에 관련된 언급은 없다.
④ 브리스톨 해변, 보수로 인한 임시 폐쇄 → 해변 폐쇄의 이유가 보수로 인해서가 아니라 기상 조건으로 인한 안전상 조치로 언급되므로 적절하지 않다.

06

정답 ③

해설 글의 중반부에서 겨울철에도 방문객들의 해변 방문은 허용된다고 언급되므로, 글의 내용과 일치하지 않는 것은 ③ '겨울 동안 방문객들은 브리스톨 해변에 갈 수 없다.'이다.
① 안전 요원들은 11월부터 해변을 순찰하지 않는다. → 글의 초반부에서 언급된 내용이다.
② 브리스톨 해변은 4월 초에 수영을 위해 다시 문을 열 예정이다. → 글의 중반부에서 언급된 내용이다.
④ 해변에 관한 문의는 사무소에 전화하여 할 수 있다. → 글의 후반부에서 언급된 내용이다.

05-06

해석

겨울철 안전 조치: 수영 금지

가을이 왔고 겨울이 빠르게 다가오고 있습니다. 기온이 떨어지고 있을 뿐만 아니라 북쪽에서 불어오는 찬바람이 날마다 세차게 불기 시작하고 있습니다.

기상 조건 때문에, 브리스톨 해변은 11월 1일 월요일부터 내년 봄까지 폐쇄될 예정입니다. 그때부터는 안전 요원들이 더 이상 해변에서 근무하지 않을 것입니다. 또한, 상인들은 그곳에서 간단한 음식 및 기타 물품을 판매하는 것이 허용되지 않을 것입니다.

해변에서의 수영은 항상 그랬던 것처럼 11월 1일부터 4월 1일까지 금지됩니다. 방문객들은 여전히 해변을 방문하여 놀고, 바다를 따라 산책하고, 낚시를 하고, 소풍과 기타 활동을 즐기는 것이 허용되지만, 물에 들어가는 것은 누구에게도 허용되지 않습니다. 이 기간 동안 차가운 물과 빠른 유속이 저체온증과 익사를 일으킬 수 있습니다.

질문이 있으시면 555-8265로 브리스톨 공원 및 휴양 사무소에 연락해 주시길 바랍니다. 사무소는 월요일부터 금요일까지 오전 8시부터 오후 5시까지 운영됩니다.

어휘 rapidly 빠르게 approach 다가오다 temperature 기온 decline 줄어들다, 떨어지다 as of ~일자로 lifeguard 안전 요원 on duty 근무 중인 vendor 상인 permit 허용[허락]하다 refreshments 다과, 간단한 음식(물) ban 금지하다 stroll 거닐다, 산책하다 swiftness 빠름 current 흐름, 유속 hypothermia 저체온(증) drowning 익사 measure 조치 take action 조치를 취하다, 행동하다 maintenance 유지 보수 renovation 보수 patrol 순찰하다 reopen 다시 문을 열다 inquiry 문의

07

정답 ①

해설 발표 내내 같은 음량으로 말하면 단조로움 때문에 배경 소음이 될 수 있다고 했지만, 음량을 극적으로 변화시키면 요점을 강조하거나 청중의 관심을 끌 수 있다는 내용의 글이다. 따라서 글의 요지로 가장 적절한 것은 ① '발표자는 주의를 끌기 위해 그들의 음량을 조절할 필요가 있다.'이다.
② 배경 소음은 항상 사람들의 주의를 분산시킨다. → 단조로운 음량이 배경 소음이 된다고 언급되나, 글의 중심 소재는 배경 소음의 영향이 아닌 '음량 조절의 필요성'이다.
③ 효과적인 발표를 위해서는 강력한 콘텐츠와 전달력이 모두 필요하다. → 글에서 효과적인 발표 기술에 있어 중요 요소로 언급된 것은 '콘텐츠와 전달력'이 아닌 '음량의 조절'이다.
④ 일관된 어조를 유지하는 것은 청중의 참여를 유도할 수 있다. → 오히려 일관된 음량은 단조로움을 유발해 덜 효과적이라는 글의 내용과 반대된다.

해석 당신이 발표 전체를 같은 음량으로, 즉 그것이 30분 동안의 강연에서 최적의 음량이라고 해도, 그것은 그것의 단조로움 때문에 덜 효과적이다. 잠시 후, 그 음량은 청중에게 그저 배경 소음이 된다. 집에서 TV가 배경으로 재생되는 효과를 생각해 보라. 당신이 (집에) 도착하자마자 그것을 일상적으로 튼다면, 당신이 그것을 보고 있든 아니든, 몇 분 후 정신적으로 그것에 귀를 기울이지 않을 가능성이 크다. 그 소리는 개 짖는 소리, 아기 우는 소리, 또는 가전제품 작동 소리 같은 다른 소음들과 뒤섞인다. 하지만 누군가가 방에 들어와서 TV를 끄거나 채널을 돌리면, 그 갑작스러운 정적 또는 새로운 소리가 당신의 관심을 끌게 된다, 그렇지 않은가? 당신이 발표자로서 평소 큰 소리로 말한다면, 목소리를 극적으로 낮춰 요점을 강조함으로써 이 효과를 활용할 수 있으며, 그 반대의 경우도 마찬가지이다.

어휘 volume 음량 effective 효과적인 monotony 단조로움 routinely 일상적으로 chances are that ~일 가능성이 있다 tune out ~을 듣지 않다, 무시하다 blend 섞이다 bark (개가) 짖다 appliance 가전제품, 기기 lower 낮추다 dramatically 극적으로 emphasize 강조하다 vice versa 반대도 마찬가지 adjust 조절하다 distract 산만하게 하다 consistent 일관된, 한결같은 engagement 참여

08

정답 ②

해설 언어의 격식과 비격식을 나타낼 때, 다른 나라들과는 다른 한국에서의 특징을 설명하는 글이다. 한국에서는 언어가 대인 간 계층 체계를 드러낸다고 했고, 성별이나 친밀함의 정도 등에 따라서도 언어의 격식이 달라진다고 언급되었다. 따라서 빈칸에 들어갈 말로 가장 적절한 것은 ② '적절한 관계적 차이점을 반영하는'이다.
① 다양한 분야의 전문 용어를 이해하는 → 전문 용어에 관해선 언급되지 않았다.
③ 광범위한 사회적 맥락에 맞는 어휘를 사용하는 → 한국어의 언어적 특징은 '광범위한' 사회적 맥락을 아우르는 것이 아니라, '세밀한' 사회적 관계와 계층 구분에 맞춰 언어를 조정하는 데 있다는 내용이다.
④ 격식을 고수하지 않고 유창함을 보여 주는 → 격식을 차리지 않고 유창하게 언어를 사용하는 것은 계층 체계를 고려하지 않는다는 의미이므로, 글의 핵심 내용과 반대된다.

해석 언어의 격식과 비격식을 나타내는 데에 있어, 커다란 문화적 차이점들이 존재한다. 미국, 캐나다, 호주와 같은 나라에서의 대화를 특징짓는 비격식적인 접근 방식은 언어의 격식이 사회적 위치를 정의하는 아시아의 많은 지역에서 적절한 언어를 사용하는 것에 대해 보이는 우려와 상당히 다르다. 예를 들어, 한국에서 언어는 대인 간 계층 체계를 드러낸다. 한국 사람들은 다른 성별, 사회적 지위 수준, 친밀한 정도, 그리고 사회적 행사의 종류에 따라 특별한 어휘를 가진다. 심지어 오래된 친구들, 지인, 그리고 완전히 낯선 사람과의 대화를 위한 격식의 정도에도 차이가 존재한다. 한국에서 교육받은 사람임을 보여 주는 증표는 적절한 관계적 차이점을 반영하는 방식으로 언어를 사용하는 능력일 수 있다.

어휘 when it comes to ~에 관한 한 display 전시, 표현 formality 격식 characterize ~을 특징으로 하다 define 정의하다 interpersonal 대인 관계에 관련된 hierarchy 계급, 계층 vocabulary 어휘 status 지위 intimacy 친밀함 occasion 행사, 경우 acquaintance 지인 learned 교육받은, 박식한 jargon 전문 용어 reflect 반영하다 appropriate 적절한 distinction 차이, 구분 employ 사용하다, 쓰다 broad 광범위한 context 맥락 demonstrate 보여 주다, 입증하다 fluency 유창함 adhere to ~을 고수하다, 충실히 지키다

09

정답 ④

해설 자기 통제의 첫 번째 단계는 현실적인 목표를 세우는 것으로, 살을 빼기 위해 합리적으로 계획한다는 내용의 주어진 글 다음에는 그 내용을 that 으로 가리켜 그렇게 할 수 있는 사람이 거의 없다는 내용의 (C)가 와야 한다. 그다음에는 한 영국 베팅 업체의 내기를 소개한 (C)에 이어, 그 업체를 The betting company로 받아 내기가 참가자들에게 유리한 조건임을 설명하는 (B)가 온 후, 그 이점에도 불구하고 참가자들이 80% 실패한다는 내용의 (A)가 오는 것이 자연스럽다. 따라서 글의 순서로 가장 적절한 것은 ④ '(C) - (B) - (A)'이다.

해석 자기 통제의 첫 번째 단계는 현실적인 목표를 세우는 것이다. 살을 빼기 위해서, 당신은 거울로 자신을 보고, 몸무게를 재보고, 그런 다음 더 날씬한 몸을 만들기 위한 합리적인 계획을 짤 수 있다. (C) 당신은 그렇게 할 수 있지만, 대부분의 사람들은 그렇게 하지 않는다. 그들의 목표는 흔히 너무 비현실적이다. 그래서 영국의 William Hill이라는 베팅 회사는 살을 빼기 위한 계획을 세우는 사람들과 내기를 제안한다. (B) 최대 50대 1의 배당률을 제시하는 그 베팅 회사는 사람들이 얼마나 많이 살을 빼고 언제까지 뺄 것인지에 대한 자신의 목표를 정하도록 한다. 그 회사가 사람들로 하여금 규칙을 정하고 결과를 통제하게 하는 것은 이상해 보이는데, 그것은 달리기 선수가 자신이 정한 시간에 내기를 거는 것과 같다. (A) 하지만 이러한 이점에도 불구하고, 7천 달러가 넘게 딸 수 있음에도 대부분의 사람들은 여전히 실패한다. 실제로, 그들 중 80%가 내기에서 진다.

어휘 realistic 현실적인 sensible 합리적인 slim 날씬한 bet 내기, 도박; 내기하다 odds 배당률

10

정답 ③

해설 즉각적 보답에 대한 기대 없이 선물을 주는 일반화된 호혜성에 관한 글로, 그것은 부모가 자녀에게 평생에 걸쳐 증여하는 현상으로 가장 잘 설명될 수 있다는 내용이다. 따라서 글의 흐름상 어색한 문장은 아이 성장의 적절성을 판단하는 기준을 설명하는 ③이다.

해석 보통 가족 구성원이나 가까운 친구들 사이에서 일어나는 일반화된 호혜성은 가장 높은 수준의 도덕적 의무를 수반한다. 그것은 즉각적인 보답에 대한 어떠한 기대도 없이 선물을 주는 것을 포함한다. 일반화된 호혜성은 아마 우리 사회에서 부모와 자녀 사이에 일어나는 증여로 가장 잘 설명될 것이다. 부모들은 보통 자녀들이 자라는 동안 그들에게 가능한 한 많은 것, 즉 음식, 장난감, 교육상 이점, 자신만의 방 등을 준다. (아이 성장의 적절성은 연령과 성별이 비슷한 다른 아이들과의 비교로 결정된다.) 사실, 자녀에게 재화와 서비스를 제공하는 것은 흔히 아이들이 성인이 된 후에도 계속된다. 예를 들어, 부모들은 아기를 돌보는 서비스를 제공하거나, 손주들을 위해 학비를 내거나, 성인 자녀들에게 휴가 보조금을 줄 수도 있다.

어휘 generalized 일반화된 reciprocity 호혜(성) play out 수반하다, 유발하다 obligation 의무 immediate 즉각적인 illustrate 설명하다 and the like 기타 등등 adequacy 적절함 comparison 비교 subsidize 보조금을 주다

Staff

Writer	심우철
Director	정규리
Researcher	장은영 / 이예은
Design	강현구
Manufacture	김승훈
Marketing	윤대규 / 한은지 / 유경철 / 윤채림

발행일: 2025년 4월 16일 (2쇄)

Copyright ⓒ 2025
by Shimson English Lab.

All rights reserved. No part of this publication may be reproduced, stored in a retrieval system or transmitted in any form or by any means, electronic, mechanical, photocopying, recording or otherwise, without any prior written permission of the copyright owner.

본 교재의 독창적인 내용에 대한 일체의 무단 전재·모방은 법률로 금지되어 있습니다.
파본은 교환해 드립니다.

내용문의: http://cafe.naver.com/shimson2000